Esch
Marke 4.0

Marke 4.0

Wie Unternehmen zu digitalen Markenchampions werden

von

Prof. Dr. Franz-Rudolf Esch

Verlag Franz Vahlen München

Prof. Dr. Franz-Rudolf Esch gilt als „Markenpapst". Als Gründer von ESCH. The Brand Consultants berät er renommierte Unternehmen aus unterschiedlichen Branchen in Fragen der Markenführung, Strategie und Kommunikation.

Franz-Rudolf Esch ist Direktor des Instituts für Marken- und Kommunikationsforschung der EBS Business School in Oestrich-Winkel.

ISBN Print: 978 3 8006 5940 1
ISBN E-Book: 978 3 8006 5941 8

© 2020 Verlag Franz Vahlen GmbH, Wilhelmstr. 9, 80801 München
Satz: Fotosatz Buck
Zweikirchener Str. 7, 84036 Kumhausen
Druck und Bindung: Friedrich Pustet GmbH & Co. KG
Gutenbergstr. 8, 93051 Regensburg
Umschlaggestaltung: Ulrike Damm, Berlin

Gedruckt auf säurefreiem, alterungsbeständigem Papier
(hergestellt aus chlorfrei gebleichtem Zellstoff)

Für wen ist das Buch?

Ich habe das Buch für drei Zielgruppen geschrieben:
1. Für die Manager, die der Überzeugung sind, dass sich durch die Digitalisierung alles grundlegend ändert und Marken bedeutungslos werden. Sie sind auf dem Holzweg. Ich werde Ihnen zeigen, warum. Vor allem aber werde ich Ihnen darlegen, wie Sie das Zusammenspiel aus Haltung, Marke und digitalem Wandel für mehr Erfolg nutzen können.
2. Für die Manager, die glauben, dass alles so bleibt, wie es ist. Das ist ebenfalls ein Irrtum. Die Digitalisierung erweitert das Spielfeld – für Kunden und für Marken. Insofern schaffe ich ein Verständnis dafür, wie Sie sich erfolgreich der Digitalisierung nähern und diese für Ihre Marke nutzen können.
3. Für die Manager, die sich unsicher darüber sind, wie sie mit Blick auf Marke und Digitalisierung handeln sollen. Ich kann Ihre zögerliche Haltung gut verstehen. Die Optionen sind vielfältig, man läuft schnell Gefahr, den Überblick zu verlieren. Damit sind Sie nicht alleine. Sie müssen aber nicht jeder Sau, die durchs Dorf getrieben wird, hinterherlaufen. Allerdings benötigen Sie ein Raster, dass Ihnen bei dem Treffen der richtigen Entscheidungen hilft. Sie müssen die wichtigen Schlachtfelder kennen, auf denen Sie kämpfen müssen, um mit Ihrer Marke voranzukommen. Ich stelle Ihnen die Schlachtfelder und Handlungsoptionen vor.

Was können Sie erwarten und was nicht?

Wenn Sie ein Rezeptbuch suchen, sollten Sie ein anderes Buch kaufen. In diesem Buch zeige ich Ihnen nicht, wie Sie in sechs Schritten schlank im Schlaf oder zum digitalen Markenchampion werden. Das würde meiner Meinung nach auch diesem komplexen Thema nicht gerecht werden.

Stattdessen erwartet Sie ein Fakten- und Erfahrungsbuch, in dem ich wissenschaftliche Erkenntnisse und persönliche Erfahrungen aus der Beratung unzähliger Unternehmen unterschiedlichster Größen und Branchen miteinander verbinde. Ich zeige Ihnen die unterschiedlichen Spielfelder auf, denen Sie sich aus strategischer Sicht und bei der Umsetzung einer erfolgreichen Marke 4.0 widmen sollten. Welche Spielfelder für Ihre Marke und Ihr Unternehmen besonders relevant sind, entscheiden Sie selbst. Darüber hinaus erhalten Sie eine Vielzahl von Impulsen, wie Sie die digitale Welt mit der realen Welt erfolgreich verknüpfen. Dabei zeige ich Ihnen konkret entsprechende Maßnahmen auf, die aus meiner Sicht entscheiden, ob Sie als Sieger vom Platz gehen oder nicht. Viele strategische Aspekte ändern sich nicht grundlegend, allerdings müssen Sie diese nochmals mit Blick auf die Digitalisierung kritisch hinterfragen. Sie werden sehen, dass sich die Programme der Konsumenten nicht grundlegend ändern, wohl aber deren Erwartungen an Ihre Marke.

Vorwort: Schöne neue Welt

Ich beschäftige mich seit nunmehr 30 Jahren mit Forschung und Beratung in Sachen Marke. In den letzten zwanzig Jahren spüre ich einen Umbruch, wie ich ihn noch nie zuvor erlebt habe. In dieser Zeit gab es eine ganze Reihe von Meilensteinen der Entwicklung. Zwei davon, die wir alle hautnah erlebt haben, sind der Start der Suchmaschine Google im Jahr 1997[1] sowie die Einführung des iPhone von Apple im Jahr 2007. Seitdem ist viel passiert.

Viele von uns haben diese Anpassungen, die unser Leben einfacher, leichter und vernetzter gemacht haben, sicherlich beiläufig wahrgenommen. Sie sind in einem schleichenden Prozess Teil unseres Lebens geworden. Hätten wir die Möglichkeit, das Ganze im Zeitraffer Revue passieren zu lassen, wären wir alle von dieser Entwicklung überrascht. Sie ist so groß wie bei der zweiten industriellen Revolution vor 120 Jahren. Damals mussten Unternehmen nicht nur die Elektrifizierung einsetzen, um einen Produktivitätsschub zu erreichen, sondern auch die Herstellungsprozesse komplett neu gestalten. Die Umstellung dauerte 30 Jahre. Sie verlief somit keinesfalls schlagartig oder „disruptiv", sondern vollzog sich in kleinen Schritten.

Heute sind wir am gleichen Punkt. Die Digitalisierung und die Künstliche Intelligenz fordern Manager und Mitarbeiter in Unternehmen gleichermaßen. Veränderung ist in einer Geschwindigkeit notwendig, die wir bislang nicht gewohnt waren. Klassische Unternehmen hinken hier den Digitalunternehmen hinterher. Es herrscht eine digitale Kluft.

Die digitalen Angreifer drohen klassische Branchen zu überrollen: Uber ist das größte Taxi-Unternehmen der Welt ohne eigene Taxis, Alibaba ist der weltweit größte Händler ohne eigene Lagerbestände, Netflix ist der größte Filmhaus ohne eigene Kinos und WhatsApp und WeChat die größten Telekommunikationsanbieter ohne eigene Telekommunikationsinfrastruktur.

Soziale Medien wie Facebook, Instagram, Snapchat, um nur einige zu nennen, sind die neue kommunikative Währung der digitalen Generation, während ältere Generationen nach wie vor fernsehen und die Frankfurter Allgemeine Zeitung oder den Stern lesen.

---

[1] Die Google Suchmaschine ist 1996 unter anderem Namen gestartet, wurde aber 1997 in Google umbenannt.

Konsumenten sind längst keine passiven Empfänger von Botschaften mehr. Sie haben sich zu aktiven Akteuren gewandelt. Konsumenten forcieren Themen und können dadurch einen enormen Einfluss auf den Erfolg von Marken und Unternehmen nehmen. Im Netz entscheiden sie mit einem Klick, welche Marken und Unternehmen sie negativ bewerten und abwählen oder aktiv in ihren Netzwerken promoten.

Kein Wunder, dass sich Manager bei der Gestaltung geeigneter Maßnahmen als Antwort auf diese Herausforderungen oft überfordert fühlen. Dies trifft nicht nur auf Manager zu. Auch viele Kunden werden durch diese Beschleunigung förmlich überrollt, weil sie immer noch mit den mentalen Programmen der Steinzeit arbeiten. Sie können die Flut verfügbarer Informationen nicht bewältigen, geschweige denn sich einen Überblick in allen Bereichen bewahren. Gerade ältere Menschen sind oft hoffnungslos überfordert durch die neuen Anforderungen, die die Digitalisierung und Technologiesprünge an sie stellen. Dies gilt übrigens auch für Digital Natives, also die Generation, die mit den neuen Technologien groß geworden ist. Sie sind zwar technologieaffin und technologieerprobt, weil es das ist, mit dem sie groß wurden. Allerdings wirkt sich das ständige „on" sein negativ auf Aufmerksamkeit und Konzentrationsfähigkeit aus. Daraus ergibt sich der Wunsch nach Vereinfachung, Entlastung und Orientierung. Marken können eine solche Orientierung in der Flut der Informationen und Angebote bieten. Sie sind der Rettungsanker in einer Welt, in der Informations- und Kommunikationsströme über Kunden hinwegbrechen.

Die meisten Manager, mit denen ich spreche, sehen in der Digitalisierung und der Künstlichen Intelligenz allerdings auch eine große Chance für Unternehmen und Marken. Sie treiben dabei oft die gleichen Fragen um:

- Wie bereit ist mein Unternehmen für den Wandel? Wie sieht es mit der Bereitschaft und den Fähigkeiten aus, den notwendigen Wandel wirksam einzuläuten?
- Haben wir im Unternehmen die richtige Haltung, aus der wir den Wandel initiieren können oder hemmen unsere Denkmuster und Werte die notwendigen Anpassungen?
- Wie können wir die Stärke der Marke nutzen, um den Wandel voranzutreiben?
- Wie können wir die Digitalisierung nutzen, um neue Geschäftsmodelle zu entwickeln? Trägt unsere Marke solche Entwicklungen oder ist dafür eine neue Marke zu entwickeln? Kannibalisiert das neue Geschäftsmodell möglicherweise unser bisheriges?

- Wie schaffen wir es mit unserer Marke, bei der herrschenden Informationsflut auf die Menükarte der Kunden zu kommen?
- Wie können wir die Kommunikation und Interaktion mit Kunden effektiv und effizient aufstellen, um mit der Marke relevant zu bleiben? Wie können wir die Interaktion mit Kunden verstärken, um Kundenbedürfnisse besser zu erspüren sowie deren Know-how bei der Entwicklung neuer, relevanter Produkte und Services zu nutzen?
- Wie können wir uns in die Lebens- und Erfahrungswelt der Kunden mit unserer Marke einklinken, um für diese relevant und unverzichtbar zu werden?
- Wie schaffen wir Bindung und Botschafter für die Marke?
- Wie nehmen wir die Mitarbeiter mit auf die Reise, damit diese ihre Wertbeiträge für die Marke kennen und sich 100 Prozent für den Erfolg der Marke engagieren?

Sie wissen, dass alte Erfolgsrezepte oft nicht mehr ausreichen, um diese neuen Herausforderungen zu meistern. Insofern ist meist der erste Reflex, alles zu verändern und neue Herausforderer zu kopieren. Das ist mehr als nachvollziehbar, allerdings nicht zielführend. Ohne Frage ist es sinnvoll, sich Impulse von Best Practices aus anderen Branchen zu holen. Allerdings lassen sich solche Ansätze und Konzepte meist nicht 1:1 übertragen, weil dazu die Kulturen und Ausgangssituationen in den Unternehmen zu verschieden sind. Entsprechend bedarf es einer Adjustierung von dem aus anderen Branchen Gelerntem.

Zudem gilt es, an den eigenen Stärken anzusetzen und diese wirksam weiterzuentwickeln. Die Digitalisierung und die Künstliche Intelligenz sind hierbei Mittel zum Zweck. Sie sollten aus der Stärke der Marke und mit Blick auf den Kundennutzen genutzt werden, um den künftigen Erfolg zu sichern. Dies bedingt ein genaues Abwägen, welche Wirkungsmechanismen bzw. Mittel und Wege zur Kundenbeeinflussung nach wie vor gelten und welche zu adjustieren sind.

Wie Sie von dem Buch profitieren können

Dieses Buch reflektiert meine Forschungserkenntnisse sowie meine Erfahrungen von mehr als 600 Markenprojekten mit Kunden unterschiedlichster Branchen, vom DAX-Unternehmen zum Hidden Champion und Familienunternehmen, von B2C, B2B bis zu Dienstleistungen, von klassischen Unternehmen der Realwirtschaft bis zu Digitalunternehmen. Zudem sind darin auch viele intelligente Ansätze und Erkenntnisse von anderen Forschern und praktischen Quellen enthalten, die mir Inspiration beim Schreiben waren.

Ich zeige Ihnen im Folgenden wichtige Stationen auf einer erfolgreichen Reise zur Marke 4.0. Unter Marke 4.0 verstehe ich eine zukunftsfähige Marke für das digitale Zeitalter, die die Klaviatur der Digitalisierung und der Künstlichen Intelligenz spielt und mit der realen Welt verknüpfen kann. Diese Stationen sind wissenschaftlich fundiert, werden durch viele Studien und Erkenntnisse gestützt und sind vor allem praktisch erprobt. Die Stationen stellen für Sie einen Handlungsrahmen dar, sind aber kein einfaches Rezeptbuch. Dazu ist das Thema zu komplex und vielfältig. Die Ausgangslage in Unternehmen ist zudem meist sehr unterschiedlich.

Insofern lade ich Sie ein, die Inhalte dieses Buches als Anregungen zu sehen und sich damit kritisch auseinanderzusetzen. Vor allem bitte ich Sie, das Ganze vor dem Hintergrund Ihres eigenen Unternehmens zu reflektieren. Dabei helfen Fragen wie „Wie ist der Stand in unserem Unternehmen, wo können wir uns weiter entwickeln?", „Was wäre, wenn wir diese Idee auf unser Unternehmen übertragen würden?", „Wie lässt sich dieser Ansatz in unserem Unternehmen realisieren?", „Was hindert uns daran, gewisse Erfolgsmuster aufzugreifen?" usw.

Sie als Manager sind besonders gefordert, sich den Herausforderungen der Digitalisierung zu stellen und diese erfolgreich zu nutzen, um Ihre Marke auch künftig zum Glänzen zu bringen. Dieses Buch kann Ihnen dabei auf dem Weg zur Marke 4.0 helfen. Und denken Sie daran, es lohnt sich, denn:

Am Ende des Tages macht die Marke den Unterschied.

Saarlouis, im August 2019 *Franz-Rudolf Esch*

Inhaltsverzeichnis

Für wen ist das Buch? V
Vorwort: Schöne neue Welt VII

Teil A: Willkommen in der digitalen Welt 1

Kapitel I. Eine kleine Reise mit der Zeitmaschine 3
Kapitel II. Dataismus als neue Religion – Digitalisierung als Hebel 13
Kapitel III. Datenmacht für Unternehmen 19
Kapitel IV. Kunden an die Macht? 23
Kapitel V. Die Marke ist tot: Lang lebe die Marke! 25
Kapitel VI. Survival of the Fittest 31
  1. Anpassen oder sterben 31
  2. Die Erfolgsformel: Wandel + Haltung = Top-Performance 35
  3. Was tun? Eine Agenda für Ihren Markenerfolg 47

Teil B: Der Weg zur Marke 4.0: zehn Erfolgsfaktoren managen 51

Kapitel VII. Orientierung bieten: Wandel braucht Haltung .. 53
  1. Mit dem Haltungs- und Strategiehaus starten 53
  2. Mission oder Purpose: Warum gibt es uns? Was treibt uns an? 57
  3. Unternehmensgrundsätze: Wofür stehen wir ein? 59
  4. Vision: Welchen Zielhafen strebe ich in 10 bis 15 Jahren an? 62
  5. Markenwerte und Markenpositionierung schärfen: Wer bin ich? Und warum sollen die Kunden meine Marke wählen? 65

Kapitel VIII. Neue Geschäftsmodelle entwickeln 79
  1. Neues Denken, um das Neue zu denken: Novizen gewinnen! 81
  2. Scheuklappen auf: vom Marktversteher zum Kundenversteher 85
  3. Fokus auf Nutzer und nicht auf Käufer 86
  4. Stellen Sie die Frage nach den „Jobs to be done" 88

5. „Mehr vom Gleichen" durch „Mehr vom Anderen" ersetzen 89
6. Mut zur Kreativität 90
7. Ein zweites Betriebssystem mit neuer Positionierung bedingt eine neue Marke 92
8. Denken Sie in Ökosystemen, nicht in Produkten 94
9. Kundenbedürfnisse richtig einschätzen 97
10. Konsolidieren und Konzepte entwickeln: den Business Model Canvas nutzen 102

Kapitel IX. Mitarbeiter mitnehmen und sinnstiftend wirken   109

Kapitel X. Den Funnel neu denken: Barrieren abbauen und Chancen nutzen 125

Kapitel XI. Signale setzen: aus der Flut herausstechen 136

Kapitel XII. Content ist King: Content aus der Marke und Content für die Marke 156

Kapitel XIII. Seamless Experience sicherstellen: die Spur zur Marke legen 165

Kapitel XIV. Mundpropaganda fördern: Markenbotschafter schaffen 192

Kapitel XV. Zum Magnet für Kunden werden: dauerhaft Bindung schaffen 200

Kapitel XVI. Kundenengagement für Marken fördern und Kunden integrieren 212

Teil C: Die Zukunft: Digitalisierung ist wie Strom 219

Kapitel XVII. Digitalisierung als Mittel, nicht als Zweck 221

Kapitel XVIII. Die wichtigen Fragen bleiben die gleichen 231

Kapitel XIX. Bleibt alles anders? 235

Dank 237

Abbildungsquellenverzeichnis 239

Literaturverzeichnis 243

Stichwortverzeichnis 253

Teil A

Willkommen in der digitalen Welt

Kapitel I. Eine kleine Reise mit der Zeitmaschine

Die Zukunft hat viele Namen. Für die Schwachen ist sie unerreichbar. Für die Verzagten ist sie unbekannt. Für die Kühnen ist sie ideal.
Victor Hugo

Im großen Jahresrückblick der Wochenzeitung „Die Zeit" für das Jahr 2017 faszinierte mich eine Abbildung, die sinnbildlich für die derzeitige Entwicklung durch Digitalisierung und künstliche Intelligenz steht. Es ging um die Frage, wer einem zuhause zuhört (Abbildung 1).

Sicherlich kann der ein oder andere von Ihnen nachvollziehen, dass es weniger die eigenen Kinder oder der Ehepartner sind – Ausnahmen gibt es immer! Würden Sie als Hundebesitzer Ihren Hund in der Pole Position sehen, sprächen sicherlich gute Gründe dafür, etwa Leckerlis zur Belohnung. Allerdings waren Hunde und Katzen als Option nicht aufgeführt. Stattdessen führte unangefochten die aufmerksame Alexa von Amazon als interessierte Zuhörerin das Feld an.[1]

Alexa erfüllt Ihnen jeden Wunsch: Auf Wunsch dimmt sie das Licht, streamt eine Playlist mit Ihrer Wunschmusik, nimmt Bestellungen auf und informiert Sie über Wetter und Uhrzeit. Und dies ohne zu

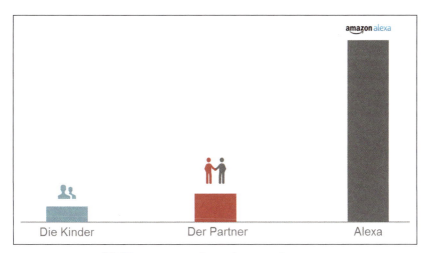

Abbildung 1: Wer hört Ihnen zuhause zu?

---

[1] Die Zeit, Der Große Jahresrückblick 2017, 4. Dezember 2017, S. 17.

zögern oder zu murren. Willkommen in der Zukunft. Was früher nur in Science-Fiction-Filmen vorstellbar war, ist heute gelebte Realität.

Hätten wir eine Zeitmaschine, könnten wir uns beliebig zwischen Vergangenheit, Gegenwart und Zukunft bewegen. Stellen Sie sich vor, Sie könnten die Veränderung der Welt wie Michael J. Fox in dem Film „Zurück in die Zukunft" in einer solchen Zeitmaschine erleben. Sie wären sprachlos von der Geschwindigkeit des Wandels in den letzten Jahrzehnten.

Ein Beispiel: Am 21. September 1983 bekam der US-Konzern Motorola die Zulassung für das erste kommerziell vertriebene Mobiltelefon der Welt mit dem Namen DynaTAC 8000x. Dieses Mobiltelefon hatte eine markante „Knochen"-Form und wurde zum Design-Klassiker (Abbildung 2). 1984 hielten die ersten Kunden das DynaTAC 8000x in der Hand. Mit einem Gewicht von knapp 800 Gramm und einer Höhe von 25 Zentimeter – ohne Antenne – war es nicht für die Hosentasche geeignet. Der stolze Preis von 3.995 Dollar schloss eine Verbreitung im Massenmarkt aus. Dafür bekam man rund eine halbe Stunde Gesprächszeit und einen Speicher für 30 Telefonnummern. War der Akku leer, musste er zehn Stunden lang aufgeladen werden. Dennoch war es eine Revolution: Die bisherigen „Mobiltelefone" waren fest in Autos verbaut oder mussten wie ein Koffer getragen werden.[2]

Abbildung 2: Zur Erinnerung: das erste „Mobil"telefon

Es war eine Zeit, in der Briefe und Faxe der Standard der Kommunikation waren. Niemanden störte es wirklich, wenn nicht prompt eine

---

[2] http://www.handelsblatt.com/unternehmen/it-medien/erstes-geraet-vor-30-jahren-mit-einem-dicken-knochen-ins-handy-zeitalter/8805448.html?ticket=ST-373054-H4ebEZGC03cR931asFZT-ap1

Antwort zurückkam. Das ist heute undenkbar. Eine Antwort, die nicht am gleichen Tag erfolgt, wird als Indikator für Desinteresse gewertet. In den 80er Jahren des letzten Jahrhunderts saß ich als wissenschaftlicher Mitarbeiter am Institut für Konsum- und Verhaltensforschung der Universität des Saarlandes an einem Großrechner, um statistische Auswertungen für Studien durchzuführen oder Expertensysteme zu programmieren. Am nächsten Morgen konnte ich im Rechenzentrum der Universität die Ausdrucke mit den Ergebnissen abholen. War ein Befehl falsch eingegeben, konnte man das Prozedere von vorne beginnen und eine weitere Nacht auf das Ergebnis warten. Erzählen Sie dies heute einmal einem jungen Studenten oder Doktoranden. Sie würden auf Unverständnis stoßen. Heute ist das Gleiche auf jedem Notebook innerhalb von Sekunden machbar.

Viele von Ihnen können sich noch an Zeiten erinnern, in denen die Eltern den Kindern im Restaurant Malstifte und ein Blatt Papier in die Hand drückten, um in Ruhe essen zu können. Heute dient das Smartphone mit einem spannenden Kinderfilm als Ersatz – und es wirkt. Wenn Sie heute Kindern ein altes Wähltelefon, einen Kassettenrekorder oder einen Walkman in die Hand drücken, werden Sie auf Unverständnis stoßen: Wer mit Touchscreens und „Wischen" groß wird, drückt keine Tasten mehr.

> *Anpassung ist ein schleichender Prozess. Wir sind uns dessen oft nicht bewusst.*

Wir können uns heute ein Leben ohne Smartphone kaum noch vorstellen. Und es wäre unvorstellbar, dass es nicht in unsere Hosentasche passt. Das Smartphone ist unser Tor zur Welt, unser mobiler Arbeitsplatz, unsere Unterhaltungsquelle. Es dient dazu, dass wir mit Fotos festhalten, was wir gerade sehen und umgehend mit Freunden teilen.

Auf die Frage „Worauf würden Sie lieber ein Jahr lang verzichten als auf Ihr Mobiltelefon?" wurden folgende Antworten gegeben: Auf Essen gehen hätten 64 Prozent der Befragten verzichtet, auf das Haustier 51 Prozent, auf Urlaub 50 Prozent und bei der Gretchenfrage „Handy oder Sex" hätten 38 Prozent der Befragten lieber ein Jahr lang ohne Sex gelebt als ohne Handy (Abbildung 3).[3] Willkommen in der digitalen Welt!

Anpassung ist ein schleichender Prozess, im Zeitraffer fallen einem allerdings die Veränderungen wie Schuppen von den Augen.

---

[3] Boston Consulting Group, Qualcomm, 2015.

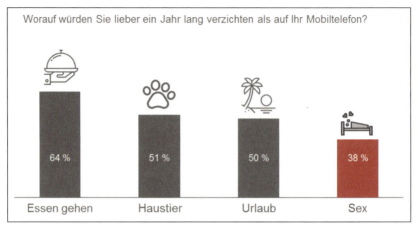

Abbildung 3: Handy oder Sex?

Die Digitalisierung macht in vielen Bereichen das Leben einfacher, leichter, besser und schöner. Für Marken kann die Digitalisierung ein Sprungbrett sein, um Kundenbedürfnisse besser zu befriedigen. Marken, die es verpassen, sich anzupassen, laufen Gefahr, für Menschen bedeutungslos zu werden. Ein erster, ohne Frage grober Indikator dafür sind Markenwertrankings.

Menschen nutzen das, was ihnen das Leben einfacher, leichter, besser und schöner macht.

Markenwertrankings als Spiegel der Veränderung. Reisen wir in der Zeitmaschine in das Jahr 2000, führte Coca-Cola das Ranking der wertvollsten Marken der Welt an, Nokia lag auf Rang fünf. Die großen Vier Amazon, Facebook, Google und Apple steckten entweder noch in den Kinderschuhen, waren wie Facebook noch gar nicht auf der Welt oder rangierten unter „ferner liefen". Im Jahr 2007 war das Ranking noch sehr ähnlich, die Stabilität der ersten Plätze zeugte von einer klaren Dominanz der dort gelisteten Marken, allen voran mit Coca-Cola und wiederum mit Nokia auf Rang fünf. Sie alle wissen, warum ich ausgerechnet das Jahr 2007 als Referenz nehme: Es ist die Geburtsstunde des iPhone. Der Tag, an dem Steve Jobs „another big thing" ankündigte und auf der Bühne zelebrierte, was dieses kleine Gerät alles konnte. Das iPhone war ein game changer. Das Unternehmen rangierte zu diesem Zeitpunkt noch nicht unter den top ten der wertvollsten Marken der Welt.

Im Jahr 2018 zeigt sich die Welt der wertvollsten Marken in anderem Licht. Apple ist die unangefochtene Nummer eins, gefolgt von Google und Amazon, Microsoft und Samsung folgen mit Abstand auf den nächsten Plätzen und Facebook nimmt Rang neun für sich in Anspruch: Tech-Konzerne dominieren das Ranking (Abbildung 4).

Kapitel I. Eine kleine Reise mit der Zeitmaschine

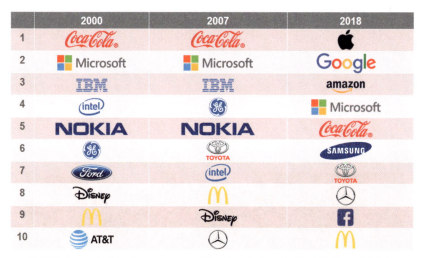

Abbildung 4: Markenwertranking im Jahr 2000, 2007 und 2018

Von der alten Welt der Konsumgüter ist Coca-Cola die einzige verbliebene Marke, allerdings mit deutlichem Wertverlust. Gerade einmal zwei Automobilhersteller, Toyota und Mercedes-Benz, schaffen es unter die top ten.

Diese lösen bei Kunden durch die bessere Befriedigung von Bedürfnissen mittels neuer Technologien positive Gefühle aus, die auf die Marke übertragen werden.

> *Die Digitalisierung hat das Ranking der stärksten Marken der Welt grundlegend verändert. Tech-Companies dominieren.*

Zwei Beispiele dazu: Das iPhone ist der Prototyp des Smartphones und steht für eine gewisse Denkhaltung und Einstellung, die durch Steve Jobs geprägt wurde. Smartphones sind heute unsere Lebensbegleiter. Wir schauen im Durchschnitt alle 18 Minuten auf unser Handy.[4] Ohne Smartphone fühlen sich viele Menschen unwohl. Smartphones verändern unser Straßenbild wie kaum ein anderes Produkt. Es ist für uns heute selbstverständlich, dass Menschen mit ihrem Smartphone in gebückter Haltung durch Straßen laufen und sich in öffentlichen Verkehrsmitteln darin vertiefen und abschotten. Städte reagieren, indem sie Fußgängerampeln möglichst weit unten quasi auf Wadenhöhe platzieren, so dass sie mit gesenktem Kopf wahrnehmbar sind. Heute passieren schon mehr Autounfälle durch Nutzung des Smartphones als durch Trunkenheit am Steuer oder durch Drogenkonsum.

---

[4] Laut „Mental Balance" Projekt: https://www.sueddeutsche.de/digital/immer-online-digitaler-dauerstress-1.3322626

Wir sind uns dieser Entwicklungen oft nicht bewusst. Erst der Zeitraffer zeigt die Sprünge, die wir in der Entwicklung gemacht haben. Die Inauguration der letzten beiden Päpste verdeutlich dies: Bei der Inauguration von Papst Benedikt XVI im Jahr 2005 war auf dem Petersplatz in Rom von Handys keine Spur zu sehen, bei der Inauguration des Papstes Franziskus im Jahr 2013 war der Petersplatz voll mit Menschen, die dieses Ereignis mit ihrem Handy aufnahmen (Abbildung 5).

Abbildung 5: Inauguration der Päpste 2005 und 2013

Vor 20 Jahren war Google den meisten Menschen kein Begriff. Heute ist ein Tag ohne Google kaum vorstellbar. Im Durchschnitt gibt es 140 Millionen Suchanfragen am Tag in Deutschland.[5] Google macht

[5] https://orange-services.de/de/artikel/newskategorie/wie-viele-suchanfragen-beantwortet-google

uns das Leben leichter, es ist zu einem unverzichtbaren Teil unseres Lebens geworden.

Von Nokia lernen: Nokia musste am eigenen Leib erfahren, wie radikal der Wandel durch die Digitalisierung und die daraus resultierenden Chancen und Risiken für Unternehmen sind. Lange Jahre unter den top ten der wertvollsten Marken, wurde das iPhone dem finnischen Handygiganten zum Verhängnis. Das iPhone revolutionierte den Markt für Mobiltelefone, Nokia rutschte in der Gunst der Kunden ab. Dies reflektiert sich auch im Ranking: 2014 schaffte es Nokia gerade noch auf Rang 98, seit 2015 wurde Nokia nicht mehr unter den Top 100 gelistet.

Der Untergang der Marke Nokia verlief schleichend. Hätte Nokia diesen schleichenden Verfall verhindern können? Nun, im Nachhinein ist man immer schlauer, aber ohne Frage wäre dies möglich gewesen. An der Technologie hat es jedenfalls nicht gelegen. Dies war alles bei Nokia verfügbar. Die Marktreife neuer Geräte wäre ein machbarer Schritt gewesen. Es gab einen anderen Grund für diesen Niedergang: Mein Kollege und Change-Guru John P. Kotter spricht in solchen Fällen von dem typischen Muster der Selbstgefälligkeit der Manager.[6] Aufgrund langjähriger Erfolge wird man satt und sieht die Zeichen der Zeit nicht, sondern wägt sich in Sicherheit. Dies ist das größte Hemmnis für notwendige Veränderungen in Unternehmen. Dazu mehr in Kapitel 2.

Aus Markensicht stellt sich aber eine andere, wesentliche Frage: Hätte die Marke als Schutzschirm für notwendige Veränderungsprozesse dienen und dem Management den notwendigen Zeitpuffer geben können, um diesen Wandel zu vollziehen? Aus unserer Forschung weiß ich, dass starke Marken als Schutzschirm in Krisen dienen. Kunden verzeihen einer starken Marke mehr als einer schwachen Marke.[7] Volkswagen lässt grüßen. Das Unternehmen hat die Dieselkrise nicht zuletzt durch die Reputation der Marke gut überstanden. Je besser das Management dann Unternehmen und Marke durch die Krise navigiert, umso gestärkter geht die Marke aus der Krise hervor.

Die Analyse des Niedergangs von Nokia zeigt, dass es hier ähnlich war. Die Marke hat dem Management aufgrund ihrer Stärke den notwendigen Spielraum und somit den Schutzschirm für konsequentes Eingreifen und Umsteuern gegeben. Wie Abbildung 6 zeigt, sank mit Beginn der Einführung des iPhone die Marktkapitalisierung von Nokia drastisch. 2009 entsprach die Marktkapitalisierung dem Marken-

---

[6] Kotter, 2015.
[7] Esch, Weyler, 2012.

wert. Dies gilt auch für die Folgejahre. Der Wert des Unternehmens konnte demnach vollständig durch den Wert der Marke erklärt werden. Die Marke hat somit vier Jahre dem Management einen Schutzschirm geboten. Dies ist ein großer Zeitraum, um im Management Fehlentwicklungen zu korrigieren, vor allem, wenn alle technischen Möglichkeiten dazu im Unternehmen vorliegen.

Starke Marken dienen als Schutzschirm beim Wandel.

Die fortlaufende Anpassung der Unternehmen an den digitalen Wandel ist eine notwendige Überlebensstrategie. Doch anders als die vielen digitalen Startups können vorhandene Unternehmen kein weißes Blatt Papier beschreiben. Vielmehr müssen sie den digitalen Wandel in ihren Unternehmen mit Blick auf die gegebenen Rahmenbedingungen treiben. Andererseits haben etablierte Unternehmen allerdings auch wertvolle Assets, die ihnen den Schritt in die digitale Welt und der Zukunftssicherung des Unternehmens erleichtern können. Neben den aufgebauten Branchenkenntnissen sowie technischen Fähigkeiten ist dies vor allem die Kraft der Marke, die für Wachstum in der digitalen Welt genutzt werden kann. Nokia hat diese Chance nicht genutzt.

Und wie steht es um die deutschen Unternehmen und Marken? Unter den 100 wertvollsten Marken der Welt befinden sich nur neun deutsche Marken, davon mit SAP nur ein Softwareunternehmen, der Rest steht für alte Branchen. Fünf der neun deutschen Marken stammen aus der Automobilindustrie. Würde man dies als Indikator für die Wettbewerbsfähigkeit Deutschlands im Zeitalter der Digitalisierung sehen, müsste man sich berechtigte Sorgen machen.

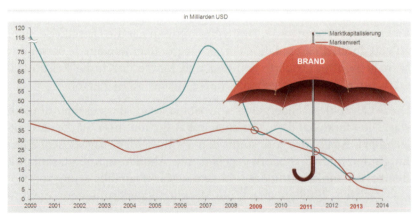

Abbildung 6: Entwicklung der Marktkapitalisierung und des Markenwertes von Nokia von 2000 bis 2014

Ein Blick auf die deutschen Unternehmen zeigt allerdings, dass die Stärke der Marke ein Asset ist, aus der sich Wachstumsstrategien für die digitale Welt ableiten lassen. Ein Vergleich mag dies verdeutlichen: Die Markenwert-Rankings werden derzeit dominiert von den vier großen (apokalyptischen) Reitern Apple, Google, Amazon und Facebook.[8] Deren Marktkapitalisierung liegt im Jahr 2017 bei rund 2.182 Mrd. US Dollar, die kumulierten Markenwerte bei 355 Mrd. US Dollar (Abbildung 7). Vergleicht man dies mit den neun deutschen Unternehmen, die zu den 100 stärksten Marken der Welt zählen, wirkt das

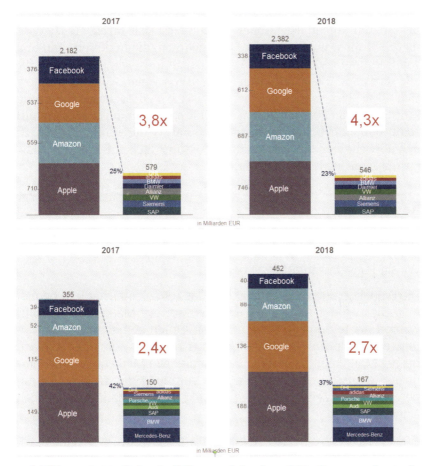

Abbildung 7: Marktkapitalisierung (oben) und Markenwert (unten) der „Big Four" im Vergleich zu den deutschen Unternehmen unter den Top 100 der weltweit stärksten Marken

---

[8] Die Bezeichnung als (apokalyptische) Reiter stammt von meinem Kollegen Scott Galloway (2017), der zu der Auswirkung von Apple, Amazon, Google und Facebook das lesenswerte Buch „The Four" geschrieben hat.

Ergebnis mehr als ernüchternd: SAP, Siemens, Volkswagen, Daimler, BMW, Audi, Porsche, Allianz und Adidas erreichen gerade einmal eine Marktkapitalisierung von 536 Mrd. US Dollar. Die Markenwerte belaufen sich auf 141 Mrd. US Dollar. Es ist ein Vergleich zwischen alter und neuer Welt.

Bei der Marktkapitalisierung und den Markenwerten der großen vier Reiter im Vergleich zu den oben genannten deutschen Unternehmen offenbaren sich interessante Unterschiede: Deutsche Unternehmen haben zwar nur 26 Prozent der Marktkapitalisierung von Google und Co., aber 40 Prozent des Markenwerts. Sie profitieren somit nach wie vor von dem, was sie schon länger im Markt aufgebaut haben: dem Kapital in den Köpfen der Kunden. Darauf lässt sich aufbauen. Dies gilt natürlich nicht nur für solche Unternehmen, die in diesem Ranking von Interbrand oder anderen Agenturen geführt werden, sondern für alle starken Marken in ihren jeweiligen Branchen. Allerdings sollten sich diese Marken auch darüber bewusst sein, dass dieser Vorsprung schrumpft: von 2017 auf 2018 um drei Prozentpunkte. Die Marke hilft somit temporär bei der Transformation als Schutzschild. Sie schafft den notwendigen Spielraum zur Anpassung. Sich auf der Marke auszuruhen reicht allerdings nicht.

Key Take-aways

Die Reise in der Zeitmaschine zeigt, wie schnell sich die Welt durch die Digitalisierung verändert hat. Anpassung ist ein schleichender Prozess. Wir sind uns dessen oft nicht bewusst.

Die Digitalisierung macht Menschen das Leben einfacher und bequemer. Dies wirkt sich auch auf Marken aus. Die Markenwertrankings werden heute dominiert durch digitale Unternehmen. Deutsche Unternehmen hinken hinterher. Allerdings zeigt sich, dass der Abstand bei der Marktkapitalisierung größer ist als beim Markenwert. Hier profitieren deutsche Unternehmen vom Vertrauen der Kunden. Sie haben über lange Zeit ihre Marken gestärkt und das Markenversprechen eingelöst.

Anpassung ist erforderlich. Marken sind in Zeiten der Veränderung ein Schutzschirm und schaffen Spielräume für Manager.

Kapitel II. Dataismus als neue Religion – Digitalisierung als Hebel

Wir alle kennen das Mooresche Gesetz. Gordon Moore, Chefentwickler von Fairchild Semiconductors, veröffentlichte den legendären Artikel mit seiner These zur Entwicklung der Prozessoren am 19. April 1965 in der Zeitschrift Electronics. Danach ging Moore von einer jährlichen Verdopplung der Rechenleistung von Prozessoren aus. Dies traf auch die nächsten zehn Jahre zu. Moore korrigierte dann seine Prognose, dass sich die Leistung bei gleichbleibenden Kosten alle zwei Jahre verdoppelt. Genau dies trat dann auch ein.

Was diese Entwicklung für die Nutzung von Daten bedeutet, erschließt sich Laien auf Anhieb nicht. Hier hilft ein Bild, das Intel-Vorstand Brian Krzanich geprägt hat: Stellen Sie sich das Mooresche Gesetz bei einem VW Käfer von 1971 vor. Dieser hätte dann heute eine Spitzengeschwindigkeit von 430.000 km/h, käme mit einer Tankfüllung 20 Millionen Kilometer weit und würde gerade einmal 2 Cent kosten.[9]

Ohne das Mooresche Gesetz gäbe es heute keine Big Data. Allerdings leisten nicht nur die Hardware, sondern gerade auch die Entwicklungen der Software dazu einen großen Beitrag. Von stupiden Systemen und Programmen, die Befehle ausführen und dazu entsprechend programmiert werden müssen, geht es in riesigen Schritten zu selbstlernenden Systemen, die problemlos mit großen Datenmengen umgehen und in kürzester Zeit eigene Entscheidungen treffen können.

1996 wurde der Schachweltmeister Kasparov erstmals durch den Computer Big Blue von IBM geschlagen. Big Blue wurde von Experten programmiert und mit allen bislang jemals gemachten Spielen und Spielzügen gefüttert. Im Jahr 2016 wurde ein Großmeister des strategischen Brettspiels Go durch einen Computer geschlagen. Die Unterschiede zu 1996: Zum einen ist Go wesentlich komplexer als Schach, zum anderen wurde der Computer nur mit den Spielregeln des Spieles ausgestattet, Strategien und Spielzüge entwickelte er selbständig.[10]

Nun handelt es sich beim Schach und bei Go um Spiele, bei denen das rationale Kalkül die zentrale Rolle über Sieg oder Niederlage spielt. Zudem ging es in beiden Fällen um einen begrenzten Wissens- und Anwendungsbereich. Lange sah man die Fähigkeiten der Künstlichen

---

[9] Brian Krzanich zitiert nach Friedman, 2017, S. 50.
[10] Harari, 2017.

Intelligenz auch eher in solchen Gebieten. Der Großcomputer Watson von IBM ist heute bereits dazu in der Lage, die Forschungserkenntnisse aus unterschiedlichen Medizinbereichen mit Patientenprofilen abzugleichen und daraus Therapievorschläge abzuleiten, die denen durchschnittlicher Ärzte überlegen sind. Watson wurde 2016 bereits von fünfzehn der führenden Krebszentren der Welt eingesetzt. Zu diesem Zeitpunkt hatte Watson mehr als 12 Millionen Seiten an Fachartikeln, zweihundert Lehrbüchern und Millionen Patientengeschichten aufgenommen. Und so geht es weiter. Ein Facharzt müsste im Vergleich pro Tag 21 Stunden lesen, um die Flut neuer Publikationen zu bewältigen.[11] Ärzte haben weder die Zeit noch die Möglichkeit, bei der Fülle der neu veröffentlichten Forschungserkenntnisse auf dem aktuellen Stand zu sein. Was für Ärzte gilt, gilt für jeden Lebensbereich. Auch im Marketing werden bei weitem nicht alle vorliegenden Erkenntnisse für das Treffen besserer Entscheidungen genutzt, weil es eben faktisch nicht geht.

Doch schon längst beschränken sich Computer nicht nur auf rationale Felder. Sie erobern auch das Reich der Emotionen und der Kreativität. Im Jahr 1986 habe ich selbst noch mit dem sogenannten Facial Affect Coding System von Ekman und Friesen Gesichtsausdrücke auf Emotionen anhand bestimmter Action Units analysiert, also Muskeln, die man getrennt voneinander bewegen kann.[12] Dies war aufwendig und langwierig. Ich kann ein Lied davon singen. Die Analyse der nonverbalen Reaktionen auf Fernsehspots nahm oft Tage in Anspruch. Heute erfolgt am Piccadilly Circus die Gesichtserkennung zur Identifikation der Stimmung der Menschen automatisch. Je nach Stimmung werden unterschiedliche Werbungen auf den überdimensionalen elektronischen Billboards gezeigt (Abbildung 8).

Computer sind durch Künstliche Intelligenz mittlerweile schon dazu in der Lage, Musikkompositionen und Bilder selbst zu erstellen, die von Experten nicht mehr von denen von Komponisten oder Künstlern zu unterscheiden sind.[13] Ferrero hat sich dies zunutze gemacht, indem die Verpackungsdesigns von einer Limited Edition-Serie von Nutella-Gläsern durch Künstliche Intelligenz kreiert wurden. Das Ergebnis ist sehenswert und steht dem von Kreativen in nichts nach (Abbildung 9).

Doch es geht noch weiter: Mittlerweile ist Facebook mit nur wenigen Likes besser in der Lage, die Persönlichkeit von Menschen einzuschät-

---

[11] Friedman, 2017, S. 119.
[12] Ekman, Friesen, 1993.
[13] Harari, 2017.

Kapitel II. Dataismus als neue Religion

Abbildung 8: Picadilly Circus: Steuerung der Werbung nach Stimmung der Passanten

Abbildung 9: Limited Edition von Nutella: 7.000.000 Varianten durch Künstliche Intelligenz erstellt

zen als deren Arbeitskollegen, Freunde, Verwandte oder Ehepartner. Bei Arbeitskollegen reichen Facebook 10 Likes, um bei der Prognose zu gewinnen, beim Ehepartner 300.[14]

Sie werden sich nun sicherlich fragen, wann der Mensch und auch Sie als Manager bei einer solchen Entwicklung überflüssig und durch Systeme Künstlicher Intelligenz ersetzt werden.

So schnell ist damit allerdings noch nicht zu rechnen. Unbestritten ist, dass die Künstliche Intelligenz uns dabei hilft, mit großen Datenmengen besser umzugehen. Die Künstliche Intelligenz (KI) wird das Marketing substantiell verbessern. Derzeit befinden wir uns noch in

---

[14] Grundlage für diese Ergebnisse war die Analyse von 68.220 Probanden.

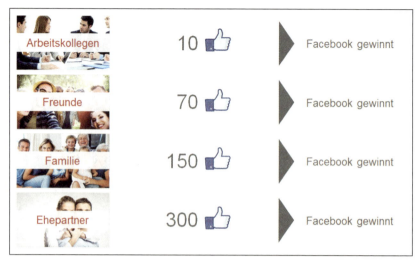

Abbildung 10: Wer kennt Sie besser: Facebook oder die Menschen in Ihrer Umgebung?

der Phase sogenannter schwacher KI-Systeme. Hier kann die KI das menschliche Denken nur nachahmen. Es sind lernende Systeme, die mit Wahrscheinlichkeiten arbeiten. Solche Systeme können vor allem mit ungeordneten Daten umgehen und darin Muster erkennen. Das alleine reicht allerdings schon aus, um den Kunden besser zu lesen und ihm personalisierte Werbung zukommen zu lassen. Wie wir alle wissen, gelingt dies bei weitem noch nicht immer, aber immer öfter. Paradebeispiel hierfür sind die Anwendungen von Google oder von Amazon.

Von der technologischen Singularität, also dem Zeitpunkt, zu dem die KI dem Menschen ebenbürtig ist, wie es bei starken KI-Systemen zu erwarten ist, sind wir allerdings noch weit entfernt.

Doch wie meinte schon Alan Turing, der Erfinder des Turing-Tests zur Prüfung Künstlicher Intelligenz:

> „Those who can imagine anything, can create the impossible."

Es lohnt sich weiterzudenken und seine Vorstellungskraft zu bemühen, um das Zusammenspiel von Menschen und Maschinen zum Nutzen von Kunden und Unternehmen frühzeitig zu beleuchten. Die Accenture-Berater und Forscher Paul R. Daugherty und H. James Wilson machen hierzu einen sinnvollen Vorschlag, indem sie differenzieren, was von Menschen und was von Maschinen besser gemacht werden kann und wie man die fehlende Lücke füllen kann, bei der Mensch und Maschine wirksam in Interaktion treten können. Dieses Modell lässt sich 1:1 auf Fragen zur erfolgreichen Markenführung im digitalen Zeitalter übertragen (Abbildung 11).

Abbildung 11: Zum Einsatz von Menschen und Maschinen

Es steht außer Frage, dass Führungsaufgaben ebenso wenig an Maschinen delegierbar sind wie Entscheidungen, was zu tun ist und was nicht. Auch Einfühlungsvermögen und Kreativität sind noch vorrangig bei Menschen zu sehen. Ebenso unbestritten ist, dass Aufgaben,

- die wiederholbar sind und
- bei denen es um große Mengen von Daten geht und aus denen Muster zu erkennen sind,

vorrangig von Maschinen zu bewältigen sind. Menschen können dadurch bei ihren Tätigkeiten unterstützt werden. Ein Serviceberater kann mit entsprechenden Hintergrundinformationen von Maschinen zu den Kundenpräferenzen sowie deren Kaufhistorie deren Bedarf sicherlich besser treffen und umfassender erfüllen als ohne. Maschinen wiederum müssen durch Menschen gefüttert und trainiert werden, indem diese ihr Wissen und ihre Erfahrungen weitergeben. Chat-Bots benötigen entsprechendes Erfahrungswissen von Servicemitarbeitern zum Umgang und zur Interaktion mit anderen Menschen. Es gibt somit viele Schnittmengen in der Zusammenarbeit von Menschen und Maschinen. Der Fokus der Diskussion liegt allerdings häufig und einseitig auf dem, was Maschinen durch Künstliche Intelligenz leisten können.

> **Key Take-aways**
>
> Würde das Moore'sche Gesetz auch für den VW Käfer gelten, wäre dieser heute 430.000 km/h schnell, käme mit einer Tankfüllung 20 Millionen Kilometer weit und würde gerade einmal 2 Cent kosten.
>
> Die Digitalisierung und die Künstliche Intelligenz umfasst alle Lebensbereiche. Dies reicht von rationalen Bereichen, wie der Prognose und Behandlung von Krankheiten bis zu emotionalen Bereichen, wie der Dekodierung von Emotionen, der Einschätzung der Persönlichkeit von Menschen und der Kunst.
>
> Die Künstliche Intelligenz wird auch das Marketing verändern. Unternehmen müssen sich Gedanken darüber machen, bei welchen Tätigkeiten menschliche oder maschinelle Aktivitäten dominieren und wo ein Zusammenspiel beider Fähigkeiten erforderlich ist.

Kapitel III. Datenmacht für Unternehmen

Daten werden für Unternehmen immer wertvoller. Wer die Macht über die Daten hat, hat die Macht über die Menschen, könnte man meinen. Dataismus ist für viele Manager die neue Religion. Es ist der unbedingte Glaube daran, dass Daten den Unternehmen zu Einsichten über die Kunden und deren Verhalten geben, aus denen sie selbst Wettbewerbsvorteile erzielen können. Zum Beispiel indem sie den Kundenbedarf besser kennen und zielgenauer befriedigen können.

Dies ist auch der Grund dafür, dass viele Unternehmen in Big Data investieren. 2017 hatten 60 Prozent der deutschen Unternehmen Big-Data-Lösungen im Einsatz oder haben bereits mit deren Planung und Realisation begonnen.[15] Bei Unternehmen aus Deutschland, Österreich und der Schweiz war 2017 der Hauptzweck für den Einsatz von Big Data mit 73 Prozent die Steigerung der Kundenzentrierung.[16] 27 Prozent der befragten deutschen Unternehmen konnten durch den Einsatz von Big Data ihren Umsatz erhöhen und 19 Prozent konnten zugleich ihre Kosten senken.[17] Neben der Optimierung des Kundenerlebnisses sehen Marketingverantwortliche weltweit das größte wirtschaftliche Potenzial in datengetriebenem Marketing mit klarem Fokus auf Einzelpersonen.[18]

Otto hat beispielsweise das gesamte Onlinesortiment in einen neuen Produktkatalog überführt, der es nun ermöglicht, jedem Kunden eine personalisierte Produktauswahl zu bieten. Dies wird technisch dadurch realisiert, dass die Website bis zu 800 Seitenabrufe pro Sekunde mit insgesamt 10.000 Ereignissen pro Sekunde parallel registriert. Hierzu zählen alle Klicks und die Positionen des Mauszeigers. Diese gesammelten Daten über das jeweilige Einkaufsverhalten ermöglichen es Otto, jedem Kunden eine individuelle Version der Website darzustellen. Letztlich wird so online ein maßgeschneidertes Einkaufserlebnis kreiert, welches die höchstmögliche Relevanz beim Konsumenten anstrebt.[19]

Es klingt nicht nur verlockend, es wäre sicherlich auch ein dramatischer Fehler, würden Unternehmen diese Möglichkeiten nicht nut-

---

[15] KPMG; Bitkom Research; Mai 2017.
[16] Capgemini, Februar 2018.
[17] KPMG; Bitkom Research; Mai 2017.
[18] Econsultancy; Adobe Systems; März 2018.
[19] https://www.mongodb.com/customers/otto?lang=de-de

zen. Doch ist es auch der Schlüssel zum heiligen Gral des Kundenverständnisses?

Wäre dem so, könnten Unternehmen ihre Kunden wie einen gläsernen Konsumenten lesen, diesem quasi die Bedürfnisse von den Lippen ablesen und entsprechende maßgeschneiderte Angebote machen. Schöne neue Welt für die Unternehmen, die die besten Daten und intelligente Datenanalysemöglichkeiten haben, wie Google, Facebook und Amazon. Investitionen in Künstliche Intelligenz könnten somit Investitionen in Marken überflüssig machen. Doch lässt sich nicht aus allen Daten relevantes Wissen ableiten.

> *„Not everything that can be counted counts, and not everything that counts, can be counted."* (Albert Einstein)

Gibt ein Kunde auf Amazon „Reiseführer Mallorca" ein, so sind dies zunächst einmal Daten. Daraus kann man die Information ableiten, dass ein Interesse an dieser Insel besteht. Man weiß aber nicht, ob dieses Interesse darin begründet ist, dass der Kunde dieses Buch zum Geburtstag verschenken möchte oder derjenige, der die Eingabe gemacht hat, nach Mallorca reisen möchte. Es wird selbst dann nicht eindeutig, wenn man zusätzlich auf Amazon nach einer Schnorchelausrüstung oder einer Badehose sucht. Legt Amazon dem Kunden nun beim nächsten Besuch der Website einen kulinarischen Führer oder ein Weinbuch zur Insel vor, so kann dies den Kunden erfreuen, muss es aber nicht. Es sind eben Daten, aber noch kein Wissen um den echten Bedarf des Kunden.

Es gilt nach wie vor die alte Weisheit: Daten sind keine Informationen und Informationen sind noch lange kein (relevantes) Wissen.

Erkenntnisse zum Customer Relationship Management haben ebenfalls gezeigt, dass die überzogenen Erwartungen an solche Systeme bislang nicht erfüllt werden konnten.[20] Der Einsatz der Software-Tools, mit denen Kundendaten verarbeitet und der Wert des Kunden für das Unternehmen berechnet werden konnten, brachten meist nicht den erwarteten Erfolg. Im Gegenteil: Etwa die Hälfte der umgesetzten Maßnahmen gilt als gescheitert. Einen nachvollziehbaren Grund dafür führt der Unternehmer Robert Thompson auf.[21] Behandeln Unternehmen Kunden wie Nummern in den Systemen, so reicht dies nicht aus, um Menschen als Ganzes mit all ihren Bedürfnissen in verschiedenen Lebenssituationen zu erfassen.

---

[20] Esch, Kochann, 2019.
[21] Thompson, 2014.

Kapitel III. Datenmacht für Unternehmen

Der Blick in den Rückspiegel mag bei gewohnheitsmäßigem Verhalten der Kunden funktionieren, wenn Kunden quasi als eingefrorene Entscheidung immer wieder die gleichen Rasierklingen oder das gleiche Waschmittel kaufen. Es mag dann auch noch besser funktionieren, wenn man extensive Entscheidungen trifft, zu denen viele Informationen vorab analysiert werden. Solche Systeme versagen aber regelmäßig bei impulsiven und emotionalen Entscheidungen. Insofern lassen sie auch nur eingeschränkte Perspektiven auf künftiges Verhalten zu.

> *Die Analyse vorhandener Daten ist immer ein Blick in den Rückspiegel.*

Trotzdem klingt Big Data vielversprechend für das Marketing. Dahinter stehen zwei Fragestellungen, von denen sich Marketingmanager neue und tiefergehende Erkenntnisse erhoffen:

1. Wer kauft was, wann, wo und zu welchem Preis? und
2. Können wir das, was Kunden hören, lesen, sehen und miteinander austauschen mit ihrem Kaufverhalten und den Kaufentscheidungen verknüpfen?

Es wäre der Schlüssel zum Heiligen Gral des Kundenverständnisses. Würde man diese Fragen klären, wäre die Frage nach den verschwendeten 50 Prozent des Budgets geklärt, die seinerzeit Henry Ford aufgeworfen hat und sich in Marketingkreisen hartnäckig hält. Entsprechend strebt man im Marketing an, die Transaktionen der Kunden besser vorhersagen zu können, indem man ein detailliertes Portrait des Kunden zeichnet, in dem Medienpräferenzen, Einkaufsgewohnheiten, Interessen, Bedürfnisse und Wünsche der Kunden so gut es geht abgebildet werden. Im Ergebnis hätte man ein präzises und hochauflösendes Bild eines jeden Kunden und seiner nächsten Schritte.[22]

So weit, so gut. Aber was ist, wenn auch die Wettbewerber gleichermaßen verfahren und ein ähnlich gutes Bild von den Kunden haben? Ich bin immer wieder überrascht zu sehen, dass bei vielen miteinander im Wettstreit stehenden Unternehmen Informationen zum Markt, zu Kunden und Kundensegmenten, zu technologischen Entwicklungen usw. fast in identischer Form vorliegen. Oft werden daraus auch sehr ähnliche Schlüsse gezogen. Die Manager verstehen eben ihr Handwerk. Wenn der Betrachtungsschwerpunkt darauf liegt, den nächsten Kauf für sich zu entscheiden, hat dies bei Waffengleichheit fatale Folgen für die Profitabilität von Unternehmen. Vor allem schafft dies alleine noch lange keinen nachhaltigen komparativen Wettbewerbsvorteil. Zumindest nicht in Märkten, auf denen Wettbewerber auf

---

[22] Dawar, 2016.

Augenhöhe an solchen Themen arbeiten, wie in der Tourismusbranche, bei Versicherungen, der Telekommunikation oder der Automobilbranche, um nur einige Kategorien aufzuführen.

Will man somit Big Data wirksam nutzen, so geht es nicht nur um die kurzfristige Analyse, die den Abverkauf und das Cross-Selling stärken oder Leads generieren. So wichtig solche kurzfristigen Kennzahlen sind, so wichtig ist es auch, diese um eine langfristige Analyse solcher Kennzahlen zu ergänzen, die Aufschluss über die Stärkung der Marke und daraus resultierenden Kundenpräferenzen und -bindungen liefert. Dann geht es aber um die Fragestellung, wie man als Unternehmen Wert für den Kunden und gleichermaßen auch Wert für die Marke schaffen kann.

Key Take-aways

Wer die Macht über die Daten hat, hat die Macht über die Menschen. Die Datenmacht der Unternehmen wächst rapide. Doch wie meinte Einstein so schön: Not everyting that can be counted counts, and not everything that counts can be counted. Daten sind immer ein Blick in den Rückspiegel. Sie helfen dem Marketing, reichen aber alleine für eine wirksame Markenführung nicht aus.

Kapitel IV. Kunden an die Macht?

So groß die Macht der Unternehmen ist, die die wes[...] zu Kunden besitzt, so groß kann auch die Gegenbeweg[...] zeigt sich nicht nur bei Unternehmen, sondern auch bei Re[...]. Die Revolution in Ägypten wäre ohne soziale Medien nicht möglich gewesen. Die Digitalisierung, Smartphones und Social Media machten dies möglich. Die Macht der Menschen wächst. Die ägyptische Regierung wurde gestürzt, weil der Shitstorm und die Solidarisierung in den sozialen Medien nicht mehr zu stoppen waren und die ägyptische Gesellschaft mitgerissen hat.

Deshalb sehen viele Unternehmen auch zunehmend den Kunden auf dem Fahrersitz. Durch die digitale Transparenz können diese wann, wo und wie sie wollen auf relevante Informationen für eine Entscheidung zurückgreifen. Zudem werden sie durch die Digitalisierung selbst vom passiven Empfänger von Kommunikationsbotschaften zum aktiven Akteur. Sie können dadurch Einfluss auf Unternehmen und andere Kunden nehmen. Kundenbewertungen und Shitstorms, die durch Kunden ausgelöst werden, sind nur zwei Beispiele dafür.

Sicherlich erinnern Sie sich noch daran, welches Börsenbeben der Influencer-Star Kylie Jenner bei Snapchat im Jahr 2018 ausgelöst hat. Grund dafür war die Überarbeitung der Benutzeroberfläche bei Snapchat und ein einziger Kommentar von Kylie auf Twitter als Reaktion auf das neue Snapchat-Design. Dieser lautete: „Also nutzt sonst noch jemand Snapchat nicht mehr? Oder bin das nur ich ... ah, das ist so traurig." Daraufhin brach der Aktienkurs an der New Yorker Börse um 1,3 Milliarden Dollar ein. Die weitestgehend autonom arbeitenden Computersysteme der Banken und Investmentfirmen reagierten unmittelbar auf diese Meldung und wogen den Schaden für Snap Inc. ab – mit weitreichenden Folgen.

Systematisiert man die neue Macht der Kunden, so sind aus meiner Sicht folgende Aspekte wesentlich:

1. Kunden haben durch den Zugriff auf Informationen in der digitalen Welt eine bislang noch nie dagewesene Transparenz, die sie nutzen können. Vergleichsportale erleichtern Vergleiche zwischen Marken und deren Angeboten.
2. Kunden können Marken und deren Leistungen in jeglicher Form bewerten und dies transparent machen. Bewertungsportale machen dies leicht möglich. Digitale Anbieter schaffen Raum für

Kundenbewertungen, weil man weiß, dass diese eine extrem hohe Strahlkraft und Glaubwürdigkeit auf andere Nutzer ausüben. Positive Bewertungen von Produkten und Dienstleistungen haben signifikanten Einfluss auf die Markenwahl Dritter.

3. Kunden können sich in jeglicher Form über Marken äußern – positiv wie negativ. Die Multiplikationsgeschwindigkeit ist dabei je nach Brisanz des Themas sehr hoch, entsprechend auch die Reichweite. Die auf YouTube gestellten Videos von Dominos Mitarbeitern, die zeigten, wie sie Pizzen aufs Übelste mit körpereigenen Zutaten verunstalteten, wurden millionenfach geteilt mit fatalen Folgen für Dominos Markenimage und Verkaufszahlen.[23]
4. Kunden können sich untereinander zusammenschließen und austauschen in einer Form, wie dies bislang nicht möglich war. Daraus entsteht Meinungs- und Themenführerschaft. Die #MeToo-Debatte ist nur ein Beispiel dafür.

Es wäre töricht, all diese Möglichkeiten zu unterschätzen. Insofern sind Marken gut beraten zu beobachten, was wo und von wem im Netz über die Marken gesprochen wird und wie Produkte und Dienstleistungen der Marke beurteilt werden. Ich kenne viele Fälle, bei denen Kunden faktisch das schlechtere Produkt wählen, weil es die besseren Kundenbewertungen aufweist. Einen Punkt bewerte ich als Konsumentenforscher allerdings kritisch. Dieser wird aus meiner Sicht ideologisch verzerrt. Es geht um das Thema Transparenz. Bei der vorherrschenden Informationsflut und den begrenzten Informationsaufnahme- und Verarbeitungskapazitäten der Kunden ist dies mehr Wunsch als Realität.

> **! Key Take-aways**
>
> Kunden sitzen zunehmend auf dem Fahrersitz. Sie wandeln sich durch die Digitalisierung vom passiven Empfänger von Botschaften zu aktiven Gestaltern. Durch die wachsende Transparenz liegt das Schicksal der Marken zunehmend in den Händen der Kunden. Dies mag in manchen Fällen auch zutreffen. Meist ist es allerdings mehr Wunsch als Realität. Kunden können aufgrund begrenzter Verarbeitungskapazitäten aus der Informationsfülle meist nicht die Spreu vom Weizen trennen.

---

[23] Esch, 2018.

Kapitel V. Die Marke ist tot: Lang lebe die Marke!

Je transparenter ein Markt wird, um so objektiver können Vergleiche stattfinden. Die Folge für Marken liegen auf der Hand: Marken würden dann überflüssig werden.

Rational ist dies mehr als nachvollziehbar, allerdings handeln weder Manager noch Kunden rein rational. Sie greifen nach wie vor auf Programme der Steinzeit zurück, verfügen nur über beschränkte Informationsaufnahme- sowie Informationsverarbeitungsmechanismen und reagieren impulsiv und emotional.

Viele emotionale Entscheidungen werden oft erst im Nachhinein rationalisiert. Bei mir ist dies bei Uhren der Fall, bei anderen Menschen sind es die Schuhe, die Autos oder andere Leidenschaften für Dinge, die man nicht braucht, aber gerne hätte.

„Wir tun nicht, was wir wollen, sondern wir wollen, was wir tun."[24]

Menschen entscheiden nicht rational, sie entscheiden emotional.

Grundsätzlich sind keine Entscheidungen ohne Einfluss von Emotionen möglich. Nicht zuletzt deshalb betonte der Neurowissenschaftler Antonio Damásio: „Ich fühle, also bin ich."[25] Der Hirnforscher Damásio belegte dies anhand vieler Fälle von Patienten mit Hirnschäden. Bei dem Patienten Elliot wurde ein Hirntumor im präfrontalen Cortex entfernt. Nach dem Eingriff veränderte sich Elliots Persönlichkeit radikal. Der Patient hatte keine Einschränkung von kognitiven, motorischen oder sensorischen Fähigkeiten, allerdings erhebliche Störungen seiner Entscheidungsfähigkeit und einen Mangel an Gefühlen. Bilder von Situationen, die Elliot früher erregt hatten, lösten nach der Operation keine Reaktionen mehr bei ihm aus. Diese Beziehung zwischen dem Mangel, Gefühle zu empfinden, und der Unfähigkeit, Entscheidungen zu treffen, führt Damásio zur Theorie der somatischen Marker. Damásio war der Überzeugung, dass Elliots Gefühllosigkeit ihn daran hindert, Handlungsalternativen emotional zu bewerten.[26]

Alle Erfahrungen im Leben eines Menschen werden in einem emotionalen Erfahrungsgedächtnis gespeichert. Wenn Sie beispielsweise positive Erfahrungen mit der Marke BMW gemacht haben, würde dieses positive emotionale Erleben gespeichert werden. Das Erfahrungsge-

---

[24] Prinz, 2013.
[25] Damásio, 2011.
[26] Esch, 2017.

dächtnis teilt sich über ein körperliches Signalsystem mit, das Ihnen bei der Entscheidungsfindung hilft: die somatischen Marker. Bei der Entscheidung für ein neues Auto kommt nun bei der Vorstellung verschiedener Handlungsalternativen dieser somatische Marker ins Spiel und gibt bei der Alternative „BMW" positive Rückmeldung. Dies hilft Ihnen, emotional negativ bewertete Handlungsoptionen auszuschließen.

Die somatischen Marker nehmen einem das Denken nicht ab, sondern helfen, Alternativen aufgrund gespeicherter Erfahrungen zu bewerten. Das Beispiel zeigt deutlich, dass offensichtlich ein Zusammenhang zwischen rationalen Entscheidungsprozessen und Gefühlen besteht. Das ist eine große Chance für die Marke, sich emotional in den Köpfen der Kunden zu verankern. Ein positiver somatischer Marker einer Marke ist dann das Zünglein an der Waage bei Entscheidungen. Neuronale Studien meines Instituts mit dem Life and Brain Institut an der Universitätsklinik in Bonn Bad-Godesberg zeigen, dass sich starke Marken von allen anderen Marken durch die positiven Emotionen unterscheiden, die mit Ihnen verknüpft sind.[27]

Starke Marken sind emotional verankert und dienen als somatischer Marker bei Entscheidungen.

Menschen sind soziale Wesen.

Menschen möchten anschlussfähig sein an Gruppen, die ihren Werten entsprechen oder die sie als Vorbild erachten. Sie orientieren sich an Personen und Gruppen, die für sie selbst eine wichtige Referenz darstellen und sie suchen den Austausch mit solchen Gruppen. Deutlicher Indikator dafür ist die wachsende Zahl der Communities zu Themen, die Kunden umtreiben und zu denen sie sich mit Gleichgesinnten austauschen wollen, aber auch die große und weiter wachsende Bedeutung der Influencer, die die neuen Stars der jüngeren Generation sind und die man nachahmen möchte. Neuen Erkenntnissen zufolge werden 29 Prozent der Kaufentscheidungen bei den 16- bis 29-Jährigen durch Influencer beeinflusst.[28] Da Menschen immer die soziale Integration und den sozialen Vergleich mit relevanten Gruppen suchen, haben Marken hier die große Chance, als Anker der Gruppenzugehörigkeit zu dienen und dadurch Orientierung zu schaffen.

Starke Marken sind sozial und dienen der Eingrenzung und der Ausgrenzung.

Dies erklärt auch den Erfolg von Bibi, einer sehr erfolgreichen deutschen Influencerin mit mehr als 6,5 Millionen Fans, bei der Einführung ihrer neuen Pflegeserie Bilou (= Bibi loves you) bei dm

---

[27] Esch, Möll et al., 2013.
[28] Brecht, 2018.

(Abbildung 12). Innerhalb kürzester Zeit erreicht die junge Dame mit ihren Duschschäumen mit der originellen Verpackung und den außergewöhnlichen Ingredienzen, wie Tasty Donut oder Vanilla Cake Pop, einen Marktanteil von 10 Prozent in Deutschland. Die Fans wollten eben etwas gemeinsam mit Bibi haben.

Abbildung 12: Pflegeserie Bilou

Menschen suchen nach Entlastung und Orientierung.

Gerade in einer komplexer werdenden und sich immer schneller drehenden Welt gewinnt dieses Thema permanent an Bedeutung. Menschen müssen sich den rasanten Entwicklungen anpassen. Das ist natürlich möglich – bis zu einem gewissen Punkt. Es ist bekannt und belegt, dass sich unsere Verhaltensprogramme bei weitem nicht so schnell anpassen können, wie es erforderlich wäre. Zum Teil reagieren wir auf die moderne Umwelt noch mit Programmen aus der Steinzeit. So gilt die Magical Number Seven Plus/Minus Two des Psychologen Miller bis heute: In einem begrenzten Zeitrahmen können wir maximal sieben plus/minus zwei Informationen sinnvoll verarbeiten.[29]

Genau deshalb greifen wir zur Entlastung auf den Ratschlag von Influencern oder auf Bewertungen bei TripAdvisor zurück – manchmal mit grotesken Auswirkungen, weil jedes System manipulierbar ist. So gelangte im Jahr 2017 das Restaurant „The Shed at Dulwish" in London auf das Leader Board von TripAdvisor – und zwar auf Position 1 aller Restaurants. Die Crux an der Sache: Das Restaurant existierte gar nicht, es war eine Gartenlaube, die durch Fake Reviews mit Fake-Bildern auf der Hitliste von TripAdvisor nach oben gepusht wurde.[30] Und siehe da: Natürlich wollten Kunden unbedingt einen Tisch in dieser Top-Location reservieren, wie sollte es auch anders sein.

---

[29] Miller, 1956.
[30] http://theconversation.com/believe-nothing-the-hoax-of-the-shed-at-dulwich-91211

Abbildung 13: Top-Ranking eines Restaurants in London durch Fake-Reviews

Das Wort Fakt unterscheidet sich von dem Wort Fake durch einen Buchstaben. Ist das ein Zufall? Im Netz verschwimmen die Grenzen.

Rankings sollen Klarheit und Transparenz schaffen und – nicht zuletzt auch durch die detaillierten Kommentare – Entscheidungshilfen sein. Mich erinnert das Ganze an Stiftung Warentest, die seit Jahrzehnten vergeblich versuchen, Konsumenten aufzuklären, indem sie in detaillierten Testberichten Produkte und deren Leistung beschreiben. Und was machen die Kunden? Statt die Testberichte zu lesen, verlassen diese sich auf das Gesamturteil „gut" oder „sehr gut". Das reicht ihnen allemal für die Kaufentscheidung, weil es eine sogenannte „verdichtete Information" ist, die sie entlastet. Zu viel Denken schadet offensichtlich.

Starke Marken bieten Entlastung und Orientierung.

Starke Marken bieten beides: Sie erleichtern Kunden das Leben, weil diese wissen, wofür eine Marke steht. Und sie sorgen für Orientierung in der Flut der Angebote.

Folgt man den bisherigen Gedankengängen, so ist die Digitalisierung keineswegs der Tod starker Marken. Mich wundert persönlich immer, dass dies viele Protagonisten behaupten, offensichtlich ohne sich bewusst zu werden, was sie damit sagen.

Kapitel V. Die Marke ist tot: Lang lebe die Marke!

Diese Befürworter des Tods der Marken durch Digitalisierung leiden offensichtlich unter kollektivem Gedächtnisverlust: Schließlich sind durch die Digitalisierung und durch neue Technologien entstandene Unternehmen heute zweifelsfrei auch starke Marken – wie Airbnb, Amazon, Apple, Google, Facebook, Tesla, Uber oder Zalando. Der Grund: Sie haben etwas geschaffen, was für Kunden relevant ist und werden damit auch verbunden. Sie sind zum wichtigen Bestandteil im Leben ihrer Kunden geworden.

Meine These ist deshalb eine völlig andere. Es wird Sie wenig verwundern. Sie lautet: Starke Marken werden in der digitalen Welt wertvoller als je zuvor.

Deshalb hat BMW deutlich mehr Likes auf Facebook als Kia, H&M wesentlich mehr Twitter Follower als Bon Prix und Levi's ungleich mehr Aufrufe bei YouTube als Jack & Jones (Abbildung 14).

Die Digitalisierung stärkt starke Marken.

Untermauert wird dies auch durch eine Langzeitstudie von McKinsey und der Universität Köln, die seit dem Jahr 2002 durchgeführt wird. Es zeigte sich, dass es mit der Markenbedeutung online steil bergauf geht. Mehr noch: Beim Online-Kauf sind Marken aus Sicht der Verbraucher sogar um 14 Prozent wichtiger als beim Kauf im stationären Handel. Der Grund ist einfach und nachvollziehbar: Marken üben eine Risikoreduktionsfunktion aus, die umso wichtiger wird, je weniger die Produkte greifbar sind. Die sich daraus ergebende Empfeh-

facebook Likes	BMW 19.102.685	vs.	KIA 3.736.901
twitter Follower	H&M 112.000	vs.	bonprix 1.612
YouTube Aufrufe	Levi's 27.563.233	vs.	JACK & JONES 317.694

Abbildung 14: Resonanz auf starke und schwache Marken in der digitalen Welt

lung für reine Onlinemarken ist somit der Aufbau einer starken Marke, statt nur auf Klicks und schnelle Kaufabschlüsse zu zielen.[31]

> *Starke Marken setzen sich durch. Sie sind in der digitalen Welt noch wichtiger als in der realen.*

Allerdings ist dies kein Selbstläufer. Viele Unternehmen müssen darauf achten, in der Digitalisierung nicht den Anschluss zu verlieren und überflüssig zu werden. Laut Havas trifft dies bereits heute auf viele Marken zu: 74 Prozent aller Marken sind aus Sicht der Kunden verzichtbar.[32]

Sie bieten demnach nichts, was für den Kunden relevant und wichtig ist. So hoch diese Zahl ist, so wenig verwunderlich ist sie. Schon 1981 stellte Kanter fest, dass 65 Prozent der Kunden die führenden Marken für austauschbar hielten.[33] Somit hat sich über die Jahre weniger getan, als man glaubt: Die meisten Marken schaffen es nicht, sich für Kunden relevant und unterscheidbar zu machen und dadurch einen Platz in den Köpfen der Kunden zu belegen. Umgekehrt gibt es aber eben auch solche Marken, die für Kunden wertvoll und unverzichtbar sind.

Hieran können Sie als Manager arbeiten und dafür sorgen, dass Ihre Marken unverzichtbar werden.

! Key Take-aways

Menschen tun nicht, was sie wollen, sondern wollen was sie tun. Sie entscheiden nicht rational, sondern emotional. Gerade starke Marken sind emotional verankert und lenken dadurch Entscheidungen. Menschen sind zudem soziale Wesen und nutzen Marken zur Ein- und Ausgrenzung. Starke Marken schaffen somit gerade in der digitalen Flut Orientierung. Sie werden gerade in Zeitalter der Digitalisierung immer wichtiger, wie Studie belegen.

---

[31] Fischer, Lehmann, Liedtke, 2019.
[32] Havas Media, 2018.
[33] Kroeber-Riel, Esch, 2015; Kanter, 1981.

Kapitel VI. Survival of the Fittest

Mir ist, als gestehe ich einen Mord.
Charles Darwin

1. Anpassen oder sterben

Mit dem Satz „Mir ist, als gestehe ich einen Mord" beginnt Darwin sein wohl bekanntestes Werk mit dem opulenten Titel „On the Origin of Species by Means of Natural Selection, or the Preservation of Favoured Races in the Struggle for Life".[34]

Kaum eine Theorie hat unser Denken so beeinflusst wie Darwins Evolutionstheorie. Kern dieser Theorie ist, dass die Welt nicht von Gott geschaffen, sondern sich die Natur im Zeitablauf allmählich entwickelt hat. Mit geradezu erdrückenden Beweisen konnte der Forscher seine Thesen belegen, wonach heutiges Leben aus verschiedenen Urformen entstanden ist und sich im immerwährenden Kampf ums Dasein weiterentwickelte. Dabei gilt das Prinzip des „Survival of the Fittest". Damit meint Darwin keinesfalls, dass die Stärksten überleben, sondern die Lebewesen, die sich am besten auf die jeweiligen Umweltsituationen anpassen können.

Genauso ist es meiner Auffassung nach auch bei Unternehmen und Marken: Mangelnde Anpassungsfähigkeit führt unweigerlich zum Exitus von Unternehmen und Marken.

Laut Dow Jones werden nur 0,7 Prozent aller Unternehmen 100 Jahre alt. Unternehmen erreichen somit selten ein biblisches Alter. Älter als 100 Jahre sind laut Creditreform in Deutschland nur knapp 1,5 Prozent der aktiven Unternehmen.[35] Das Durchschnittsalter schätzt die Wirtschaftsauskunftei auf nur 18 Jahre. Somit ist es eine mehr als berechtigte Frage, wie man als Unternehmen zu diesem kleinen Teil der anpassungsfähigen Unternehmen gehören kann. Die Frage ist nicht nur berechtigt, sie ist überlebensnotwendig und konkret zu beantworten.

Viele Unternehmen zeigen, wie es geht: Die BASF hat sich in den mehr als 140 Jahren seit Gründung mehrfach gehäutet und grundlegend verändert. Das gleiche gilt für Louis Vuitton, Nivea, IBM oder

> *Nur 1,5 Prozent aller Unternehmen werden älter als 100 Jahre. Anpassung ist Pflicht zum Überleben.*

---

[34] Darwin, 1859.
[35] Heise, Freitag et al., 2013.

Würth. Schon heute macht Würth große Teile des Umsatzes nicht mehr durch seine Verkäufer, sondern durch das Internet und durch Läden. Der erste Laden, in dem 24 Stunden täglich sieben Tage die Woche bargeldlos und ohne einen einzigen Verkäufer im Laden eingekauft werden kann, ist gerade in Erprobung. Es wird nicht der letzte bleiben.

Nivea gäbe es heute alleine mit der Creme in der runden Dose nicht mehr. Die Marke hat sich zu einer Pflegemarke entwickelt und passt sich laufend den veränderten Umweltbedingungen an, sei es mit der differenzierten Ansprache von Männern oder der Berücksichtigung unterschiedlicher Ansprüche von Senioren an Pflege. Das Angebot wird aus dem Markenkern heraus systematisch erweitert. Louis Vuitton ist schon lange nicht mehr nur das klassische Muster bei Koffern und Reiseutensilien, mit dem das Unternehmen groß und bekannt wurde. Vielmehr hat sich die Marke zu einer Mode- und exklusiven Lifestylemarke gemausert.

Andere Marken wie Nixdorf oder Kettler sind auf der Strecke geblieben. Sie haben den Wandel und die Anpassungsprozesse im Unternehmen zu spät vorangetrieben. Gerade bei Unternehmen wie Kettler überrascht dies, weil das Marktumfeld günstig ist. Viele Menschen achten auf ihre Gesundheit und ihren Körper. Fitnessgeräte sind in, Fitnessstudios sprießen in allen Städten. Eltern achten darauf, dass Kinder mit guten Fahrrädern und Fahrzeugen die ersten Fahrversuche starten. In all diesen Bereichen war Kettler tätig und hat sich die Butter vom Brot nehmen lassen und dies, obwohl die externen Bedingungen weitaus besser waren als in den Kategorien und Branchen vieler anderer Marken.

Die Digitalisierung treibt den Wandel. „Uber, das größte Taxiunternehmen der Welt, besitzt keine eigenen Taxis, Facebook, das beliebteste Medienportal der Welt, veröffentlich keine eigenen Inhalte, Alibaba ist der wertvollste Einzelhändler der Welt ohne eigenes Inventar. Und Airbnb, der größte Bettenvermittler der Welt, besitzt keine eigenen Hotels."[36]

Die genannten Wettbewerber und Aggregatoren sowie Plattformen wie Check24 oder Booking.com verändern die Spielregeln für etablierte Unternehmen. Diese müssen Geschäftsmodelle, Kommunikations- und Interaktionswege auf veränderte Kundenbedarfe abstimmen und auf den Prüfstand stellen. Allzu oft sind bei diesen Veränderungsprozessen die Ansätze der neuen Herausforderer das Maß aller Dinge.

---

[36] Tom Goodwin von Havas Media am 03. März 2015 in einem Artikel auf TechCrunch.com, zitiert nach Friedman, 2017, S. 112.

Agile Prozesse und Methoden werden reflexhaft übernommen. Etablierte Unternehmen haben allerdings nicht die Möglichkeit, ein weißes Blatt Papier neu zu beschreiben. Sie sind Mitarbeitern und anderen Anspruchsgruppen verpflichtet, Wandel mit Augenmaß zu betreiben. Während Tesla seine Autos wirksam über das Internet und eigene Innenstadtläden verkauft, verfügen etablierte Automobilhersteller über ein großes Händler- und Servicenetz, das nicht schlagartig umgestellt werden kann und sollte.

Ein plastischer Vergleich zwischen Fuji und Kodak verdeutlicht dies.[37] Beide Unternehmen wuchsen im Zeitalter analoger Fotografie in einem Duopol von 1910 bis 1997 unaufhaltsam mit dem Markt (Abbildung 15). Der weltweite Umsatz lag im Jahr 1997 bei 30 Milliarden Dollar. Mit Einsetzen der Digitalisierung veränderte sich das Spielfeld dramatisch. Bis zum Jahr 2010 schrumpfte der Umsatz auf einen geringen einstelligen Milliardenbetrag (Abbildung 16).

Wandel startet im Unternehmen.

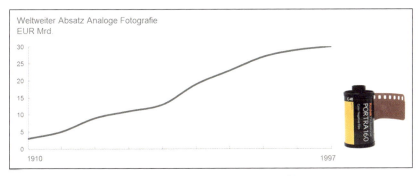

Abbildung 15: Die goldenen Zeiten der analogen Fotografie

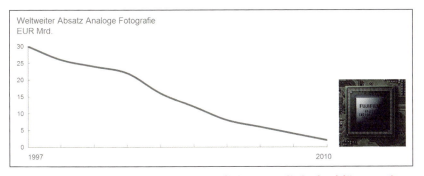

Abbildung 16: Game changer Digitalisierung: digital schlägt analog

---

[37] Yuzawa, 2018.

Sie alle kennen die Geschichte: Während Fuji den Turnaround schaffte, ging Kodak in den Konkurs (Abbildung 17). Ebenso spannend wie die Suche nach den Gründen dafür ist die Frage danach, woran es nicht lag. Gerade hier zeigt sich ein überraschendes Bild. Es lag nicht an den Insights. Dies zeigt sich an den exemplarischen Äußerungen von Kodak (1978) „Analoge Fotografie gehört der Vergangenheit an." und Fujifilm (1984) „Unsere Zukunft liegt nicht in der Analogie (Fotografie).". Es lag auch nicht am Geld. Beide Unternehmen hatten die Kriegskassen voll. Die Liquiditätsbestände beliefen sich im Jahr 2002 bei Fuji auf 3,6 Milliarden Dollar, bei Kodak auf 4,1 Milliarden Dollar. Es war somit genug Geld vorhanden, in neue Technologien zu investieren. Während Fuji den Schritt zu neuen Geschäftsmodellen vollzog, verharrte Kodak in einer Bewahrungsposition. Die Folgen sind bekannt.

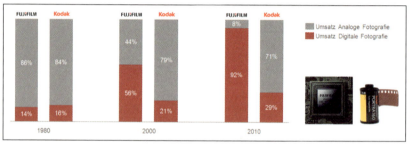

Abbildung 17: Auf zu neuen Ufern: Fuji versus Kodak

Aber was sind nun die Gründe dafür, dass bei gleicher Ausgangssituation ein Unternehmen reüssiert und das andere nicht?

Dazu gibt es natürlich unterschiedliche Auffassungen, allerdings schälen sich immer ähnliche Aspekte heraus. Ich sehe fünf Punkte:

1. Die richtige Haltung, die es ermöglicht, den Wandel selbstbewusst anzugehen, statt im eigenen Saft zu braten.
2. Den Mut zum Wandel und die Bereitschaft, Herausforderungen anzunehmen und Neuland zu betreten.
3. Den Fokus auf den echten Kundennutzen statt auf Technologien, die man beherrscht.
4. Die Nutzung des guten Namens für das neue Geschäftsmodell, um von dessen Stärke und Glaubwürdigkeit zu profitieren.
5. Die Disziplin und das 100-prozentige Commitment, diesen neuen Weg auch konsequent zu gehen und alle Mitarbeiter mit auf diesen Weg zu nehmen.

Vielen Top-Managern ist auch klar, dass die Digitalisierung neue Anforderungen stellt und einen Wandel in Unternehmen bedingt. Entsprechend werden derzeit viele Change-Management-Prozesse initiiert. Unter hübschen Titeln wie „Fit for Future", „Peak Performance", „Agile Development" usw. werden Programme initiiert, bei denen nach Einspar- und Wachstumsmöglichkeiten gesucht und Mitarbeiter auf andere Prozesse, Verhaltensweisen und Vorgaben eingeschworen werden.

Viele dieser Projekte scheitern, weil zu einseitig auf das Neue fokussiert wird. Dass dies Mitarbeiter beunruhigen muss, die sich oft über ihre Rolle in einem solchen Prozess im Unklaren sind und somit innere Widerstände gegen Veränderung empfinden, wird nur selten hinreichend beachtet. Daraus resultieren Beharrungsvermögen und Resistenz gegen Wandel.

Gerade Manager, die ihre Unternehmen auf den notwendigen Wandel einschwören wollen, brauchen eine klare Haltung.

Warum ist dies so? Mitarbeiter brauchen Orientierung, sie benötigen einen Polarstern und ein sicheres Fundament als Basis für die notwendigen Veränderungen, die ihnen vieles abverlangt. Diese Anstrengungen werden umso lieber geschultert, je klarer die Haltung eines Unternehmens ist, weil dies Orientierung schafft und Rückhalt im Veränderungsprozess gibt.

Unternehmen bewegen sich somit im Spagat zwischen bewahren und verändern. Unternehmen, die den richtigen Rhythmus zwischen den Dimensionen finden, sollten die Gewinner im Kampf ums Überleben sein. Doch ist dem wirklich so? Im folgenden Kapitel zeige ich Ergebnisse einer Studie von ESCH. The Brand Consultants, die Aufschluss darüber gibt, was Top-Performer in Zeiten des Wandels von anderen Unternehmen unterscheidet.[38]

2. Die Erfolgsformel: Wandel + Haltung = Top-Performance

Bisherige Studien konzentrierten sich auf den Wandel und wie man als Unternehmen erfolgreich die Digitalisierung nutzen kann: Getreu dem Motto „Survival of the Fittest" gewinnen die Unternehmen, die den Wandel rechtzeitig und konsequent angehen.

Wir wissen aus unseren Studien, dass gerade junge Gründer von Digitalunternehmen besonders großen Respekt davor haben, durch

---

[38] ESCH. The Brand Consultants, 2019.

Technologiefortschritt oder smartere Ideen schnell durch das nächste Startup ersetzt zu werden.[39] Wer denkt heute noch an MySpace, den Vorgänger von Facebook oder an Hipstamatic, die App des Jahres 2010, die Schnappschüsse in wunderbare Bilder verwandelte. Diese App wurde von Instagram vom Markt gefegt, weil Instagram noch zusätzlich die Möglichkeit zur sozialen Interaktion bot (Abbildung 18). Gerade weil im digitalen Bereich die bessere Idee aufgrund mangelnder realer Assets vorhandene Angebote schlägt, ist hier der Verdrängungswettbewerb besonders groß. Man merkt es auch am Sterben vieler E-Commerce-Anbieter, die von Amazon verdrängt werden.

Abbildung 18: Tod von Hipstamatic durch Zusatzfeature soziale Interaktion bei Instagram

Dies ist sicher ein Grund dafür, dass Mark Zuckerberg von Facebook ständig neue Unternehmen kauft, um sich dadurch Wettbewerber vom Leib zu halten. Instagram ist ein solches Beispiel. Für die jüngere Generation ist Facebook weniger relevant als Instagram.

Insofern stellt sich die berechtigte Frage, was Unternehmen am Leben hält: Reicht dazu alleine Wandlungsfähigkeit aus? Oder bedarf es auch einer spezifischen Haltung des Unternehmens, das den Mitarbeitern das Rückgrat stärkt und ihnen hilft, den Wandel aktiv anzugehen?

Ich verstehe im Folgenden unter **Wandlungsfähigkeit** den Veränderungswillen und die Veränderungsbereitschaft von Unternehmen sowie deren Fähigkeit zur Reflektion. Unternehmen, die wandlungsfähig sind, sind eine lernende Organisation, nutzen neue Technologien, entwickeln sich ständig weiter und nehmen Mitarbeiter auf diesem Weg mit.

Unternehmen mit starker **Haltung** handeln auf einem soliden Fundament und verfügen über eine ambitionierte Vision, welchen Zielhafen

---

[39] ESCH. The Brand Consultants, 2016.

sie künftig erreichen wollen. Fundament bedeutet, dass ein klarer Unternehmenszweck (Mission) definiert wurde, der die Frage beantwortet: „Warum gibt es uns?" Ebenso verfügen solche Unternehmen über klare Unternehmenswerte, die ausdrücken, wofür das Unternehmen einsteht. Dies bietet Mitarbeitern Orientierung für ihr Verhalten.

Mit meiner Unternehmensberatung ESCH. The Brand Consultants und dem Marktforschungsinstitut explorare haben wir dies erstmals in einer Studie analysiert.[40] 500 Manager aus B2C-, Dienstleistungs- und B2B-Unternehmen wurden zum Stand der Digitalisierung, Wandlungsfähigkeit und Haltung ihres Unternehmens befragt. Zudem wurde erfasst, wie Leadership-Skills Wandlungsfähigkeit und Haltung beeinflussen und welche Auswirkungen dies auf Markenstärke und Innovationskraft als Treiber der Performance hat.

Wo stehen die Unternehmen mit Blick auf Wandlungsfähigkeit und Haltung?

Die Ergebnisse sind ernüchternd: 34 Prozent aller Unternehmen legen eine Laissez-Faire-Haltung an den Tag. Sie haben nur eine geringe Wandlungsfähigkeit und keine klare Haltung (Abbildung 19). Dies ist ungefähr so, als würde ein Mensch mit einem Stuhl auf einem Bahngleis sitzen und Zeitung lesen, ohne sich für das zu interessieren, was kommen kann (und wird).

Abbildung 19: Unternehmen in der Haltungs-Wandlungsfähigkeits-Matrix

---

[40] ESCH. The Brand Consultants, 2019.

> *Eine Laissez-Faire-Haltung führt zu nichts.*

Noch erschreckender ist allerdings, dass diese Unternehmen – anders als erwartet – nicht schlechter in der Performance sind als Unternehmen, die entweder nur stark in der Wandlungsfähigkeit (19 Prozent) oder nur stark in der Haltung sind (14 Prozent).

Der Grund liegt auf der Hand: Wandel ohne klare Vision ist wie das Laufen eines Marathons, ohne die Ziellinie zu kennen.

Anpassung tut not. Das wissen wir seit Darwin. Das gilt für Tiere wie für Menschen. Das wohl wandlungsfähigste Tier ist das Chamäleon. Es passt sich seinem Umfeld an und wechselt die Farbe seiner Haut nach Bedarf. Dies ist eine Anpassungsfähigkeit par excellence. Sieht sich das Chamäleon in einem Spiegel, überhitzt das Tier. Es wechselt ständig die Farbe, um sich an das Bild im Spiegel anzupassen und gerät unter Stress.

> *Viele Unternehmen betreiben Wandel ohne konkretes Ziel.*

Wandel ohne konkretes Ziel führt zu vielen Richtungswechseln, die Mitarbeiter wie Manager überfordern. Man macht viel, kommt aber nicht richtig von der Stelle.

Zu starke Haltung ohne Offenheit führt hingegen zur Erstarrung. Wer Neues negiert, verliert. Solche Unternehmen weisen Muster auf, die auch bei Nokia und Kodak erkennbar waren. Es ist das, was mein Kollege Kotter als Selbstgefälligkeit der Manager bezeichnet.

> *Starke Haltung ohne Offenheit zum Wandel führt zur Erstarrung.*

Wir kennen nun die drei Muster der Verlierer. Doch wie sehen die Muster der Gewinner aus? Vielleicht haben diese ja etwas mit Greta Thunberg gemeinsam, dem jungen Mädchen, dass Managern wie Politikern auf dem Weltwirtschaftsforum ins Gewissen geredet hat. Sie hat für ein nachhaltiges Management zum Wohle der nächsten Generationen geworben. Greta Thunberg hat weltweit die Protestaktion „Fridays for Future" ins Leben gerufen, bei der Jugendliche die Schule schwänzen, um für ihre Zukunft zu kämpfen. Dieses junge Mädchen betreibt den Wandel aktiv und aus einer klaren Haltung heraus.

Performance-Schub durch Haltung und Wandel

Die erste Botschaft könnte kaum klarer sein: Top-Performer überzeugen mit hoher Wandlungsfähigkeit und starker Haltung. Sie beherrschen beides. Entsprechend schätzen sie die Bedeutung der Digitalisierung wesentlich höher ein als alle anderen Unternehmen (Abbildung 20). Sie tun mehr, um dies in Angriff zu nehmen.

Kapitel VI. Survival of the Fittest | 39

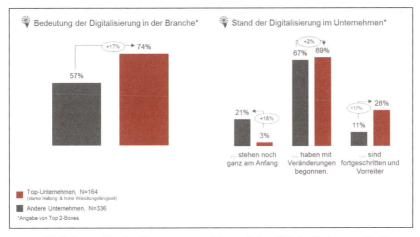

Abbildung 20: Bedeutung und Stand der Digitalisierung bei Top-Performern und den restlichen Unternehmen

Top-Performer sind in der Gesamtperformance um 15 Prozent besser als alle anderen Unternehmen (Abbildung 21). Doch gerade einmal ein Drittel der Unternehmen beherrscht beides: Haltung und Wandel.

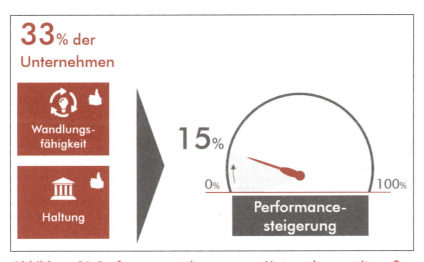

Abbildung 21: Performancesteigerung von Unternehmen mit großer Wandlungsfähigkeit und starker Haltung

Zwei Drittel gelingt die Bewältigung des Spagats zwischen Haltung und Wandlungsfähigkeit nicht. Vielmehr konzentrieren diese sich einseitig auf das eine oder das andere.

Vergleicht man die Top-Unternehmen mit den großen digitalen Vorreitern Apple, Amazon und Google, so haben diese einiges gemein: Die digitalen Vorreiter haben ebenfalls eine starke Haltung als Fundament für fortlaufenden Wandel und Fortschritt und erfüllen somit beide erfolgstreibenden Dimensionen. Amazon agiert aus der Vision, das kundenzentrierteste Unternehmen der Welt zu werden. Genau dies spüren und erleben die Kunden, wenn sie Amazon nutzen.

Was Top-Performer vom Rest unterscheidet

1. Haltung: Top-Performer setzen ihre Strategien konsequenter um. Top-Performer handeln zielorientiert und verfügen über eine klare Vision, wo sie in zehn bis 15 Jahren sein wollen. Auch Mission und Grundsätze bewegen sich auf sehr hohem Niveau. Sie finden entsprechende Durchsetzung im Unternehmen (Abbildung 22).

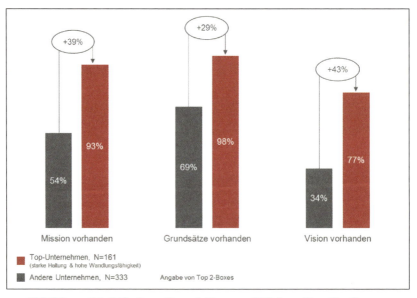

Abbildung 22: Mission, Grundsätze und Vision: Top-Performer versus alle anderen Unternehmen

Das Unternehmen Mammut strebt an, als Outdoor-Spezialist Digital Champion der Branche zu werden. Die Manager setzen alles daran, die gesamte Wertschöpfungskette des Unternehmens zu digitalisieren. Dies reicht von so banalen Dingen wie W-LAN in den eigenen Geschäften über modernste Produktionsabläufe mit Hilfe von Avataren bis zu vernetzten Produkten. Neue Mammut-Rucksäcke verfügen über einen eingebauten NFC-Chip, der es Konsumenten über die

Mammut Connect App ermöglicht, mehr über ihr Produkt zu erfahren, mit dem Hersteller zu interagieren, Aktivitäten zu planen und ihre Erlebnisse in einem Tagebuch zu sammeln und zu teilen (Abbildung 23).

Abbildung 23: Mammut: Transformation der Vision „Digital Leader" in Maßnahmen

2. Wandlungsfähigkeit: Top-Performer setzen neue Technologien schneller ein und nehmen ihre Mitarbeiter mit. Menschen orientieren sich am Faktischen und an dem, was sie selbst erfahren. Kein Wunder also, wenn Mitarbeiter groß angekündigten Digitalisierungsoffensiven kritisch gegenüberstehen, solange sie sich an ihrem Arbeitsplatz mit veralteten Notebooks und Windows-Systemen rumplagen müssen.

Top-Performer adaptieren neue Technologien wesentlich schneller, nehmen Mitarbeiter in diesem Prozess mit und schulen diese im Umgang mit neuen Methoden und Technologien. Rewe hat frühzeitig eine digitale Einheit zur Entwicklung des digitalen Vertriebskanals gegründet. Oft werden die Mitarbeiter direkt in den Innovationsprozess einbezogen. In der „Innovation Garage" von ThyssenKrupp arbeiten Mitarbeiterinnen und Mitarbeiter aus verschiedenen Bereichen und Hierarchiestufen des Konzerns abseits des Tagesgeschäfts in interdisziplinären Teams an neuen Innovationen (Abbildung 24).

Top-Performer haben auch eine größere Veränderungsbereitschaft und verstehen sich als lernende Organisation. Sie schaffen ein Umfeld dafür, bilden Netzwerke und arbeiten projektbezogen zusammen. Bei Philips gibt es keine festen Büroplätze mehr, Austausch und neue Perspektiven sollen dadurch gefördert werden.

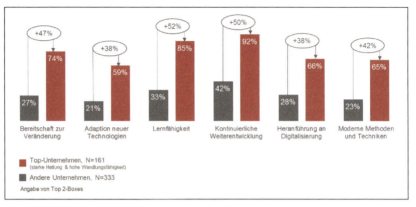

Abbildung 24: Wandlungsfähigkeit: Top-Performer versus alle anderen Unternehmen

3. Top-Performer haben bessere Leadership-Skills. Leadership-Skills wirken sehr positiv auf Wandlungsfähigkeit und Haltung sowie die Innovationskraft und die Markendurchsetzung. Entsprechend stark wirken Leadership-Skills auch auf die Unternehmensperformance.

Top-Performer haben ein wesentlich verlässlicheres Management, das die Weiterentwicklung des Unternehmens vorantreibt und wesentliche Impulse für das Unternehmen setzt. Es gilt das Motto: „Walk the Talk." Top-Manager dienen als echtes Vorbild. Sie ermutigen und befähigen ihre Mitarbeiter. Elmar Degenhardt, CEO der Continental AG, ist ein solcher Manager. Er erscheint regelmäßig im Harvard Business Review im Ranking unter den Top-Managern weltweit. Diese Leader bleiben dran und überprüfen die Fortschritte. Die Manager sehen deutlich, dass diese das Unternehmen dauerhaft weiterentwickeln und die richtigen Impulse setzen (Abbildung 25).

4. Top-Performer nutzen die Kraft der Marke und setzen diese konsequent um. Beim Gros der Unternehmen wird die Marke nicht konsequent in konkrete Maßnahmen umgesetzt und gelebt. Nur die Hälfte der Manager hat eine hohe Zukunftserwartung an die Marke. Bei Top-Performern ist dies ganz anders. Die klare Haltung führt zur stringenten Markenführung. Die Top-Performer haben ihre Hausaufgaben gemacht. Sie haben Markenwerte und Markenpositionierung klar entwickelt und setzen diese konsequent um. Rituals möchte den Menschen Rituale zur Entspannung und zum Wohlfühlen im Alltag bieten. Aus dieser Haltung heraus wird den Kunden ein kohärentes Erlebnis geliefert, von den Shops über die Produkte, die Beratung, die Atmosphäre bis zu der Website und den sozialen Medien (Abbildung 26). Rituals ist die Erfolgsmarke der Branche.

Kapitel VI. Survival of the Fittest | **43**

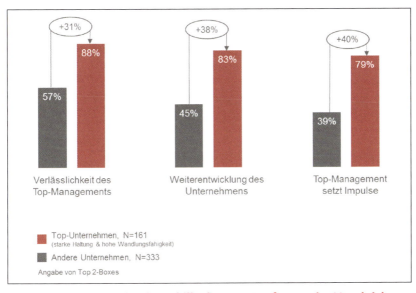

Abbildung 25: Leadership-Skills der Top-Performer im Vergleich zu allen anderen Unternehmen

Abbildung 26: Konsequente Umsetzung der Marke Rituals auf Basis der Markenwerte

Entsprechend positiv sind bei Top-Performern die Zukunftserwartungen an die Marke (Abbildung 27).

5. Top-Performer sind fortschrittlicher und orientieren sich härter am Kundenbedarf. Top-Performer sind sehr zukunftsorientiert und fortschrittlich. Sie setzen die hohe Wandlungsfähigkeit in die Tat um. Sie arbeiten verstärkt an neuen Geschäftsmodellen, neuen Produkten

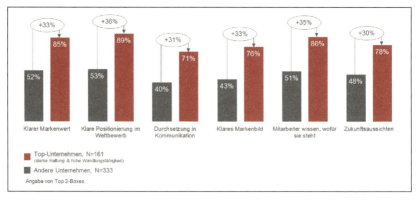

Abbildung 27: Marke: Top-Performer im Vergleich zu allen anderen Unternehmen

und Dienstleistungen sowie neuen Kommunikations- und Interaktionsmöglichkeiten mit Kunden, die die Digitalisierung ermöglichen. Top-Performer orientieren sich zudem wesentlich stärker an Wünschen und Bedürfnissen der Kunden als alle anderen Unternehmen (Abbildung 28).

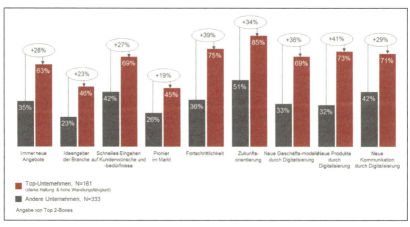

Abbildung 28: Innovationskraft: Top-Performer im Vergleich zu allen anderen Unternehmen

Wie Philips den Wandel gemeistert hat

Das Unternehmen Philips hat einen intensiven Wandel von einer Traditionsmarke zu einer digitalen Gesundheitsmarke hinter sich gebracht.[41] In allen fünf angestammten Geschäftsbereichen wurde

---

[41] Hier und im Folgenden Schönen, 2019.

Philips durch den digitalen Wandel bedroht: Im Geschäftsbereich TV durch Smart-TV, im Bereich Entertainment durch den Wandel vom Audio-Datenträger zum Audio-Streaming, im Bereich Licht (B2C und B2B) durch den Aufbruch zum Connected Home und zur LED-Leuchte, im Bereich Consumer Electronics werden analoge zu vernetzten Produkten und im B2B-Bereich Medizintechnik werden Produkte zum Bestandteil digitaler Lösungen.

Nach einer umfassenden Bestandsanalyse entwickelte der Konzern eine neue Strategie zur Schaffung eines digitalen Geschäftsmodells mit dem Ziel eines ganzheitlichen Versorgungsansatzes. Philips trennte sich in der Folge konsequent von den ersten drei Geschäftsbereichen und fokussiert sich im Geschäftsbereich Consumer Electronic auf Personal Health und Wellbeing und bei Medizintechnik auf Health Solutions. Der neue, ganzheitliche Versorgungsansatz reicht von einem gesunden Leben über Prävention, Diagnostik, Behandlung bis zum Leben zu Hause. Dabei werden für den Kunden erstmals der B2C- und der B2B-Bereich miteinander verknüpft.

Die Neuausrichtung ging bei Philips einher mit einer Neudefinition von Mission und Vision des Unternehmens sowie einer Neupositionierung der Marke als Gesundheitsmarke. Die Marke Philips soll einen Beitrag leisten, das Leben der Menschen besser zu machen.

Dies wurde konsequent nach innen und nach außen umgesetzt. Nach innen, indem die Mitarbeiter in unterschiedlichen Programmen intensiv zur Marke geschult wurden und weltweit die Mitarbeiter aufgefordert wurden, Geschichten zu teilen, wie Philips das Leben verbessert. Von den mehr als 10.000 Geschichten wurden die besten für die neue Kommunikationskampagne ausgewählt. Mitarbeiter wurden digital geschult: In einem Digital@Scale-Trainingsprogramm wurden Mitarbeiter fit gemacht, beispielsweise im Marketing in puncto Social Media, Content Management, Analytics, Search, Digital Sales und Kampagnenmanagement. Die Arbeitsweisen wurden digitalisiert, z. B. durch die Zusammenarbeit in digitalen Work-Clouds oder durch den Verzicht auf eigene Arbeitsplätze, um dadurch ein flexibleres Miteinander-Arbeiten nach Problemstellungen zu ermöglichen. Zudem wurde mit Hochdruck an der Entwicklung digitaler Produkte und Lösungen gearbeitet. Beispiel dafür sind das innovative, connected Philips Health-Tracking Toolkit, das weltweit erste zugelassene Medizinprodukt seiner Art oder die digitale Philips „uGrow" App für Mütter, die vernetzt mit den Philips-Produkten (Thermometer, digitales Fläschchen, Cam) arbeitet und so relevante Mehrwerte für Eltern und Ärzte schafft. Nach außen wurden konsequent digitale Kommunikationskanäle mit klassischen Kommunikationskanälen in Kampagnen vernetzt, um dadurch die Bekanntheit zu steigern, das Image zu verbessern und eine Vernetzung und Integration mit Kunden zu ermöglichen.

Philips zeigt somit die wesentlichen Handlungsfelder auf, die ich im Folgenden aufgreifen möchte.

Handlungsfelder: Auf dem Weg zum Top-Performer

Look in the Mirror and Face the Brutal Facts: Der erste Schritt zum Top-Performer ist der ungeschminkte Blick in den Spiegel und die Analyse, wo die Organisation steht. Hier empfiehlt es sich im ersten Schritt, relevante Anspruchsgruppen im Unternehmen zu befragen, um Einschätzungen zu den oben genannten Themen, zur Wettbewerbs- und Marktentwicklung sowie zur Einschätzung der Wettbewerbsfähigkeit des Unternehmens in den jeweils relevanten Bereichen zu erlangen. Zentrale Erkenntnisse sind systematisch zusammenzufassen und zu diskutieren, um daraus zentrale Handlungsfelder abzuleiten.

Haltung als Anker nutzen: In Zeiten des Wandels und den damit verbundenen Unsicherheiten suchen Menschen nach Halt: durch eine klare Mission, verbindliche Unternehmensgrundsätze und eine überzeugende Vision. Oftmals wird das auf den Prüfstand stellen dieser Manifeste dem Tagesgeschäft geopfert. Dies führt zwangsläufig zu Problemen, weil dadurch die ganze Kraft und das Commitment der Mitarbeiter nicht ausgeschöpft wird. Haltung ist nicht in Stein gemeißelt. So wie Menschen sich im Laufe der Zeit entwickeln, entwickeln sich auch Unternehmen. Dies muss sich in Mission, Vision und Grundsätzen reflektieren. Hier ist zwei Tendenzen entgegenzuwirken: Der Erstarrung und dem Verharren an veralteten Manifesten, die notwendigen Veränderungen entgegenstehen und dem Negieren der Notwendigkeit einer gelebten Haltung. Die Haltung ist somit auf den Prüfstand zu stellen und die Vision in regelmäßigen Abständen neu zu gestalten. Dadurch bringen Sie die Menschen in Unternehmen hinter ein großes Ziel und fördern Engagement und Commitment.

Wandel konsequent treiben und Menschen mitnehmen: Nichts ist so beständig wie der Wandel. Allerdings produziert Wandel auch Ängste und Widerstände in Unternehmen. Dies umso mehr, je weniger die Mitarbeiter in den Wandlungsprozess einbezogen werden und die Rahmenbedingungen geschaffen werden, dem Wandel gerecht zu werden.

Vorbild sein: Führungskräfte müssen mit gutem Beispiel vorangehen und als Vorbild dienen. Oft wird in Wandlungsprozessen zwar gebetsmühlenartig die Notwendigkeit des Wandels kommuniziert. Es wird aber zu wenig in den Dialog und Austausch mit den Mitarbeitern getreten und noch weniger das Ganze vorgelebt. Mitarbeiter orientieren sich aber mehr an dem, was Führungskräfte tun, als an dem, was sie sagen.

Das Potential der Mitarbeiter freilegen und fördern: Mitarbeiter kennen in ihren Verantwortungsbereichen Probleme und Optimierungspotentiale oft besser als deren Vorgesetzte. Sie haben aber resigniert, ihre Meinungen klar zu äußern und Vorschläge zu machen. Die Aussagen externer Berater zählen mehr als die der eigenen Mitarbeiter. Viele Unternehmen unterbinden Kreativität statt diese zu fördern. Laut Bildungsforscher Sir Ken Robinson sind 98 Prozent der Drei- bis Vierjährigen in der Lage zum diskursiven (kreativen) Denken, bei den 24-Jährigen sind dies gerade noch 2 Prozent. Das muss sich ändern. Mitarbeiter beteiligen, Freiräume schaffen, Fehler erlauben und experimentelles Testen sind mehr denn je gefordert, um der Geschwindigkeit der Veränderung standhalten zu können.

3. Was tun? Eine Agenda für Ihren Markenerfolg

Aus meiner persönlichen Erfahrung in der Diskussion mit Managern, der Analyse von Best Practices sowie der Umsetzung einer zukunftsgerichteten und dauerhaft wertschöpfenden Marke für Unternehmen sehe ich folgende Handlungsschritte, die in den nächsten Kapiteln näher beleuchtet werden.

Orientierung bieten: Wandel braucht Haltung

Die Diskussion hat gezeigt, dass Wandel alleine nicht reicht für den Unternehmenserfolg. Menschen brauchen gerade in Zeiten des Wandels Halt. Deshalb ist im ersten Schritt das normative Gerüst des Unternehmens zielorientiert auf den Prüfstand zu stellen und zu überarbeiten. Dies gibt Managern und Mitarbeitern die notwendige Orientierung durch einen klaren Purpose oder eine Mission, Grundsätze, die als Handlungsmuster dienen, sowie eine Vision, für die es sich lohnt, sich anzustrengen. Ebenso ist die Marke mit ihren Markenwerten und ihrer Markenpositionierung so zu schärfen, dass sie dauerhaft attraktiv für Kunden bleibt. Dies bildet den Rahmen für alle anderen Maßnahmen. Es legt die Leitplanken fest, innerhalb derer sich das Unternehmen bewegt. Darauf wird im Kapitel VII. näher eingegangen.

Geschäftsmodelle hinterfragen: vom Kundenbedarf und der Marke entwickeln

Wir alle sind gefangen im Gefängnis unseres (Branchen-)Wissens, unserer Erfahrungen und unserer Erwartungen. Es fällt uns leichter, in eingetretenen Pfaden zu marschieren und alte Erfolgsmuster weiter zu deklinieren. Das ist gefährlich. Was lange funktioniert hat, muss in einer digitalen Welt nicht länger ein Erfolgsrezept sein. Deshalb ist das eigene Geschäftsmodell auf den Prüfstand zu stellen. Sie müssen die Bereitschaft haben, das eigene Geschäftsmodell zu kannibalisieren, bevor es andere tun. Aus der Marke und dem Kundenbedarf ist zu überlegen, wo das Unternehmen Wert für den Kunden und dadurch auch Wert für das Unternehmen schaffen kann. Dies ist Gegenstand von Kapitel VIII.

Mitarbeiter mitnehmen: sinnstiftend wirken

Wenn Mitarbeiter den Sinn ihrer Arbeit und ihren Beitrag für den Erfolg des Unternehmens nicht kennen, machen sie Dienst nach Vorschrift. Die Haltung eines Unternehmens ist wirksam in das Denken, Fühlen und Handeln der Mitarbeiter umzusetzen. Das fördert Commitment und Engagement der Mitarbeiter. Schlüssel dazu sind Führungskräfte, die das Ganze vorleben und Mitarbeiter auf dem Weg zur Umsetzung mitnehmen. Dies ist die Prämisse dafür, dass Unternehmen mit ihren Mitarbeitern den Wandel wirksam angehen können. Diesen Aspekten widme ich mich in Kapitel IX.

Den Funnel neu denken: Barrieren überwinden und Potentiale schöpfen

Kunden stimmen mit den Füßen ab. In einer zunehmend komplexeren Umwelt suchen sie einerseits nach Vereinfachung, andererseits nach Orientierung. Der Funnel hilft, Barrieren bei der Gewinnung und dauerhaften Bindung von Kunden zu erkennen, um diese wirksam beheben zu können. Der neue Funnel ist nicht mehr der alte. Es kommen neue, wichtige Stufen hinzu, wie etwa der Zero Moment of Truth oder das Engagement der Kunden. Andere, wie die Schaffung von Aufmerksamkeit, gewinnen an Bedeutung, um überhaupt eine Chance zu haben, als Marke wahrgenommen zu werden. Der neue Funnel wird in Kapitel X. beleuchtet.

Signale setzen: aus der digitalen Flut herausstechen

Die Aufmerksamkeitsspanne der Kunden nimmt ständig ab. Sie werden bombardiert mit Informationen, sind aber meist selbst nicht gedanklich aktiv dabei, sondern nehmen nur peripher und implizit wahr, was um sie herum passiert. Marken können nur dann Kunden erreichen, wenn sie klare Signale senden und aus der Flut der Impressionen herausstechen. Wie dies erfolgen kann, beschreibt Kapitel XI.

Content ist King: Content aus der Marke und Content für die Marke

Marken ohne Content sind Muster ohne Wert. Das war schon immer so. Allerdings gewinnt der Content von Marken durch die Digitalisierung an Bedeutung. Insofern ist es für Unternehmen wichtig, ihre Kunden und deren Bedürfnisse besser zu verstehen und wirksame Methoden in der digitalen Welt zu nutzen, um sich einen Zugang dazu zu verschaffen. Dies ist die Grundlage für die Ableitung von wirksamen Inhalten für die Marke. Kapitel XII. widmet sich diesem Aspekt.

Seamless Experience sicherstellen: die Spur zur Marke legen

Um Spuren zur Marke zu hinterlassen, sind auf der Kundenreise möglichst kohärente Eindrücke zur Marke zu vermitteln: an jedem Berührungspunkt mit der Marke und durch alle Sinne. Wir wissen, dass dies zu einer erheblichen Wirkungsverstärkung führt. Allerdings setzen Unternehmen dies nur selten in Reinform um. Deshalb gehe ich auf diesen wichtigen Aspekt in Kapitel XIII. näher ein.

WOM generieren: Markenbotschafter gewinnen

Kunden verlassen sich mehr auf Mundpropaganda als auf Botschaften vom Unternehmen selbst. Wenn 25 bis 50 Prozent aller Kaufentscheidungen durch positive Mundpropaganda gefördert werden, dann stellt sich für Unternehmen die berechtigte Frage, wie sie solche Mundpropaganda initiieren können. Dabei spielt nicht nur der Content und die Geschichte eine wichtige Rolle, sondern auch die Menschen, die die Markenbotschaften verteilen. Influencer sind hier die neuen Meinungsführer, die Unternehmen zielgerichtet nutzen können. Dies beschreibe ich in Kapitel XIV.

Zum Magnet für Kunden werden: dauerhaft Bindung schaffen

Kunden binden ist wesentlich günstiger und profitabler, als neue Kunden zu gewinnen. Insofern ist es Pflicht für jedes Unternehmen, sich Strategien zur Kundenbindung zu überlegen. Darauf gehe ich im XV. Kapitel ein.

Kundenengagement fördern und Kunden integrieren: Interaktion mit Kunden gestalten

In vielen Branchen werden besonders engagierte Kunden in Entwicklungsprozesse von Produkten und Dienstleistungen einbezogen. Die Digitalisierung ermöglicht den Weg von der Einbahnstraße zu einem zweiseitigen Dialog oder Austausch. Kundenintegration in Entwicklungs- und Optimierungsprozesse wäre dann ein Königsweg zur Entwicklung von Produkten und Dienstleistungen. Dies beleuchte ich in Kapitel XVI.

Nachdem Sie nun die Stationen auf dem Weg zur Marke 4.0 kennen, lade ich Sie ein auf die Reise zur erfolgreichen Marke 4.0.

Key Take-away

Nur 1,5 Prozent aller Unternehmen werden älter als 100 Jahre. Anpassung ist Pflicht zum Überleben. Es gilt das Prinzip des „Survival of the Fittest". Wandel ohne Haltung alleine reicht allerdings nicht aus.

Die Erfolgsformel lautet: Wandel + Haltung = Top-Performance.

Top-Performer beherrschen den Wandel und treiben diesen aus einer klaren Haltung heraus: mit einer Vision, klaren Grundsätzen und einer Mission, die beschreibt, warum es das Unternehmen gibt. Dies wirkt positiv auf Marke, Innovationskraft und dadurch auf den Erfolg im Markt.

Top-Performer betreiben aktiv den Wandel aus einer starken Haltung heraus. Sie verfügen über starke Leadership-Skills und nehmen ihre Mitarbeiter mit auf den Weg. Sie nutzen die Kraft der Marke und setzen diese konsequenter um. Und selbstredend sind sie wesentlich fortschrittlicher, offen für das Neue und orientieren sich hart an dem sich verändernden Kundenbedarf.

Teil B

Der Weg zur Marke 4.0: zehn Erfolgsfaktoren managen

Kapitel VII. Orientierung bieten: Wandel braucht Haltung

Persönlichkeit fängt dort an, wo der Vergleich aufhört.
Karl Lagerfeld

1. Mit dem Haltungs- und Strategiehaus starten

Um auf der Welle der Digitalisierung als Marke richtig zu surfen, sind zunächst die Hausaufgaben zu machen. Wandel vollzieht sich nicht aus dem Nichts. Wie wir gesehen haben, treiben Top-Performer den Wandel aus einer starken Haltung heraus. Die sich daraus ergebende Logik ist klar: Manager müssen den Status quo ihrer Marke und ihres Unternehmens hinterfragen.

Drei Beispiele aus völlig verschiedenen Branchen verdeutlichen dies. Als Alain Caparros den Vorstandsvorsitz der Rewe Group übernahm, hatte das Unternehmen turbulente Zeiten hinter sich. Caparros war klar, dass die grundlegenden Manifeste des Unternehmens nochmals hinterfragt und neu ausgerichtet werden mussten, um Mitarbeiter sowie Mitglieder wieder hinter ein gemeinsames Ziel zu bringen und zu einer Wertegemeinschaft zu vereinen. Wir hatten die Freude, mit meiner Unternehmensberatung in einem systematischen Prozess Mission, Vision und Unternehmensgrundsätze für die Rewe Group gemeinsam mit dem Top-Management zu erarbeiten.[42] Diese waren die Basis für die Strategieableitungen in allen Geschäftseinheiten, von der Rewe über Penny bis hin zum Tourismusbereich. Einer der Grundsätze bezieht sich auf das Thema Nachhaltigkeit, das von der Rewe Group so intensiv betrieben wurde wie von kaum einem anderen Handelsunternehmen. Maßnahmen wie die Einführung des eigenen Öko-Labels Pro Planet, die Zusammenarbeit mit nicht-kommerziellen Institutionen wie Greenpeace oder die Verankerung der Thematik in einem Vorstandsbereich sind nur ein Teil der nachhaltig angelegten Initiativen, die zeigen, wie aus Grundsätzen gelebte Realität wurde. Dies war die Basis für den Erfolg und das Wachstum der Rewe Group. Mit der gleichen Konsequenz ist die Rewe Group mit Rewe Digital den Schritt in den digitalen Handel gegangen. In einer eigens dafür gegründeten Einheit an einem neuen Standort wurde dafür die Grundlage geschaffen.

---

[42] Büchel, Esch, 2019.

Elmar Degenhart, Vorstandsvorsitzender von Continental, hat das Unternehmen seit Amtsantritt erfolgreich weiterentwickelt und den Umsatz von 20 auf 44 Milliarden Euro gesteigert. Einer seiner ersten Schritte war es, Unternehmenszweck, Unternehmensgrundsätze und eine ambitionierte Vision abzuleiten. Und dies mit nachhaltigem Erfolg. Weltweiten Befragungen zufolge stehen die Mitarbeiter hinter den Unternehmensgrundsätzen und wissen, welche Beiträge sie für den Unternehmenserfolg leisten können. Die neue Haltung trägt die Veränderung und fördert die Offenheit für Change.[43] Ein wesentlicher Aspekt dabei ist der Wandel von einer hierarchischen Kultur zu einer Netzwerkkultur, die schneller und agiler auf Herausforderungen im Markt reagieren kann.

Ein ähnliches Bild zeigt sich bei Microsoft. Satya Nadella startete in einer kritischen Phase als CEO, in der ein grundlegender Transformationsprozess notwendig wurde. Statt sein Handeln alleine auf diese Veränderungen zu fokussieren, stellte er zunächst die grundlegende Frage nach der Existenz des Unternehmens, also nach dessen Unternehmenszweck oder Purpose. Warum existiert Microsoft? Die Beantwortung dieser Frage war der erste Schritt zurück an die Spitze der Branche. In seiner Amtszeit hat sich der Börsenwert verdreifacht. Bei Microsoft herrscht Aufbruchsstimmung, Mitarbeiter tüfteln zielstrebig, offen und interessiert an neuen Softwarelösungen.[44]

Die Haltung trägt den Wandel.

Wenn Sie als Manager den Status quo in Ihrem Unternehmen hinterfragen, sind aus meiner Sicht die wichtigsten zu klärenden Fragen in dem folgenden Haltungs- und Strategiehaus zusammengefasst (Abbildung 29):

Das **Fundament** des Haltungshauses bildet die Mission oder den Purpose des Unternehmens: Die Mission gibt eine Antwort auf die Frage, warum es das Unternehmen gibt. Wenn der Versicherungskonzern Axa sagen würde „Born to protect", wäre dies eine solche Antwort. Ebenso fundamental sind die Unternehmensgrundsätze oder -werte, also die Verhaltens- und Denkweisen, an denen sich alle Mitarbeiter in ihrem Verhalten orientieren sollen. Die Unternehmensgrundsätze bringen klar zum Ausdruck, wofür ein Unternehmen einsteht.

Das **Dach** des Haltungshauses bildet die Vision. Damit ist ein ehrgeiziges Ziel gemeint, das ein Unternehmen anstrebt. Dies kann eine Nr. 1-Position im Markt, ein Vorbild aus einer anderen Branche (z. B. so einfach und intuitiv wie Apple werden), die Referenz zu einem

---

[43] Esch, 2019.
[44] Nadella et al. 2017.

Kapitel VII. Orientierung bieten: Wandel braucht Haltung

Abbildung 29: Haltungs- und Strategiehaus als Basis für künftiges Wachstum

Wettbewerber, die Rolle bei Kunden (z. B. bester Kundenservice weltweit) oder ähnliches sein.

Der **Weg zum Ziel** wird im Mittelteil des Haltungs- und Strategiehauses beschrieben. Hier geht es um die Marke als Transportmittel zur Zielerreichung sowie um die Strategie-, Ziel- und Maßnahmenplanung. Dazu sind Key Performance-Indikatoren zu entwickeln, um den Fortschritt zu messen. Dies hilft, die Vision bei der mittelfristigen Planung wirksam umzusetzen.

Für die Ziel-, Strategie- und Maßnahmenplanung liegen wiederum die unterschiedlichsten Ansätze vor – von dem Procter & Gamble-Ansatz „Playing to Win" bis zur klassischen Balanced Scorecard, die ich exemplarisch oben dargestellt habe.[45] Wichtig bei der Entwicklung ist, dass eine Orientierung an der langfristig verfolgten Vision sowie ein Abgleich mit Markenwerten und Markenpositionierung erfolgt. Ich beobachte oft, dass Ziele für unterschiedliche Bereiche völlig losgelöst von der Vision des Unternehmens entwickelt werden. Diese mögen dann für den jeweiligen Bereich sinnvoll sein, in der Gesamtheit aller Ziele passen diese dann aber mangels Abstimmung und Ausrichtung an der Vision weder zueinander, noch leisten diese zwingend einen Beitrag zur Erreichung der Vision.

---

[45] Lafley, Martin, 2013; Kaplan, Norton, 2018.

Der Abgleich mit der Unternehmensmarke ist aus zwei Richtungen denkbar und notwendig.

Richtung 1: Die Marke ist das Gesicht der Unternehmensstrategie.

Dieser Standpunkt wird von meinem Kollegen David Aaker und dem Unternehmensberater Erich Joachimsthaler propagiert.[46] Im Kern ist es eine Spiegelung von dem, was in vielen großen Unternehmen passiert. Ändert sich die Unternehmensstrategie, dann ändert sich auch die Markenausrichtung, weil diese schließlich das Gesicht zum Kunden darstellt und diesen Wandel entsprechend kommunizieren muss. Dies mag dann sinnvoll sein, wenn Unternehmen mit ihrer bisherigen Strategie gescheitert sind. Die Deutsche Bank hat in den letzten Jahren einige Strategieänderungen hinter sich und ist nun in einem erneuten Prozess der Kehrtwende, weg vom riskanten Investmentbanking hin zu dem klassischen Privatkunden- und Großkundengeschäft. Die Frage ist nur, ob dies auch eine radikal neue Marke bedingen muss. Wenn wir uns beispielsweise die BASF anschauen, so hat diese sich über die letzten Jahrzehnte fundamental gewandelt und mehrfach gehäutet. Dennoch sind grundlegende Unternehmens- und Markenwerte im Unternehmen gleich geblieben bzw. haben sich nur marginal verändert. Zurück zur Deutschen Bank, die in den letzten 15 Jahren als Ausdruck einer veränderten strategischen Ausrichtung und demzufolge auch einer Änderung der Markenwerte siebenmal den Slogan gewechselt hat. Dies hilft sicherlich nicht dabei, ein klares Bild bei den relevanten Anspruchsgruppen zu schaffen, sondern führt eher zur Verwirrung. Trotz dieser wechselnden Aussagen werden Sie aber auch feststellen, dass Sie nach wie vor bestimmte Vorstellungen mit dieser Bank verbinden. Deshalb halte ich es für besser, die Marke nicht abhängig von der Unternehmensstrategie auszurichten, sondern ihr eine unterstützende Rolle zuzuordnen. Unterstützend in dem Sinne, dass die Marke die Leitplanken für die Unternehmensstrategie vorgibt.[47] Wenn der Discounter Aldi als Marke für preiswerte Produkte und einfachen Einkauf stehen würde, wäre es sicherlich nicht im Sinne der Marke, eine umfassende Service- und Erlebnisstrategie zu entwickeln. Dies würde den Rahmen der vorgegebenen Leitplanken sprengen. Hingegen wäre eine Digitalstrategie, wie der Einkauf für Kunden über alle Kanäle noch einfacher gestaltet werden kann, sinnvoll.

> *Die Marke stellt die Leitplanken für die Unternehmensstrategie.*

---

[46] Aaker, Joachimsthaler, 2009.
[47] Esch, 2018, S. 90.

Richtung 2: Die Markenstrategie treibt die Unternehmensstrategie.

Für viele Unternehmen stellt die Marke das zentrale Asset dar. Dies gilt vor allem für Prestige-, Luxus- oder Lifestylemarken wie Porsche, Louis Vuitton oder Rolex. Bei solchen Marken folgt die Unternehmensstrategie logischerweise der Markenstrategie. Schließlich geht es vor allem darum, den guten Namen weiter zu kapitalisieren und dadurch Wachstum zu fördern, das die Marke weiter stärkt und nicht vom Markenkonto abhebt. Louis Vuitton macht dies sehr geschickt, weil einerseits durch eine wahre Produktvielfalt die Marke kapitalisiert wird und längst nicht mehr auf das klassische Logo und Muster beschränkt bleibt. Andererseits wird durch begrenzt verfügbare Produkte und Produktlinien die Begehrlichkeit hochgehalten und durch klassische Linien das über Jahrzehnte aufgebaute Markenbild bewahrt. Die Wurzeln der Marke werden somit kreativ und proaktiv auf den künftigen Bedarf der Kunden ausgerichtet.

Im Folgenden gehe ich auf die wesentlichen Punkte ein, die das Strategie- und Haltungshaus prägen.[48]

2. Mission oder Purpose: Warum gibt es uns? Was treibt uns an?

Die Frage nach dem Unternehmenszweck klingt einfacher, als sie ist. Es geht darum, den Grund für die Existenz des Unternehmens festzulegen, der als Fixstern zur Orientierung für alle Mitarbeiter dienen soll. Es ist die idealistische Motivation, warum ein Mitarbeiter im Unternehmen arbeiten soll.[49] Die Kernfrage lautet: Warum gibt es uns? Was treibt uns an?

Stellen Sie sich vor, Sie sind mit Ihrem Schiff (Ihrem Unternehmen) auf hoher See. Das Wetter ist rau, die Wellen sind hoch. Wenn Sie nun Kurs halten wollen, aber über keine modernen Navigationsgeräte verfügen, hilft Ihnen die Orientierung an diesem Fixstern. Er ist für Sie zwar sichtbar, aber nicht erreichbar.

> *Die Mission ist der Fixstern am Horizont. Sie dient zur Orientierung und gibt Halt.*

Die größte Gefahr bei der Formulierung der Mission besteht aus meiner Sicht darin, diese zu eng zu formulieren und auf das bestehende Geschäft oder den Markt zu fokussieren, in dem Sie sich bewegen.

---

[48] Weitere, vertiefende Informationen zu diesen Themen finden Sie in meinem Buch „IDENTITÄT. Das Rückgrat starker Marken".
[49] Collin, Porras, 1991; Collins, 2001; Esch, 2016.

Der Wachstumsbegrenzer ist damit automatisch eingebaut, weil eine solche Mission das Denken auf den Markt beschränken würde.

Deshalb wurde die Mission von BMW auch mit Blick auf die Digitalisierung und die technologischen Herausforderungen überarbeitet und geändert. Es geht bei BMW nicht mehr darum, Premium-Automobile zu bauen, sondern individuelle Mobilität mit Premiumprodukten und Dienstleistungen zu fördern. Es liegt auf der Hand, dass bei den technologischen Entwicklungen durch die Digitalisierung die einseitige Fokussierung auf das Bauen von Premiumfahrzeugen zu restriktiv wäre. Kunden erwarten darüber hinaus weitere Dienstleistungen, die ihnen das Leben rund um das Automobil und die Mobilität erleichtern. Insofern ist es ein notwendiger Schritt für alle Unternehmen, ihre Mission zu hinterfragen und auf den Prüfstand zu stellen. Der Wettbewerber Mercedes-Benz macht es ähnlich. Aus der neuen Haltung resultieren auch neue Angebote:

- *Mercedes me* bietet einen individuellen, digitalen Zugang zur Mercedes-Benz Welt, bündelt alle digitalen Mobilitäts- und Lifestyleangebote und verknüpft alle relevanten Touchpoints (z. B. Auto, Services, Smartphone).
- *Mercedes EQ* steht für Electric Intelligence. Es ist die Produktmarke für Elektromobilität, die ein elektromobiles Ökosystem schafft: von Elektrofahrzeugen, Wallboxen, Home-Energiespeichern und Ladeservices (z. B. Charge & Pay App).
- *Mercedes me Flexperience* ermöglicht Kunden, Modelle flexibel über App zu abonnieren. Bis zu zwölfmal im Jahr können Kunden ein Modell wechseln. Die Rate liegt zwischen 750 und 1.800 EUR pro Monat. Versicherung, Wartung, Reparatur, Reifenwechsel und 36.000 km sind inklusive. Dieser Service befindet sich aktuell in Deutschland bei den Händlergruppen Lueg & Beresa in der Pilotphase.
- *Jurbey* steht für „Your urban journey". Es handelt sich um ein Joint Venture von Mercedes-Benz und BMW. Angeboten werden Komplettlösungen für die urbane Mobilität.

> *Eine zu eng auf den Markt ausgerichtete Mission beschränkt das Denken und Handeln.*

Für einen Hidden Champion und Weltmarktführer ist in der Zusammenarbeit mit meiner Beratung die Mission „Wir machen das Einfache perfekt." entstanden. Das Unternehmen Wegmann Automotive ist im C-Teile-Bereich tätig. Es lebt von Economies of Scale und von Economies of Scope. Gleichzeitig herrscht ein kreativ-dynamischer Geist. Manager und Mitarbeiter geben sich nie zufrieden mit einer Lösung, sie arbeiten ständig an Verbesserungen. Deshalb meldet das Unternehmen im

Kapitel VII. Orientierung bieten: Wandel braucht Haltung

Verhältnis zur Zahl der Mitarbeiter mehr Patente an als Siemens. Der Inhaber Felix Bode drückt dies plastisch wie folgt aus: „Wir können die Produkte billiger produzieren, als Chinesen sie am Straßenrand schnitzen, und besser machen als jeder andere Wettbewerber." Das Unternehmen ist getrieben vom „Wie" und nicht vom „Was".[50]

Bei Facebook lautet die Mission verkürzt: „give people the power to share and make the world more connected", bei Microsoft geht es darum, dass Menschen und Unternehmen ihr volles Potential entfalten können. In beiden Fällen sind Digitalisierung und technologische Entwicklungen kein Showstopper für die Missionen, im Gegenteil: Sie können diese beschleunigen.

Sie merken bei der Hinterfragung der Mission schnell, ob diese als Sprungbrett für Fantasie und weiteres Wachstum dienen kann oder zum Wachstumsbegrenzer wird und deshalb überarbeitet werden muss. Typische Prüffragen, die Sie stellen können, sind die folgenden:

- Welche Produkte und Dienstleistungen stellen wir her? Warum ist dies wichtig?
- Wenn ich im Lotto gewinnen würde, was wäre die idealistische Motivation, bei dem Unternehmen zu bleiben?
- Wo würden Sie ansetzen, wenn Sie das Unternehmen zerstören würden?
- Was macht Ihr Unternehmen zukunftstauglich?
- Was ändert sich durch die Digitalisierung für Ihr Unternehmen? Was heißt dies für Ihre Mission?

Auch hier werden Sie beim Abgleich feststellen, dass die Mission des Hidden Champions „Wir machen das Einfache perfekt." keiner Änderung bedarf. Sie ist offen, durchlässig und gleichermaßen aufnahmefähig für alle neuen Möglichkeiten, wie man etwas einfach perfekt machen kann.

Ein letzter Hinweis: Eine gute Mission ist immer kurz und knackig formuliert. Sie muss für alle Mitarbeiter intuitiv verständlich sein. Ansonsten wird die nachhaltige Vermittlung des Unternehmenszwecks eine große Herausforderung.

3. Unternehmensgrundsätze: Wofür stehen wir ein?

Unternehmensgrundsätze zeigen, wofür das Unternehmen steht. Die grundlegende Frage hier lautet: Wofür stehen wir ein?[51] Sie dienen

---
[50] Esch, 2016.
[51] Esch, 2017.

somit als Orientierung für das Verhalten der Mitarbeiter.[52] Zurück zu Ihrem Schiff. Wer jemals eine längere Strecke mit Freunden gesegelt ist, weiß, dass es auf jedem Schiff klarer Regeln bedarf. Jeder muss wissen, wie er sich zu verhalten hat, ansonsten kommt es schnell zu Anarchie und Streit.

Auch bei den Unternehmensgrundsätzen ist es – wie bei der Mission – eine reine Nabelbetrachtung. Grundsätze kommen von innen. Sie sollten dem Unternehmen nicht aufgestülpt werden, nur weil es aufgrund veränderter Marktbedingungen oder gesellschaftlicher Entwicklungen Trends gibt, denen man folgen möchte.

Grundsätze reflektieren weder Moden noch politisch korrekte Anforderungen, weil dies gerade angesagt ist.

Es geht nicht darum, politisch korrekte Anforderungen abzuarbeiten und zu erfüllen, damit das Unternehmen als guter Bürger dasteht. Ebenso wenig geht es darum, Zeitströmungen zu erfassen, indem Themen wie „Diversity", „gleiche Rechte für alle" oder „Nachhaltigkeit" erfasst und als Grundsatz niedergeschrieben werden. Es ist ein großer Unterschied, als Unternehmen gewissen Rahmenbedingungen gerecht zu werden, etwa dem Thema Nachhaltigkeit, oder dieses als Unternehmensgrundsatz in der DNA des Unternehmens festzulegen. Bei dem Unternehmen Werner & Mertz mit der wohl bekanntesten Marke Frosch ist Nachhaltigkeit ein Unternehmensgrundsatz. Und das spüren Sie, wenn Sie das Unternehmen betreten oder mit Inhabern und Managern sprechen. Das Gebäude wurde nachhaltig gebaut und speist Strom in den Stromkreislauf zurück, die Geschäftsführung fährt einen Elektro-Smart, die Produkte und Verpackungen folgen höchsten ökologischen Anforderungen.

Unternehmen sollten maximal drei bis fünf Grundsätze haben.

Es ist somit eine Konzentration auf die wesentlichen Aspekte erforderlich, die das Miteinander prägen sollen.

Da sich Unternehmen wie Menschen auch weiterentwickeln, sind Grundsätze in regelmäßigen Abständen auf den Prüfstand zu stellen. Dies bedingt, dass Manager messen sollten, wie der Grad der Durchsetzung der Unternehmensgrundsätze ist. Bei der Continental AG erfolgen diese Messungen regelmäßig. Seit Elmar Degenhart mit dem Management die Unternehmensgrundsätze entwickelt hat, haben sich die Zustimmung und die Durchsetzung der Werte von Jahr zu Jahr verbessert. Die Zustimmungswerte liegen bei weit über 80 Prozent – und dies weltweit.

---

[52] Collin, Porras, 1991; Collins, 2001.

Kapitel VII. Orientierung bieten: Wandel braucht Haltung

Zudem ist kritisch zu hinterfragen, ob die Unternehmensgrundsätze ein Unternehmen auch voranbringen, weil dadurch die richtigen Handlungsimpulse gesetzt werden. Bei der Entwicklung der Unternehmensgrundsätze für Faber-Castell haben die Geschäftsführung und Inhaber mit meiner Unternehmensberatung deshalb Grundsätze entwickelt, die zum einen Gegensätze vereinen, zum anderen einen positiven Schub nach vorne bewirken, damit das Unternehmen weiter profitabel wachsen kann (Abbildung 30). Der verstorbene Graf Anton hatte die Werte des Unternehmens als Zweiklang definiert. Dies wurde bei der Weiterentwicklung der Unternehmensgrundsätze berücksichtigt. Stark verwurzelten Grundsätzen, wie dem Traditionsbewusstsein, der Verantwortung für das Handeln, dem Qualitätsbewusstsein und der Nachhaltigkeit, wurden neue wichtige Aspekte hinzugefügt, die zur weiteren erfolgreichen Entwicklung des Unternehmens und dessen Anpassung an die Herausforderung der Digitalisierung notwendig sind. Konkret wurde das unternehmerische Handeln, für das der Graf selbst stand, wieder stark nach vorne gerückt. Ebenso die Leidenschaft für das, was man tut, sowie die Innovationskraft und Ambition, etwas Neues zu schaffen.

Abbildung 30: Unternehmensgrundsätze von Faber-Castell

Mit Blick auf die Digitalisierung ist es für Sie wichtig zu prüfen, ob Ihre bisherigen Unternehmensgrundsätze Sie beflügeln oder ausbremsen. Je defensiver und bewahrender Grundsätze definiert sind, umso größer ist die Notwendigkeit zur Überarbeitung. Überarbeitung heißt dabei nicht, alles über den Haufen zu werfen. Manche Werte sind tief in Unternehmen verhaftet. Werte, die bremsen, sind allerdings zu ergänzen oder durch solche Werte zu ersetzen, die einen Vorwärtsschub bringen. Ein solcher Wert ist die Ambition und Innovationkraft bei Faber-Castell.

Ein letzter Punkt noch: Ich diskutiere immer wieder mit Managern, oft sogar Personalverantwortlichen, ob es überhaupt notwendig ist, Unternehmenswerte festzulegen und zu manifestieren. Es reiche doch aus, wenn es eine gelebte Kultur gäbe, die als Hintergrundphänomen das Handeln von Managern und Mitarbeitern im Unternehmen bestimmt. Dahinter verbirgt sich oft eine gewisse Frustration, dass schöne Unternehmensgrundsätze an Wänden im Unternehmen hängen, aber nicht gelebt werden. Unsere Studie „Wandel braucht Haltung" zeigt aber deutlich, dass die Durchsetzung von Unternehmenswerten wesentlich für den Unternehmenserfolg ist.[53] Gerade wenn ein Wandel notwendig ist, sind somit Unternehmensgrundsätze zu hinterfragen, anzupassen und anschließend auch konsequent durchzusetzen. Dies ist dann kulturprägend, wenn es in aller Konsequenz verfolgt und umgesetzt wird. Unternehmensgrundsätze, die bremsen, sind ein Problem. Die mangelnde Durchsetzung treffender Unternehmensgrundsätze ist ein weiteres, weit verbreitetes Problem. Für die erfolgreiche Ableitung und Umsetzung der Unternehmenswerte sind das Top-Management und der Personalbereich zuständig. Continental zeigt, wie es geht.

4. Vision: Welchen Zielhafen strebe ich in 10 bis 15 Jahren an?

Ich werde oft gefragt, warum Unternehmen eine Vision benötigen. Eine Vision ist ein ambitioniertes Ziel mit dem Manager bestimmen, welchen Zielhafen Sie in 10 bis 15 Jahren erreicht haben wollen. Versetzen Sie sich jetzt wieder auf Ihr Schiff. Sicherlich ist es Ihnen schon beim Ablegen wichtig zu wissen, wo Ihr Zielhafen ist.

Unser geschätzter Alt-Bundeskanzler Helmut Schmidt wollte Menschen mit Visionen zum Arzt schicken. Er hielt wenig von Visionen. Wahrscheinlich verwechselte er eine Vision mit einem Traum. Der Zielhafen ist der wesentliche Unterschied zwischen Vision und Traum. Sie können viel träumen, das verpflichtet zu nichts.

Eine Vision ist hingegen ein verbindliches, großes Ziel, von dem Sie überzeugt sind, es mit Ihrem Unternehmen erreichen zu können. Allerdings lässt viele Manager alleine der große Zeithorizont schon die

---

[53] Siehe dazu die Ergebnisse in Kapitel A.

Kapitel VII. Orientierung bieten: Wandel braucht Haltung

Stirn runzeln. Die Beschleunigung durch die Digitalisierung forciert solche Gedanken. Manche hinterfragen, ob in einem solch volatilen Umfeld ein so weit entfernter Zielhafen ein Unternehmen überhaupt weiterbringt. Diese Frage ist durchaus berechtigt.

Meiner Erfahrung nach hilft eine Vision sehr wohl, und zwar gerade dann, wenn man sich in turbulenten Märkten bewegt. Sicherlich müssen Unternehmen hier und da von der Ziellinie abweichen und situativ reagieren, aber ein ambitioniertes Ziel macht es leichter, Hürden und Herausforderungen im Markt zu überwinden. Es bündelt Kräfte und setzt Energien frei. Wenn Mitarbeiter nicht wissen, wofür sie sich anstrengen sollen, werden sie sich auch nicht ins Zeug legen.

Es ist wie der Unterschied zwischen Wandern am Berg und Bergsteigen: Der Wanderer geht einen Weg den Berg hinauf. Ist der Weg versperrt, kehrt er um und wandert in eine andere Richtung. Am Ende des Tages hatte er einen schönen Tag in der Natur – mehr nicht. Ein Bergsteiger hat ein klares Ziel: Er möchte den Berggipfel erreichen. Ist ein Weg versperrt, sucht er nach Möglichkeiten, wie er das Ziel dennoch erreichen kann. Er mobilisiert dafür alle notwendigen Kräfte. Am Ende des Tages kann er sagen, dass er den Berg erklommen hat und wie schön der Ausblick als Belohnung für die Anstrengungen war.[54]

Insofern ist eine Vision ein Zukunftsbild und eine Zukunftsbeschreibung, die anspornen soll. Gleichzeitig dient sie dazu, Führungskräften und Mitarbeitern klarzumachen, wofür sie sich anstrengen sollen. Die Vision ist eine Zukunftskreation, keine Zukunftsvorhersage! Es geht also darum zu sagen, welchen Zielhafen das Unternehmen in der Zukunft erreichen möchte.[55]

Als aufmerksamer Leser sehen Sie den Unterschied zwischen Mission und Vision nun klar vor Augen. Oft werden beide Begriffe miteinander vermischt. Das eine ist jedoch die Daseinsberechtigung des Unternehmens, das andere das Ziel, das man erreichen möchte. Die Daseinsberechtigung wird durch eine Betrachtung des Unternehmens selbst bestimmt, die Vision hingegen unter Berücksichtigung des Marktes, der Kunden, der Wettbewerber sowie technologischer und gesellschaftlicher Entwicklungen.

> „Wenn ein Kapitän nicht weiß, welchen Hafen er anstreben soll, ist kein Wind der richtige." (Seneca)

---

[54] Esch, 2016.
[55] Esch, 2016.

Wenn Amazon „to be the earth's most customer-centric company" als Vision ausgibt, spüren Sie als Kunde unmittelbar, dass es dem Unternehmen ernst damit ist. Bestellungen sind einfach, Retouren unproblematisch, als Prime-Kunden erhalten Sie Vorteile, die Sie weiter ans Unternehmen binden. Wenn der Outdoorhersteller Mammut in seinem Bereich der „Digital Leader" werden will, so ist dies sicherlich auch Richtschnur für die weitere Umsetzung. Also geht es im nächsten Schritt immer um Mittel und Wege, wie dieses große Ziel erreichbar ist.

Ziel-, Strategie- und Maßnahmenplanung sowie Ableitung von KPIs: Üblicherweise erfolgt nach der Definition der Vision eine Übersetzung in die mittelfristige Ziel-, Strategie- und Maßnahmenplanung inklusive der Entwicklung geeigneter KPIs (Key Performance Indikatoren zur Messung des Fortschritts).

Die Ziele sollten dabei zum einen SMART sein, zum anderen sollte es eine Beschränkung auf zwei bis drei Ziele für das gesamte Unternehmen geben, die dann in die einzelnen Bereiche dekliniert werden können. SMART heißt, dass die Ziele

- spezifisch, also so konkret wie möglich formuliert sein sollten,
- messbar sein sollten,
- akzeptiert sind,
- realistisch erreichbar und
- terminiert sein sollten.

Der Grund für die Fokussierung auf wenige Ziele ist einfach nachvollziehbar: Ein bis drei Ziele sind gut erreichbar. Je mehr Ziele man hingegen im Sinne der Risikominimierung oder mangelnden Fokussierung wählt, umso weniger erreicht man die gesetzten Ziele.[56]

Für den Planungsprozess können unterschiedliche Tools zum Einsatz kommen. Diese reichen von der klassischen Balanced Scorecard bis hin zum Play-to-Win-Ansatz, der von Procter & Gamble entwickelt wurde. Welche Methodik Sie nutzen, hängt stark von Ihrem Unternehmen ab. In Familienunternehmen wirkt unserer Erfahrung nach die Balanced Scorecard besonders gut, weil hier in besonderem Maße dem finanziellen Aspekt Rechnung getragen wird, der dem langfristigen Unternehmenserhalt dient. Wichtig sind jedoch immer die Vereinfachung und die Konzentration auf wenige, aufeinander abgestimmte Größen, die sich durch das gesamte Unternehmen deklinieren lassen.

---

[56] McChesney, Covey, Huling, 2015.

L'Oréal hat als Zielbild die Formel 20-50-100 entwickelt. Dahinter steht, dass bis zum Jahr 2025 20 Prozent des Umsatzes über digitale Kanäle erfolgt, 50 Prozent direkte Kundenbeziehungen vorhanden sind und ein Brand Love Score von 100 erreicht wird.

Eine solche Zielbildung ist deshalb gut, weil sie sowohl klare quantitative Vorgaben als auch eine qualitative Vorgabe zur Markenstärke enthält. Dies ist insofern sinnvoll, weil qualitative Größen wie die Bekanntheit, das Image oder der „Love Score" Vorläufer für quantitative Größen sind, die das Unternehmen erreichen möchte.[57]

Diese Ziel-, Strategie- und Maßnahmenableitung dient somit zur Erreichung der Vision. Sie sollte sich einerseits an dem Unternehmenszweck, also der Mission des Unternehmens orientieren, andererseits aber auch die Marke widerspiegeln. Umgekehrt sollte die Marke auch strategiekonform aufgestellt sein.

Somit sind die Marke sowie das Ziel-, Strategien- und Maßnahmenpaket die Transportmittel zur Erreichung der Vision. Dabei wird die Strategie für Kunden durch die Marke sichtbar und erlebbar. Auf die Marke wird im Folgenden eingegangen.

5. Markenwerte und Markenpositionierung schärfen: Wer bin ich? Und warum sollen die Kunden meine Marke wählen?

*Ich bin wie ich bin. Die einen kennen mich,
die anderen können mich.*
Konrad Adenauer

Die Markenwerte definieren die DNA der Marke. Die Markenpositionierung kennzeichnet hingegen das Territorium, dass die Marke in Herz und Hirn der Kunden für sich in Anspruch nimmt. Drei Aspekte sind hier konkret zu prüfen:

1. Passen Markenidentität und Markenwerte noch zu den Anforderungen, die sich durch die Digitalisierung ergeben? Sind diese auch klar definiert?
2. Hält die Markenpositionierung noch den neuen Anforderungen stand? Ist diese wirksam abgeleitet worden?
3. Besteht ein klares Regelwerk zur Umsetzung von Markenwerten und Markenpositionierung in Maßnahmen?

Zu 1: Markenidentität und Markenwerte: Die Markenidentität spiegelt die wesensprägenden Merkmale einer Marke wider. So steht eine Mar-

---

[57] Esch, 2018.

ke wie Rolex für Prestige und Erfolg, Robustheit, Ganggenauigkeit und herausragende Qualität. Man verbindet mit ihr ikonische Designs wie das der Rolex Submariner oder der Rolex Daytona. Miele steht wiederum für Haltbarkeit, Qualität und Vertrauen sowie das Streben nach ständiger Verbesserung, was durch den Slogan „Immer besser" zum Ausdruck kommt. Jeder Handwerker verbindet Hilti mit den hoch leistungsfähigen Schlagbohrmaschinen und dem exzellenten Service, aber eben auch der Farbe Rot. Die Lufthansa ist unverkennbar am Kranich und den Farben Blau und Gelb erkennbar, ebenso wie die Telekom durch das Magenta.

> *Die Markenidentität beschreibt das Wesen der Marke.*

Die Markenidentität ist das Selbstbild einer Marke. Das Markenimage reflektiert hingegen das Fremdbild der Marke. Es wird durch die Vermittlung der Markenwerte an den unterschiedlichen Kontaktpunkten mit Kunden und anderen Anspruchsgruppen aufgebaut (Mitarbeiter, Anteilseigner, Lieferanten, Anwohner, Medien und so weiter), sei es durch die Produkte, die Dienstleistungen, die Mitarbeiter oder die Kommunikation. Stimmen Markenidentität und Markenimage überein, besteht ein kohärentes Bild innen wie außen. Das ist das wesentliche Ziel der Markenführung.[58]

Zur Ableitung einer wirksamen Markenidentität reicht es bei weitem nicht aus, nur mit Fakten zu überzeugen. Der Grund ist einfach: Die meisten Kunden nehmen Informationen zur Marke meist nur flüchtig und beiläufig auf. Sie entscheiden meist emotional und „aus dem Bauch heraus".

Die Analogie zu einem Flugzeugpiloten mag dies verdeutlichen: Stellen Sie sich vor, Sie sitzen als Pilot in einem Flugzeug. Bei Start und Landung sind Sie hoch involviert. Sie checken alle Instrumente des Flugzeugs systematisch. Analytisch und logisch sequenziell gehen Sie immer und immer wieder die gleichen Routinen durch. Sie sind gedanklich präsent. Sie möchten einen perfekten Start und eine perfekte Landung. Das ist anstrengend. Sobald Sie dann in der Luft sind, schalten Sie auf Autopilot. Sie achten nur flüchtig und beiläufig auf das, was passiert.

Wenn Sie nun den Piloten mit Ihren Kunden und vielen anderen Anspruchsgruppen vergleichen, geht es diesen bei Ihrer Marke ähnlich: Kunden setzen sich meist nicht aktiv mit einer Marke auseinander, sondern passiv, beiläufig und flüchtig. Doch selbst dann sind eine Prägung und eine Präferenzbildung für eine Marke möglich. Dies passiert nicht explizit, ergo sind sich Kunden dessen oft nicht be-

---

[58] Esch, 2016.

wusst. Stattdessen passiert es implizit und unterwandert somit die kognitiven Kontrollbereiche des Gehirns. Es passiert, ohne dass Kunden merken, dass es passiert. Dies wurde in der Psychologie schon recht früh beobachtet. Phänomene wie der „Mere Exposure"-Effekt, bei dem nur das häufige Aufeinandertreffen mit einem Reiz dazu führt, dass Kunden diesen positiver bewerten als einen unbekannten Reiz, obwohl sie gar nichts über diesen Reiz wissen, geschweige denn, ihn genau geprüft haben.

Denken Sie nur an Ihr eigenes Verhalten: Oft greifen Sie im Supermarkt nach einer neuen Marke, die Sie vorher vielleicht nur flüchtig in der Werbung gesehen haben, die Sie aber angesprochen hat. Ein kleiner Impuls mag hier schon reichen. Wahrscheinlich haben Sie sich auch bei der Wahl Ihres Lebensabschnittspartners nicht auf ein komplexes Punktbewertungssystem gestützt und die Kriterien darin nacheinander abgearbeitet und bewertet. Somit spielt der Autopilot eine große Rolle. Um den Autopiloten als Marke auch bedienen zu können, ist es wichtig, klare Signale für eine Marke zu entwickeln und diese konsistent zu kommunizieren.

Der Nobelpreisträger und Psychologe Daniel Kahneman spricht anstatt vom Piloten oder vom Autopiloten von den Denksystemen 1 und 2.[59] System 1 ist der Autopilot. Es funktioniert schnell und automatisch, ist immer aktiv, emotional und stereotypisierend. System 1 funktioniert vor allem unbewusst, also implizit. System 2 ist der Pilot, der selten aktiv ist und langsam, logisch, berechnend sowie bewusst arbeitet. System 2 arbeitet explizit. Es ist anstrengend und ermüdend für Menschen, dieses System zu nutzen.

Dies ist auch der Grund dafür, warum bei vielen „Entscheidungen" System 1 abläuft, denn es erfolgt einfach und quasi automatisch. Bevor wir Für und Wider abwägen, hat der Autopilot schon längst entschieden. Die Rationalisierung der Entscheidung erfolgt dann allerdings häufig später durch System 2, spätestens wenn Kunden danach gefragt werden, warum sie sich für Marke A und nicht für Marke B entschieden haben. Die häufigste Rationalisierung kennen Sie alle: wegen der Qualität oder wegen des guten Preis-Leistungs-Verhältnisses.

Deswegen sind Sie gut beraten, Hard Facts und Soft Facts zur Marke abzuleiten und diese kohärent aufeinander abzustimmen.

Hard Facts: Nutzen und Eigenschaften der Marke. Bei den Hard Facts zur Marke ist die Frage zu beantworten: *„Was bietet mir die Marke?"*

---

[59] Kahnemann, 2012.

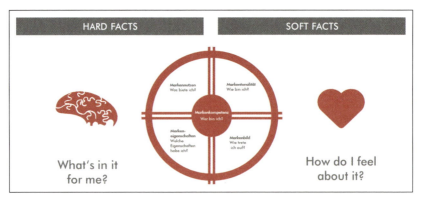

Abbildung 31: Markenidentität: Hard Facts und Soft Facts

Hier sind Nutzen und Eigenschaften für eine neue Marke festzulegen. Das ist nicht trivial. Je systematischer die Analyse angegangen wird, desto besser. Dabei empfiehlt es sich, zunächst alle Eigenschaften und Nutzen aufzuzählen, die Manager mit ihrer Marke verbinden.

Eigenschaften können sich entweder auf das Produkt beziehen, zum Beispiel Elektroantrieb bei Tesla, der spezielle Edelstahl der Rolex-Uhren und deren Uhrwerke, oder auf das Unternehmen, zum Beispiel Barilla aus Italien, die SWISS mit dem Sitz in der Schweiz, BASF als Pionier der Chemieunternehmen mit einem Erfahrungsschatz von mehr als 140 Jahren oder Swarovski als Pionier für Kristalle mit einem hohen Maße an Kreativität und Erfindergeist. Aus diesen Eigenschaften können funktionale oder psychosoziale Nutzen für die Marke erwachsen. Ein funktionaler Nutzen wäre etwa die Umweltfreundlichkeit von Tesla Automobilen, die lange Haltbarkeit und Zuverlässigkeit der Rolex Uhr oder bei der HUK-Coburg Versicherung beispielsweise ein gutes Preis-Leistungs-Verhältnis oder eine schnelle Zahlungsabwicklung im Schadensfall. Ein psychosozialer Nutzen wäre hingegen, dass man der BASF vertrauen kann, Freiheit und Abenteuer bei dem Ausritt mit einer Harley-Davidson erfährt, bei einer Versicherung wie der Provinzial einen sicheren Partner an seiner Seite hat oder bei Swarovski Inspiration und Freude bei Nutzung der Produkte erlebt.

Soft Facts: Gefühle und nonverbale Eindrücke zur Marke. Bei den Soft Facts ist zu klären, welche Emotionen mit der Marke verknüpft werden sollen und wie die Marke sinnlich wahrnehmbar zu gestalten ist.

Im erstgenannten Fall steht die Frage im Vordergrund: *„Wie fühlt sich die Marke an?"* Konkret geht es darum festzulegen, wie es sich anfühlen soll, wenn Sie mit der Marke interagieren. Ähnlich wie bei Menschen können Marken

Kapitel VII. Orientierung bieten: Wandel braucht Haltung

- bestimmte *Persönlichkeitseigenschaften* aufweisen: Apple ist jung und dynamisch, Bentley seriös und distinguiert,
- *Erlebnisse* mit sich verknüpfen: der vertrauensvolle R+V-Berater, das intuitiv-ästhetische Apple-Notebook oder der hilfsbereite und hemdsärmelige Würth-Mitarbeiter,
- konkrete *Beziehungen* zu Menschen aufbauen: die Liebesbeziehung zu Apple oder die kumpelhafte Beziehung zu Harley-Davidson.

Die Ableitung von Nutzen und Tonalitäten zur Beantwortung der Fragen „What's in it for me?" und „How do I feel about it?" ist wichtig, um die Marke so genau wie möglich zu fassen. Ebenso wichtig ist der Transfer in das sinnliche Erleben von Nutzen sowie deren Eigenschaften und Tonalitäten. Denn nur das, was Menschen wahrnehmen, leistet einen Beitrag zum Aufbau und zur Stärkung eines konsistenten Markenbildes. Deshalb ist die Vermittlung der Markeninhalte durch sinnlich wahrnehmbare Reize ein wichtiger, aber häufig unterschätzter Schritt.

Das Markenbild selbst wird durch eine Fülle von sinnlich wahrnehmbaren Eindrücken geprägt, die einen Beitrag zur Markenbekanntheit (wiedererkennen, erinnern) oder zum Markenimage leisten. Es geht darum, wie die Marke durch Sehen, Hören, Riechen, Schmecken und Tasten zum Ausdruck kommt.

Konkret sollte festgelegt werden,

- welche sichtbaren Zeichen für eine Marke stehen und
- wie sie Eigenschaften, Nutzen und gefühlte Eindrücke der Marke sinnlich erlebbar machen können.

Ich erlebe immer wieder, dass Manager sich oft zu wenig Gedanken über diese wichtige Frage machen, wie sie eine Marke sichtbar und erlebbar machen. Gleichermaßen erlebe ich allerdings auch, wie gerade bei starken Marken systematisch darauf geachtet wird, eine Marke an allen Berührungspunkten mit Kunden erlebbar zu machen. Hier wird nichts dem Zufall überlassen.

Louis Vuitton ist über das klassische Muster der Taschen ebenso gut erkennbar wie Adidas durch die drei Streifen, ein Bentley vermittelt schon durch die Größe den Eindruck von Seriosität, Exklusivität und Dominanz. Bei Miele hingegen ist das Gewicht der Waschmaschinen für viele Kunden ein deutlicher Indikator für deren Qualität und Haltbarkeit.

Bei der Entwicklung der Markenidentität geht oft der Blick für das große Ganze verloren. Manager verlieren sich in Details und prüfen nicht die Pas-

> *Die Markenidentität muss Herz und Hirn der Kunden ansprechen.*

sung der einzelnen Teile. Dies ist aber deshalb so wichtig, weil sich dann die Teile wie in einem Puzzle nahtlos ergänzen und dadurch ein stimmiges sowie kohärentes Bild ergeben. Mehr noch: Sie stärken sich gegenseitig. Genau dies kann durch Einsatz des Markensteuerrads sichergestellt werden.

> *Für Marken gilt: Das Ganze ist mehr als die Summe seiner Teile.*

Vor allem müssen Sie dies als Manager prüfen und immer weiter optimieren: Kohärenz und Passung ist das Ziel! Erstens gilt es zu prüfen, ob Nutzen, die Sie Ihren Kunden versprechen, auch wirklich durch Eigenschaften, die Ihre Marke vorweisen kann, begründet sind. Zweitens müssen Sie abchecken, ob die Nutzen Ihrer Marke auch von entsprechenden Gefühlen und Empfindungen begleitet werden, die Kunden damit verbinden sollen. Drittens müssen Nutzen und Gefühlswelten idealerweise sichtbar gemacht werden durch alle nonverbalen Maßnahmen zur Marke. Also ist es Ihre Aufgabe, ein Übersetzungsprogramm zu entwickeln und zu prüfen, ob dieses auch funktioniert.

Lindt zeigt, wie es geht. Lindt ist ein Traditionsunternehmen, das Schokoladenkreationen von herausragender Qualität herstellt. „Maître Chocolatier Suisse Depuis 1845", die Handwerkskunst, das lange Rühren der Schokolade in dem großen Conche (Trog) sind entsprechende Eigenschaften, die mit der Marke verknüpft werden. Der daraus resultierende Nutzen des herausragenden Geschmacks sowie der überraschenden und vielfältigen Kreationen ist eine Konsequenz daraus. Der Reason Why für die genannten Nutzen ist somit nachvollziehbar für Kunden und inzwischen auch gelernt. Übersetzt wird das Ganze nun in korrespondierende Gefühle, wie etwa traditionsreich, exklusiv, genussvoll, mit Liebe zum Detail. Und schließlich wird das Ganze dann auch durch die nonverbalen Inhalte vermittelt, etwa die Maître Chocolatier selbst, die in Fernsehspots die Conche rühren und Pralinen liebevoll verzieren, ebenso wie bei den Verpackungsgestaltungen, deren Codes die Exklusivität der Marke stärken.

Ob eine in dieser Form entwickelte Markenidentität mit daraus abgeleiteten Markenwerten auch den Anforderungen der Digitalisierung gerecht wird, gilt es systematisch zu prüfen. Folgende Fälle sind zu unterscheiden:

1. Es ist keine Anpassung der Markenidentität erforderlich: Sicherlich kann eine Marke wie Lindt nach wie vor seine bewährten Markenwerte und die Markenidentität weiter nutzen, weil sich die grundlegenden Bedürfnisse und Wünsche sowie die Kaufgründe durch die Digitalisierung nicht geändert haben. Allerdings kann die Digitalisierung hier Anstöße für neue Geschäftsmodelle unter der

Kapitel VII. Orientierung bieten: Wandel braucht Haltung

Abbildung 32: Kommunikative Umsetzung der Markenidentität von Lindt

Marke liefern, z. B. die Einführung eines Connaisseur-Clubs, der als digitale Lindt-Community spezielle Editionen im Abonnement erhält, sowie zu neuen Kommunikations- und Interaktionsformen mit Kunden, etwa auf Facebook oder Instagram oder durch Beteiligung an neuen Kreationsvorschlägen im Sinne des Crowdsourcing. Darauf gehe ich in den Folgekapiteln ein. Für mich ist das zentrale Kriterium, ob und wie intensiv ein Eingriff in die Markenidentität zu erfolgen hat, wie stark sich kaufrelevanten Bedürfnisse der Kunden geändert haben.

2. Es ist eine Anpassung bzw. Veränderung der Markenidentität erforderlich: In vielen Servicebereichen und bei komplexeren Produkten mit hohen Serviceanteilen sind solche Anpassungen oder Veränderungen oft notwendig. Ein Beispiel mag dies verdeutlichen: Wenn Kunden heute zunehmend nach Vereinfachung und Komplexitätsreduktion streben und den sozialen Austausch fördern wollen, dann ist sicherlich von vielen Automobilherstellern zu prüfen, ob und wie sie dies bei ihren Produkten und Services berücksichtigen können. Steht eine Marke wie VW beispielsweise für Zuverlässigkeit, gute Qualität, zeitloses Design und hohe soziale Akzeptanz, so sind hier Auswirkungen der Bedürfnisse auf die Anpassung der Markenwerte sinnvoll. VW hat dies gemacht und dabei reaktiviert, was früher schon ein Asset der Marke war: die einfache Bedienung und Handhabung, für die der alte Käfer stand. Dies wurde über die Jahre in der hohen Funktionalität der Nutzung erfolgreich übersetzt. In einem gemeinsam mit meiner Unternehmensberatung durchlaufenen Prozess zur Schärfung der Marke wurde klar, dass die Anforderungen gerade im Mobilitätsbereich Anpassungen er-

forderlich machen im Sinne einer „intuitiven Nutzung" und „einfacher Mobilität". Sie können sich leicht vorstellen, dass daraus eine Vielzahl neuer Produkt- und Serviceeigenschaften entstehen und sich dies auch in der Kommunikation gut vermitteln lässt. Ein Beispiel dafür sind die Spots, in denen die automatische Einparkhilfe für Anhänger beim VW Tiguan bildhaft dargelegt wird. Oder der Spot für den VW Golf, in dem gezeigt wird, dass dieser auch dann bremst und das Auto zum Stehen bringt, wenn der Fahrer dazu nicht mehr in der Lage ist (Abbildung 33). Der Grad der Anpassung variiert dabei von Fall zu Fall. Meist reicht es aus, wenn einer von drei bis vier Markenwerten entsprechend verändert wird. Dadurch wäre auch die notwendige Kontinuität der Markenführung gewahrt.

Ein Auto mit Pferdeanhänger versucht zu parken.

Die Pferde lachen den Fahrer aus.

Der Fahrer ist den Tränen nahe.

Der Fahrer fährt zornig vom Hof.

Etwas Neues geschieht: Es wird ein Parkassistent in der Nutzung gezeigt.

Anderer Fahrer wirft den Pferden einen coolen Blick zu.

Auto & Anhänger stehen perfekt auf dem Parkplatz und die Pferde schauen entgeistert.

„Der Tiguan mit Trailer Assist." wird als Lösung des Problems eingeblendet.

Abbildung 33: VW-Spot: intuitives Einparken mit dem VW-Tiguan

Ich empfehle die Notwendigkeit zur Anpassung der Markenidentität durch folgende Fragen zu prüfen:

1. Welche neuen Bedürfnisse und Wünsche der Kunden werden durch die Digitalisierung geweckt? Bedarf es deshalb einer Ergänzung und Erweiterung der Nutzen? Als ersten Anhaltspunkt können Sie Bedürfnispyramiden nutzen, die veränderte Bedürfnisse durch Digitalisierung anzeigen (dazu mehr in Kapitel VIII). Dabei gilt: Nicht alle Bedürfnisse und Erwartungen müssen in der Markenidentität Berücksichtigung finden. Manche werden schlicht notwendig, will man im Markt bestehen bleiben. Sie dienen aber nicht zur Abgrenzung der Marke.
2. Welche Ängste und Emotionen werden durch die Digitalisierung bei Kunden geschürt? Kann und muss ich darauf bei der Beschreibung der Marke Rücksicht nehmen? Ist beispielsweise die Angst vor dem Schutz der Privatsphäre ausgeprägt, könnte eine Marke auf besondere Sicherheitsvorkehrungen aufmerksam machen und das Thema Schutz der Kunden als Nutzen mit aufnehmen. Die Suchmaschine DuckDuckGo hat daraus ihre Existenzberechtigung geschaffen, indem sie ihren Kunden gewährleistet, weder persönliche Daten zu speichern, noch Kunden zu verfolgen oder mit Werbung zu nerven.

Das Markensteuerrad stellt die Leitplanken zur Markenführung dar. Inhalte, die nicht im Markensteuerrad enthalten sind, passen nicht zur Marke und leisten somit auch keinen Beitrag zu deren Stärkung. Sie bewegen sich außerhalb der Leitplanken und sollten deshalb nicht genutzt werden. Zudem ist das Markensteuerrad etwas für die Marketingexperten im Unternehmen. Für alle anderen Mitarbeiter empfiehlt sich eine weitere Verdichtung auf drei oder vier Markenwerte, die jeweils Herz und Hirn der Kunden ansprechen sollten. Zur Verdichtung helfen dabei folgende Fragen:

1. Was ist ein zentraler Anker der Marke? Dies ist meist ein Wert, der historisch bedingt sehr stark in Ihrer Marke verankert ist.
2. Wo erwarten Sie einen zentralen Zukunftstreiber für die Marke?
3. Wo sehen Sie ein zentrales Unterscheidungsmerkmal ihrer Marke zum Wettbewerb?

Zu 2: Markenpositionierung: Warum sollen die Kunden meine Marke wählen?

Al Ries und Jack Trout schreiben in ihrem Klassiker Positioning treffend[60], worum es bei der Positionierung von Marken geht: einen ein-

---

[60] Ries, Trout, 2012.

zigartigen und relevanten Platz in den Köpfen der Kunden zu erobern, mit dem sich die eigene Marke von Wettbewerbsmarken abgrenzt.[61] Dabei gilt die bekannte Weisheit: Der Köder muss dem Fisch schmecken, nicht dem Angler.

Es geht darum, als Marke aus Sicht der Kunden so attraktiv zu sein, dass sie gegenüber den Wettbewerbern präferiert wird. Positionierung heißt Fokussierung, also die Konzentration auf wenige, relevante Merkmale, bei denen die Marke besser wahrgenommen werden soll als die Wettbewerber.

Genau diese Fokussierung fällt Unternehmen schwer. In einer von meiner Beratung durchgeführten B2B-Studie wurden von den verantwortlichen Managern im Durchschnitt mehr als zehn Positionierungseigenschaften für ihre Marke genannt, darunter Allgemeinplätze wie Qualität, Service oder Zuverlässigkeit.[62]

> *Position heißt, für etwas Bestimmtes stehen, und nicht für Alles.*

Eine Fokussierung ist natürlich immer mit dem Risiko verbunden, sich zu eng oder zu spitz zu positionieren. Deshalb ist ein fundierter Prozess zur Ableitung der Positionierung notwendig. Ohne Fokussierung überlassen Sie es allerdings dem Kunden zu entscheiden, wofür Ihre Marke steht. Im schlimmsten Fall entsteht überhaupt kein klares Bild von der Marke.

Wie meinte der legendäre Werber Bill Bernbach so treffend: „If you stand for something, you will always find some people for you and some against you. If you stand for nothing, you will find nobody against you, and nobody for you."

Genau nach diesem Prinzip positionierte der deutsche Werber Klaus Erich Küster den Fiat Panda. Auf seinen Vorschlag, ihn als „Die tolle Kiste" zu positionieren, weil das Auto klein und nicht sonderlich komfortabel war, erzählte er mir, dass die Erstreaktion der Manager war, dass damit 95 Prozent der Deutschen abgeschreckt werden. Als Replik meinte Küster, dass 5 Prozent Marktanteil doch toll sei. Das saß und überzeugte schlussendlich die Manager, eine Werbung zu schalten, die sich deutlich vom Einerlei der Automobilwerbung unterschied – und das mit Erfolg. Heute macht Dacia genau diesen Punkt mit der Aussage: „Das Statussymbol für alle, die kein Statussymbol brauchen." Lieben oder hassen, das ist hier die Frage.

Oft findet eine unklare Positionierung Ausdruck in kommunikativem Einheitsbrei innerhalb einer Branche. Abbildung 34 veranschaulicht

---

[61] Esch, 2016.
[62] ESCH. The Brand Consultants, 2014.

dies für die Versicherungsbranche. Würde man hier das Logo der Marken entfernen und nur die Aussagen und Bilder der jeweiligen Wettbewerber zeigen, fiele eine Differenzierung schwer – und dies nicht nur den Kunden, sondern auch den Managern der jeweiligen Unternehmen. Wir testen dies regelmäßig bei Unternehmen, bei denen wir Markenschärfungen vornehmen und die Markenwerte später auch umsetzen.

Abbildung 34: Austauschbare Kommunikation aus dem Versicherungsbereich

Folgende Fragen sind zu klären:

1. Was macht uns besonders, was können wir besonders gut, was zeichnet uns aus? Das Besondere an Apple ist beispielsweise die einfache und intuitive Nutzung und die Ästhetik des auf das Wesentliche reduzierten Designs.
2. Was ist für unsere Kunden wirklich wichtig? Treffen wir die Bedürfnisse und Wünsche unserer Kunden? Bekanntermaßen sind der „ease of use" sowie die Ästhetik des Designs zentrale Kauftreiber bei Premiumprodukten.
3. Wie können wir uns vom Wettbewerb abgrenzen, und zwar sichtbar abgrenzen aus Sicht des Kunden? Diese wahrnehmbare Abgrenzung ist bei Apple durch das Design sowie die eigenständigen Kommunikationsmaßnahmen bis hin zu den Apple Stores bestens gewährleistet. Schaut man sich im Technik Museum in Karlsruhe die dort ausgestellten Computer an, kann man die Differenzierung mit einem Satz auf den Punkt bringen: Es gibt gleichförmig ausschauende Computer und es gibt Apple.
4. Können wir diese Positionierung auch langfristig verfolgen und mit Leben füllen oder ist es womöglich eine Sackgasse? Das Beispiel Apple zeigt, dass sich weder der Antrieb des Unternehmens über die Jahre geändert hat, noch dessen konsequente Umsetzung in Maßnahmen.

Position ist ein Platz, den Sie mit Ihrer Marke in Herz und Hirn der Kunden besetzen wollen. Die Positionierung lässt sich im einfachsten Fall durch ein Wort ausdrücken. Eine Positionierungsaussage sollte nicht lang und ausufernd sein. Sie ist kurz und knackig zu formulieren. Es gilt das Motto von Miller: 7+/−2. Das heißt, der Positionierungssatz sollte maximal sieben plus minus zwei Wörter umfassen. In der Kürze und Prägnanz liegt die Würze.

Victoria Secret steht für Verführung: Ein Wort, das leiten soll. Ein Wort, das differenzieren soll. Ein Wort mit Relevanz für die Zielgruppen. Ein Wort, das mit der Zielgruppe resoniert und ein Wort, das konsequent umgesetzt wird, in allem, was die Marke tut: vom Shop, über die Produkte, deren Verpackung, die Kommunikation bis hin zur Einkaufstasche, die in den Farben der Verführung gestaltet ist.

Auch Google hat eine klare Positionierung: Sie lautet „einfache Suche".

Die Suche nach der richtigen Positionierung ist Kernerarbeit. Viele relevante Positionen im Markt sind bereits besetzt. Der zweite oder dritte auf der gleichen Position wird es schwer haben, ein eigenes Profil zu erarbeiten. Dann entscheidet die eigenständige Umsetzung über den Erfolg. Hat eine Marke hingegen eine klare Position erreicht, sind die Manager gut beraten, daran anzusetzen und diese weiter auf- und auszubauen, statt riskante Richtungswechsel vorzunehmen. Viele ikonische Marken wie Porsche, Louis Vuitton, Rolex oder Lego haben ihre Position niemals verlassen, wohl aber dem Zeitgeist folgend daran gearbeitet.

Mit Blick auf die Digitalisierung ist abschließend zu prüfen, ob der gesetzte Positionierungsrahmen für die Marke in der festgelegten Form noch relevant ist oder ob es einer Anpassung bzw. Veränderung bedarf. Maßgabe dafür sind die kaufrelevanten Bedürfnisse und nicht allgemeine Erwartungen der Kunden, die sich durch die Digitalisierung ergeben.

Dazu ein Beispiel: In der Versicherungsbranche gibt es nur wenige, wirklich wichtige und somit auch kaufrelevante Bedürfnisse wie etwa Sicherheit und Schutz, die Nähe zur Versicherung, die Partnerschaftlichkeit, das gute Preis-/Leistungsverhältnis oder die schnelle Zahlungsabwicklung im Schadensfall. Natürlich sollen Versicherungen auch verständlich kommunizieren und die gesamte Interaktion möglichst einfach und friktionslos sein. Diese Anforderung wird durch die Digitalisierung verstärkt. Daraus ergibt sich allerdings nicht zwingend die Notwendigkeit, eine vorhandene Positionierung über Bord zu werfen. Denkbar wäre es allerdings, dass ein neuer Wettbewerber, etwa ein neuer Digitalversicherer, das Thema „Einfachheit" als eine

Positionierungseigenschaft für sich vereinnahmt und mit einer anderen kaufrelevanten Positionierungseigenschaft verknüpft. Die Barmenia Versicherungen haben entsprechend in einem Markenidentitätsprozess ihre Marke weiter geschärft, indem zum einen die Nähe und Menschlichkeit der Versicherung klar im Fokus steht, andererseits aber auch die Einfachheit Berücksichtigung findet. Dies drückt sich in dem Slogan „Einfach. Menschlich" aus, währen die Hilfsbereitschaft und Nähe durch den Hashtag „#MachenWirGern" kommuniziert wird.

Abbildung 35: Barmenia Versicherungen – Umsetzung der Markenwerte und der Markenpositionierung in Kommunikation

Key Take-aways

Starten Sie in der digitalen Welt durch, in dem Sie Ihr Haltungs- und Strategiehaus auf den Prüfstand stellen und zukunftsorientiert ausrichten. Beantworten Sie die Fragen nach der Mission, dem Unternehmenszweck ihres Unternehmens: Warum gibt es uns? Orientieren Sie sich dabei nicht an dem Markt, in dem Sie tätig sind, sondern schaffen Sie ein breites Fundament. Klären Sie, ob die Unternehmensgrundsätze (Wofür stehen wir ein?) sie künftig bremsen oder hebeln. Überlegen Sie dabei, wie sie stark manifestierte Verhaltensweisen mit notwendigem künftigen Handeln wirksam vermählen. Entwickeln Sie eine klare Vision und bestimmen Sie, wo Sie mit Ihrem Unternehmen in zehn bis 15 Jahren sein wollen. Dies hilft Ihnen dabei, punktuelle Herausforderungen im Markt besser zu bewältigen und nicht vom Kurs abzukommen. Setzen Sie das Ganze in wirksame Strategien um und fokussieren Sie sich dabei auf wenige Ziele, die in Strategien,

Maßnahmen und KPI's umzusetzen sind. Dies schafft die notwendige Haltung im Unternehmen und gibt Mitarbeitern Orientierung. Legen Sie zudem fest, wofür Ihre Marke steht und warum Kunden Ihre Marke wählen sollen. Die Markenidentität und die Markenwerte kennzeichnen die DNA Ihrer Marke. Inhalte, die darin mit Blick auf die Wurzeln der Marke und deren zukünftigen Entwicklung festgehalten wurden, stellen die Leitplanken für das Handeln und die Umsetzung dar. Inhalte, die nicht in der Markenidentität festgelegt wurden, sind „off brand". Sie sollten abgestellt bzw. gar nicht erst initiiert werden. Die Positionierung bringt zum Ausdruck, welchen Leuchtturm Sie in den Köpfen der Kunden aufbauen wollen. Fokussierung auf die wesentlichen Points-of-Difference ist hier der Schlüssel zum Erfolg, um Herz und Hirn der Kunden zu erobern.

Kapitel VIII. Neue Geschäftsmodelle entwickeln

A good business model begins with an insight into human motivations and ends in a rich stream of profits.
Joan Magretta

Am Anfang steht immer eine Geschäftsidee und somit eine Leistung, für die Kunden zu zahlen bereit sind, weil sie Wert schafft. Somit sind zuerst die Geschäftsidee und das Geschäftsmodell da, durch das diese Leistung erbracht werden kann. Unter einem Geschäftsmodell verstehe ich die Beschreibung und Festlegung der Grundlagen, wie ein Unternehmen Wert schaffen, liefern und bewahren kann.[63] Für Joan Magretta ist ein Geschäftsmodell im Grunde eine Geschichte, die beschreibt, wie ein Unternehmen arbeitet.[64] Dabei sind die Fragen zu beantworten, die schon Peter Drucker stellte:

Damit sind wir an einem Punkt angelangt, der mir wichtig ist: Bei der Digitalisierung geht es nicht alleine um die Technologie. Viele Manager glauben, dass die digitale Transformation sich hauptsächlich auf den technologischen Wandel bezieht. Das sehe ich fundamental anders: Die Technologie ist ein Mittel zum Zweck. Ziel muss es sein, die Bedürfnisse der Kunden mithilfe der Technologien besser zu bedienen als bislang, indem man bessere Abläufe bietet, maßgeschneiderte Produkte und Dienstleistungen liefert oder es durch digitale Technologien möglich wird, ganz neue Angebote auf den Markt zu bringen.

> *Wer ist der Kunde? Und: Was wertschätzt der Kunde als Leistung?*

Ihr Denken sollte sich somit zunächst auf den Kunden und dessen Bedarf richten.

Zudem werden durch das Geschäftsmodell die grundlegenden Fragen beantwortet, die jeder Manager stellen muss: Wie kann ein Unternehmen in einer bestimmten Branche Geld verdienen? Und was ist die dahinterstehende ökonomische Logik, die erklärt, wie den Kunden Wert zu den richtigen Kosten geliefert werden kann?

> *Es ist ein Mythos zu glauben, bei der Digitalisierung geht es nur um Technologie. Es geht um die bessere Befriedigung des Kundenbedarfs durch digitale Möglichkeiten.*

Genau hier kann die Digitalisierung ein Sprungbrett sein. Dabei geht es vor allem um die Künstliche Intelligenz und die Nutzung der Digi-

---

[63] Osterwalder, Pigneur, 2010.
[64] Magretta, 2002.

talisierung als Informationsquelle und als Verbreitungsmöglichkeit neuer Ideen. Es zeigt sich heute schon, dass Datenströme größeren Einfluss auf das Wirtschaftswachstum haben als herkömmliche Güterströme.[65] Mein Kollege Fredmund Malik bringt dies einfach auf den Punkt:

> *Wissen bricht Geld und Information bricht Macht.*[66]

Für neue Geschäftsmodelle gibt es drei zentrale Anknüpfungspunkte:

- *Geschäftsmodelle auf Basis neuer Technologien.* Diese sind allerdings primär Enabler. Sie ermöglichen, neue Wege zum Kunden zu gehen und attraktive Angebote zu schaffen, die ohne die Technologien nicht möglich wären. Es wäre somit zu kurz gesprungen, nur von der Technologie her zu denken.
- *Geschäftsmodelle auf Basis veränderter Kundenbedürfnisse und -wünsche.* Dies ist für mich die Basis für Innovationen und neue Geschäftsmodelle. Zunächst bedarf es einer tiefen Exploration von Kundenproblemen und noch nicht oder nicht gut genug erfüllten Kundenbedürfnissen. Erst dann sind technologische Mittel zur besseren Adressierung dieser Bedürfnisse heranzuziehen.
- *Geschäftsmodelle auf Basis der Marke.* Da Marken gewisse Positionen in den Köpfen der Kunden belegt haben, stellt sich die Frage, wie aus diesem Markenversprechen heraus der Kundenbedarf durch neue Technologien besser bedient werden kann. Optionen, die sich aus der Kundenexploration ergeben, aber nicht zu dem abgesteckten Markenterritorium passen, bedingen somit ein zweites Betriebssystem und damit eine neue Marke. Mit dieser neuen Marke ist ein neuer Claim bei den Kunden abzustecken. Mehr dazu weiter unten.

Für mich ist die Entwicklung eines neuen Geschäftsmodells ein schöpferischer Akt. Bei dem digitalen Wandel geht es einerseits um Weiterentwicklungen und Verbesserungen, andererseits schlichtweg um Substitution. Der österreichische Ökonom Joseph Schumpeter nannte diesen Typ des Wandels „Schöpferische Zerstörung", weil das Bessere der Tod des Guten ist.

> *Die Entwicklung eines neuen Geschäftsmodells ist ein schöpferischer Akt.*

Im Folgenden gehe ich auf einige wichtige Aspekte ein, die Ihnen dabei helfen können, wirksam einen solchen Akt der „Schöpferischen Zerstörung" zu vollziehen oder zumindest eine Politik kleiner, kontinuierlicher Verbesserungsschritte vorzunehmen.

---

[65] McKinsey, zitiert nach Friedman, 2017, S. 144.
[66] Malik, 2015, S. 30.

1. Neues Denken, um das Neue zu denken: Novizen gewinnen!

Schaut man sich die Startups und digitalen Unternehmen an, die mit völlig neuen Ansätzen und Geschäftsmodellen neue Märkte geschaffen oder vorhandene Märkte grundlegend verändert haben, sticht ein zentrales Merkmal heraus: Diese Unternehmen wurden meist von Branchenfremden, also von Novizen im Markt gegründet.

Die Geschichte von mymuesli hat mit einer Autofahrt begonnen. Und mit einem Radiospot. Die Studienfreunde Hubertus Bessau, Philipp Kraiss und Max Wittrock waren auf dem Weg zu einem Badesee in der Nähe von Passau. Auf der Fahrt dorthin ärgerten sie sich über einen bekannten Radiospot eines Müsliherstellers, in dem mit großer Penetranz von einem Sprecher immer wieder der Markenname genannt wurde, mit dem Zusatz „lecker, lecker, lecker". Sie alle wissen, um welche Marke es geht. Es entstand die Idee, ein besseres Müsli zu machen. Biologisch sollte es sein, ohne zugesetzte Aroma- oder Farbstoffe, mit möglichst wenig Zucker. Vor allem aber individuell zusammenstellbar. Die Gründer wollten das Prinzip der Mass Customization auf Müsli übertragen. Jeder sollte sich sein Müsli nach eigenen Wünschen konfigurieren können. Als Vertriebsweg entschieden sich die drei Freunde für eine Webseite als beste Lösung, um Müsli individuell konfigurieren zu können (Abbildung 36). Am 30. April 2007 ging mymuesli.com online. Das Ganze wurde ein großer Erfolg. mymuesli hat auch den Schritt in den Handel mit Bravour gemeistert. Auf der Website kann sich heute jeder sein Müsli aus etwa 80 Bio-Zutaten zusammenstellen. Das macht mehr als 566 Billiarden Variationsmöglichkeiten, die zwar nie von den Kunden gezogen werden, aber schon ein überzeugendes Argument für die Vielfalt bei mymuesli sind.

Die Idee für Airbnb entstand aus der Not heraus: einem Umzug von Brian Chesky zu seinem Kumpel Joe Gebbia nach San Francisco. Chesky wollte dort bei seinem Freund einziehen und bot ihm dafür die Hälfte der Miete an. Der Mietanteil überschritt allerdings seinen aktuellen Kontostand. Ein gerade in San Francisco stattfindender Kongress und restlos ausgebuchte Hotels brachten Chesky auf die zündende Idee, die Wohnung unterzuvermieten. Da sie allerdings keine weiteren Betten hatten, nutzten sie dafür drei Luftmatrazen. Sie konnten dadurch ihre eigene Miete zahlen und nutzten dies auch als Startpunkt für ihr Unternehmen Airbnb. Der erste Teil des Namens verweist auf die Luftmatraze und der zweite Teil auf „Bed and Breakfast", also genau das, was sie selbst ihren ersten Gästen geboten hatten. Das Unternehmen ist inzwischen größer als alle großen Ho-

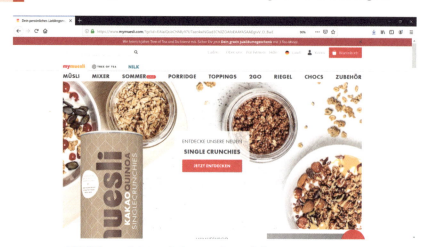

Abbildung 36: Website und Produkte von mymuesli

telketten der Welt zusammen, obwohl es kein einziges Bett besitzt. Es ist ein Vorreiter der neuen „Sharing Economy", bei der es um Teilen und nicht um Besitzen geht.[67] Ohne Technik wäre dieser Erfolg nicht möglich gewesen. Den Gründern haben bei ihrem Vorhaben benutzerfreundliche Internetverbindungen ebenso geholfen wie PayPal als Bezahldienst, Facebook als sozialer Verteiler, die Bewertungssysteme, Handykameras zum Fotografieren von Wohnungen, WhatsApp zur Verabredung von Details zwischen Vermieter und Mieter und natürlich die gute Benutzeroberfläche der eigenen Website (Abbildung 37). Airbnb ist heute eine Plattform des Vertrauens.

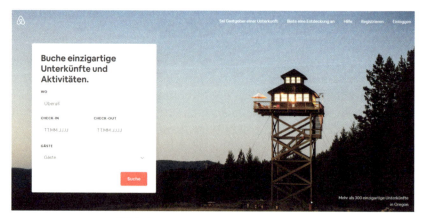

Abbildung 37: Website von Airbnb

---

[67] Friedman, 2017, S. 127, 128.

Keiner der großen Ranzenhersteller hatte ein wesentliches Problem bei Kindern auf dem Radar, obwohl es offensichtlich war. Mehr und mehr Kinder im Schulalter wiesen Haltungsschäden auf. Genau dies war der Ausgangspunkt der Gründer von Ergobag, die sich auf einer Party mit einer Physiotherapeutin unterhielten, die dieses Problem ansprach. Die Physiotherapeutin sah die Ursache dafür in zu wenig Sport und wenig kindertauglichen Ranzen.

Mit einer Analogie aus dem Bereich des Wanderns und Bergsteigens revolutionierten die drei Gründer von Ergobag den Markt: Sie entwickelten Rucksäcke, die sich auf die Größe des Kindes perfekt einstellen ließen und durch den Hüftgurt – wie bei jedem guten Bergsteigerrucksack – 50 Prozent des Gewichtes auf die Hüfte verlagerten und dadurch den Rücken entlasteten (Abbildung 38). Mit den aus recycelten Plastikflaschen hergestellten Rucksäcken, die durch Haftsticks individualisierbar sind, eroberten die Ergobag-Gründer den Markt. Heute sind sie die Kopiervorlage einer ganzen Branche.

Abbildung 38: Die WOW-Faktoren von Ergobag greifen ineinander und begeistern

Westwing wurde von Delia Fischer gegründet, die als Redakteurin für die Zeitschrift Elle und Elle Decoration arbeitete. Ihre Idee war so einfach wie überzeugend: Über eine Website mit schönen Geschichten und Wohnwelten rund um das Thema Wohnen die darin gezeigten Möbel und Accessoires zu vermarkten. Um von den Inspirationen und den Angeboten von Westwing profitieren zu können, müssen Sie sich als Mitglied registrieren lassen. Der Erfolg von Westwing ist gut dokumentiert.

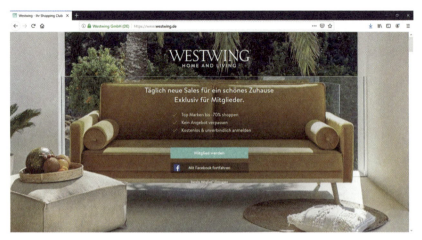

Abbildung 39: Website von Westwing

Ich möchte Sie mit diesen Erfolgsbeispielen nicht langweilen, aber sie weisen immer die gleichen Muster auf: Branchenfremde Novizen mischen den Markt auf, das Mittel dazu ist meist die Digitalisierung und die daraus entstehenden Möglichkeiten. Den Gründern von Airbnb half dabei die rasante Entwicklung der Technik: Es machte Airbnb einfach, sicher, transparent und sozial. Sicher, einfach und transparent durch das Bezahlen über Paypal. Sicher und transparent, weil Nutzer sich mit ihrem Personalausweis identifizieren müssen. Sozial, weil durch Facebook Airbnb-Geschichten geteilt werden konnten. Sicher durch das Bewertungssystem, in dem Kunden wie Vermieter beurteilt werden. Leichter, weil diese Bewertung durch das iPhone einfach möglich wurde und transparent, weil der Zustand der Wohnung dokumentiert werden konnte. Und schließlich konnten Vermieter und Mieter einfach und kostenlos über WhatsApp Details zur Vermietung verabreden, z. B. wo der Schlüssel hinterlegt wird. Heute erfolgt die Kommunikation über die Airbnb-Website.

> *Jedes erfolgreiche Geschäftsmodell beginnt mit einer einfachen Idee, die einen großen Nutzen für Kunden stiftet.*

Die Idee für neue Geschäftsmodelle stammt meist von Novizen. Aber warum wird diese Idee dann meist nicht von denen geboren, die die Expertise in einem Markt und wertvolle Marktkenntnisse haben? Was hindert etablierte Unternehmen daran, neue Wege außerhalb der ausgetretenen Pfade zu beschreiten? Man könnte die Frage auch noch schärfer und konkreter an einem speziellen Fall formulieren (pars pro toto): Was hinderte Gillette als weltweit führende Marke für Nassrasuren daran, den Dollar Shave Club selbst ins

Leben zu rufen? Der Dollar Shave Club ist ein Online-Club, bei dem Mitglieder ihren Rasierbedarf bequem ordern können und nach Hause geliefert bekommen.

Aus meiner Sicht kann es hilfreich sein, die folgenden Punkte zu reflektieren, die dazu führen können, dass Chancen vertan werden:

2. Scheuklappen auf: vom Marktversteher zum Kundenversteher

Die meisten Manager sind echte Marktversteher. Absatzzahlen nach Vertriebskanälen, Regionen und Kundengruppen für einzelne Produkte, Marktentwicklungen, Marktanteilsverschiebungen, Einflüsse der eigenen Marketingmaßnahmen und der des Wettbewerbs werden regelmäßig analysiert. Mit dieser Form des Monitorings verbringen Mitarbeiter einen Großteil ihrer Arbeitszeit. Das ist nicht sehr kreativ, gibt aber das gute Gefühl, alles im Griff zu haben. Geraten manche Zahlen in den roten Bereich, wird gehandelt und gegengesteuert.

So wichtig dies ist, so wenig hilft es jedoch dabei, neue Wege zu gehen. Der Markt stellt sich nur noch als abstraktes Zahlengeflecht dar. Die dahinterstehenden Bedürfnisse der Kunden geraten dabei in Vergessenheit. Dabei befinden sich diese gerade durch die Digitalisierung im Wandel.

Marktverständnis reicht somit bei weitem nicht mehr aus.

Es geht viel stärker darum, zum echten Kundenversteher zu werden. In der strategischen Planung spricht man nicht zuletzt deshalb vom Monitoring und Scanning. Das Monitoring vorhandener Zahlen und Daten ist gut für das laufende Geschäft, mit dem Scanning werden hingegen weiche Signale der Veränderung erkannt und daraus Potentiale geschöpft. Die Rügenwalder Mühle hat dies genutzt, um über den Tellerrand der Wurst zu schauen und vegane Produkte herzustellen.

> *Entwickeln Sie sich vom Marktversteher zum Kundenversteher.*

Um vom Marktverständnis zum Kundenverständnis zu gelangen, reichen Datenanalysen nicht aus. Vielmehr müssen Manager in die Welt der Kunden eintauchen und mittels qualitativer Techniken – etwa durch Beobachtungen und Kundenexplorationen – ein besseres Verständnis des (latenten) Kundenbedarfs an Produkten und Services erlangen. Gleiches gilt für die Wünsche der Kunden auf der Kundenreise. Gerade durch die Digitalisierung gibt es hier eine Vielzahl neuer Tools und Ansätze, wie das Social Listening, die Netnographie oder das Empathic Design, die systematisch genutzt werden können, um die Grenzen des bisherigen Kundenverständnisses zu sprengen und zu erweitern.[68]

3. Fokus auf Nutzer und nicht auf Käufer

In einer Studie mit mehr als 5.000 Konsumenten, die zu 50 Marken aus der realen und der digitalen Welt befragt wurden, kristallisiert sich ein klares Bild heraus:[69] Danach sind solche Marken erfolgreicher, die sich stärker auf Nutzer als auf Käufer fokussieren. Traditionelle Marken konzentrieren sich stärker darauf, ihre Marke in den Köpfen der Kunden zu positionieren, während sich neue und digitale Marken stärker im Leben der Kunden positionieren und dort eine wichtige Rolle einnehmen wollen.

Beides ist kein Widerspruch. Marken mit einer klaren Position in den Köpfen und im Leben ihrer Kunden sind anderen Marken immer überlegen.

> *Erfolgreiche Marken verankern sich in den Köpfen UND im Leben der Kunden.*

Allerdings verschiebt sich der Fokus: Statt vor allem vor dem Kauf präsent zu sein, um die Kaufentscheidung positiv zu beeinflussen, geht es vielmehr darum, sich nach dem Kauf so in das Leben der Kunden zu integrieren, dass diese nicht mehr auf die Marke verzichten möchten.

Die Effekte sind beachtlich: Marken, die sich auf die Nutzung konzentrieren, erzielen ein Preis-Premium von sieben Prozent, die Wechselwahrscheinlichkeit sinkt um sieben Prozent und die Weiterempfehlung verdoppelt sich im Vergleich zu den Marken, die sich auf Käufer konzentrieren.

Was zeichnet diese Marken nun aus? Es zeigen sich folgende Muster:

1. Marken, die sich auf Käufe konzentrieren, wollen Nachfrage zum Kauf des Produktes schaffen, während bei den anderen Marken die Nutzung im Vordergrund steht. Eine typische Parfümerie berät beim Kauf von Make-up. Dies ist altes Denken. Sephora hingegen gibt Ratschläge zur Gestaltung des Äußeren, schafft eine Community und Services, damit sich Kunden sicher sind, wie sie das Make-up zu Hause nutzen können. Dies ist neues Denken, das den Nutzer und nicht den Kauf im Fokus hat.

---

[68] Dazu mehr in Kapitel XII.
[69] Bonchek, Bapat, 2018.

2. Marken, die den Kauf fokussieren, nutzen häufig Promotionen. Marken, die die Nutzung im Blick haben, schaffen Fürsprecher. Während herkömmliche Skiresorts Nachlässe bei Tickets oder Paketprogramme promoten, bilden andere wie das Vail Resort ein soziales Netzwerk für Skifahrer – mit Gamification, Leistungsdaten und Fotos, die Skifahrer mit ihren Freunden teilen können.
3. Marken, die sich auf Käufe konzentrieren, denken über die Botschaft nach, die die Kunden überzeugen soll. Marken, bei denen die Nutzung im Vordergrund steht, achten stärker auf die Interaktion der Kunden untereinander. Während sich klassische Hotels stark auf die Inhalte ihrer Kommunikation konzentrieren, legt Airbnb großen Wert auf den Content, der durch die Gäste und Gastgeber von Airbnb geschaffen wird.
4. Kauforientierte Marken versuchen zu beeinflussen, was die Menschen über ihre Marke denken. Nutzerorientierte Marken beeinflussen, wie Menschen die Marke an jedem Kontaktpunkt erleben. Die Apple Stores sind ein Beispiel für einen solchen Wandel. Hier gibt es keine Kassenzone mehr, wo man nach dem Besuch des Ladens die Produkte bezahlt wie bei üblichen Elektronikläden. Stattdessen kann sich der Kunde an der Genius Bar informieren. Beraten und Erleben, nicht der Kauf stehen im Vordergrund. Dies signalisiert alleine schon das Ladenlayout.

Ohne Frage trifft diese Differenzierung nicht für alle traditionellen bzw. etablierten Marken zu. Mercedes-Benz war schon immer bekannt für herausragenden Service, Lego hat schon immer die Nutzung und die Integration in die Lebenswelt der Kinder zum Ziel gehabt, bei MasterCard ergibt sich ebenso wie bei DHL aus der Natur der Dienstleistung, dass die Nutzung und das Erleben der Nutzung entscheidend für den Erfolg der Marke sind.

Dennoch hilft es, in diesen starken Kontrasten zu denken und die Haltung im Unternehmen entsprechend zu hinterfragen.

Will man sich zu einer nutzungsorientierten Marke entwickeln, müssen Marketing mit Produktentwicklung und anderen Bereichen wie dem Service näher zusammenrücken. Gerade im Service würde dies bedeuten, dass hier eine Entwicklung von einem ressourcenbasierten Kostenzentrum zu einer Schlüsseleinheit für Kundenzufriedenheit und damit Wachstum sowie Profitabilität wird. Es geht vor allem darum zu ermitteln, wie die Produkte das Leben der Kunden besser machen und wie die einzelnen Kontaktpunkte mit den Kunden das Erleben steigern können. Dies wiederum setzt möglicherweise auch andere Messgrößen voraus. Neben Bekanntheit und Image wäre dann sicherlich auch das Engagement der Kunden zu berücksichtigen.

4. Stellen Sie die Frage nach den „Jobs to be done"

In einer kürzlichen Umfrage von McKinsey schätzen 84 Prozent der befragten Manager weltweit das Thema Innovation für das Unternehmenswachstum als sehr wichtig ein. Allerdings waren 94 Prozent unzufrieden mit der Performance ihrer Innovationen. Dies ist insofern überraschend, weil viele Unternehmen strukturierte Innovationsprozesse implementiert haben und sorgfältig die Erfolgswahrscheinlichkeiten von Innovationen berechnen.

Mein Kollege Clayton Christensen führt dies darauf zurück, dass die meisten Unternehmen bei der Auswertung ihrer umfangreichen Kundendaten auf Korrelationen achten und daraus Schlüsse für mögliche Innovationen ziehen, etwa dass Kunden sich in ihren Verhaltensweisen ähneln, ein Großteil der Kunden ein bestimmtes Produkt einem anderen vorziehen würde usw.[70]

Demographische oder psychographische Kriterien und Übereinstimmung erklären aber noch lange kein Verhalten. Das ist auch der Grund dafür, dass die definierten Zielgruppen einer Marke meist nicht mit den tatsächlichen Käufern übereinstimmen.[71]

Deshalb fordert Clayton Christensen, sich stärker auf die „Jobs to be done" zu konzentrieren. Es geht also darum zu verstehen, zu welchem Zweck Kunden ein bestimmtes Produkt oder Dienstleistung brauchen. Dieses Verständnis geht weit über die Ergründung funktionaler Aspekte hinaus. Meist handelt es sich um ein komplexes Geflecht aus funktionalen, emotionalen und sozialen Aspekten.[72]

Ein Beispiel mag dies verdeutlichen: Würden Sie Schuhkäuferinnen nach klassischen soziodemographischen Kriterien wie Alter, Beruf, Einkommen, Familie und nach psychographischen Kriterien wie Interesse an Schuhen und Mode, Lebensstiltyp etc. klassifizieren, hätten Sie im Ergebnis ein granulares Bild von Zielgruppensegmenten mit unterschiedlichen Interessen und Einstellungen. Aber erklärt dieses granulare Bild das Verhalten? Das Verhalten kann sich grundlegend ändern je nach Zweck, den ein Schuh erfüllen muss.

Schuhaficionados werden beispielsweise schnell praktisch, wenn sie Schuhe zum Wandern suchen, für Schuhmuffel kann es hingegen zur wichtigen Aufgabe werden, einen schönen, ansprechenden und repräsentativen Schuh für eine Abendveranstaltung zu finden, die für das berufliche Fortkommen wichtig ist. Bei einem Städtetrip können

---

[70] Christensen et al., 2016.
[71] Esch, Kochann, 2019; Esch, Manger, 2019.
[72] Christensen et al., 2016.

wiederum Fans von High Heels recht praktische Überlegungen anstellen und flache, bequeme Schuhe bevorzugen. In all den genannten Fällen helfen herkömmliche Segmentierungen nur bedingt.

Meiner Erfahrung nach ist diese Frage in allen Branchen hilfreich. Bei dem Marktführer für Pizzalieferdiensten sind wir beispielsweise mit einer Laddering-Methodik den „Jobs to be done" auf die Spur gegangen. Bei der Laddering-Methode startet man mit der Frage, was bei einer Pizza wichtig ist. Anschließend wird tiefer ins Detail gegangen, indem durch Warum-Fragen (Warum ist dies wichtig?) Kunden von Eigenschaften und Produktnutzen bis hin zu übergreifenden Werten gelangen, warum sie einen bestimmten Lieferservice wählen.[73] So führen unterschiedliche Bestellmöglichkeiten, schnelle Lieferung und Pünktlichkeit auf der nächsten Ebene der Nutzenleiter zur Einfachheit und Zeitersparnis und stützen somit die Bequemlichkeit. Umgekehrt können frische Zutaten, täglich frischer Hefeteig, hohe Qualität sowie nachhaltige Produkte auf der nächsten Ebene der Nutzenleiter zu einem tollen Geschmack und daraus folgend zu mehr Genuss führen. Dies kann wiederum einen Beitrag leisten, sich selbst zu belohnen.

Es macht einen großen Unterschied, ob man eine Pizza zur Belohnung kauft, aus Bequemlichkeit oder für den gemeinsamen Genuss in geselliger Runde mit Freunden oder Familie. Dies sind nur einige der „Jobs to be Done" beim Bestellen von Pizza. Im letztgenannten Fall wäre dann eine Party-Pizza oder Family-Pizza mit spezieller Größe und vorgeschnittenen Teilen eine gute Lösung. Zudem gibt es Personen, die immer die gleiche Pizza bestellen und solche, die Abwechslung mögen. Auch dies kann bei der Programmgestaltung sowie bei den Aktionen Berücksichtigung finden.

5. „Mehr vom Gleichen" durch „Mehr vom Anderen" ersetzen

Dahinter steckt nichts anderes als das Hinterfragen gelernter Muster in Unternehmen. Und das fällt schwer: Muster, an denen sich Manager orientieren, bieten ein hohes Maß an Sicherheit. Das sich Halten an solche Regeln ist bequem, das Brechen von Konventionen hingegen fordernd und riskant. Das geht jedem Menschen so.

Jede Branche hat ihre Muster, in denen die Mitarbeiter geschult und trainiert werden. Das Muster der Fast Moving Consumer Goods-Industrie bietet zum Wachstum einer Marke folgende Maßnahmen:

---

[73] Esch, 2016.

andere Packungsgrößen, neue Verpackungsgestaltung, Marken- und Produktlinienerweiterungen, Markenallianzen, Limited Editions und Seasonals, mehr Inhalt zum gleichen Preis, Preisaktionen, Tag On's, Point of Sale-Aktionen, Werbeaktionen, Social Media-Aktionen, Influencer Marketing etc.

Das ist das Handwerkszeug jedes guten Produktmanagers. Es wird praktisch im Schlaf beherrscht, die gesamte Klaviatur wird minutiös bespielt. Doch wenn alle das Gleiche machen, bewirkt dies im Kern nur, dass die stärksten Marken entsprechend ihrer Marktstellung überproportional davon profitieren, solange die Maßnahmen zur Marke passen.[74] Es ist ein inkrementelles Wachstum. Dagegen ist nichts einzuwenden, wenn noch Potentiale im Markt vermutet werden und dies nicht den Blick für andere Wege verstellt.

Genau dann sind neue Perspektiven gefordert. Dazu bedarf es aber dem Mut zum Ausprobieren, es bedarf dem Mut zum Risiko und vor allem bedarf es dem Mut zur Kreativität.

6. Mut zur Kreativität

Die Kreativität in Unternehmen ist förmlich ausgedorrt durch „more of the same". Selbst lange Zeit innovative Unternehmen wie Ferrero haben zwischenzeitlich ihre Strategie geändert. Innovationen sind Mangelware geworden.

Viele Unternehmen zerstören jegliche Kreativität bei Mitarbeitern. Die tägliche Tretmühle, in der sich Mitarbeiter wie Manager befinden, lässt keinen Freiraum für Kreativität. Ideen, die von Mitarbeitern eingebracht werden, werden entweder nicht beachtet oder zu Tode geredet. Manchmal werden sie die Hierarchiestufen im Unternehmen hoch und runter getrieben und so lange verändert und ergänzt, bis von der Ursprungsidee nichts mehr übrig bleibt. Laut Bildungsforscher Sir Ken Robinson sind 98 Prozent der Drei- bis Vierjährigen in der Lage zum diskursiven (kreativen) Denken, bei den 24-Jährigen sind dies gerade noch 2 Prozent.[75] Das muss sich ändern.

Allerdings ändern punktuelle Maßnahmen wenig. Ich erlebe in vielen Unternehmen, dass Kreativitäts- und Out-of-the-Box-Räume eingerichtet werden, die immer gleich aussehen. Sie wirken experimentell,

---

[74] Hier geht es um den bekannten und belegten Double Jeopardy-Effekt, wonach schwache Marken nicht nur weniger Käufer haben, sondern auch eine geringere Markenloyalität aufweisen.

[75] Robinson, Aronica, 2016.

man findet Paletten, Sitzkissen, Legosteine und andere Materialien, die Mitarbeiter aus dem herkömmlichen Alltag entführen und Kreativität stimulieren sollen. Die Wirtschaftsprüfungsgesellschaft PwC hat beispielsweise in Frankfurt auf einer großen Fläche einen solchen Raum aufgebaut, der aufgerüstet mit digitalen Tools ermöglichen soll, mit Kunden neue Ideen zu entwickeln.

Dies ist zwar ein erster möglicher Schritt, der allerdings alleine ein Tropfen auf den heißen Stein ist. Insofern beobachte ich auch, dass viele dieser gut gedachten „creative spaces" heute meist zweckentfremdet genutzt werden oder oft leer stehen.

Mut zur Kreativität bedingt, Freiräume zum Denken zu schaffen, alleine oder in Gruppen, und die damit einhergehenden Prozesse anzufeuern und so zu begleiten, dass spannende Ideen auch in die Umsetzung gelangen können.

Ich empfehle deshalb folgende Maßnahmen:

1. Geschäftsmodell-Workshops, Zukunftswerkstätten, Kreativitäts-Sessions und Kundenexplorationen entlang der Customer Journey, um bedarfsgerechte Innovationen zu fördern.
2. Freiraum für kreatives und gestalterisches Denken bei Mitarbeitern. Mitarbeiter beteiligen, Freiräume schaffen, Fehler erlauben und experimentelles Testen sind mehr denn je gefordert, um der Geschwindigkeit der Veränderung standhalten zu können. Bei Nestlé wäre die Erfolgsmarke Nespresso unter Nescafé niemals marktreif gemacht worden. Erst der Freiraum zur Neugestaltung in einem eigenständigen Team hat dies ermöglicht.[76]

Das Beispiel 3M zeigt, wie es gehen kann. Das für Mitarbeiter geltende Motto „Freedom to think and shape – to solve unsolved problems." wird konsequent umgesetzt. Eine Maßnahme ist die 15-Prozent-Regel: 15 Prozent der Arbeitszeit können für Projekte verwendet werden, die Innovationen schaffen sollen.[77] Mit seiner Employer-Branding-Kampagne gewinnt 3M gezielt innovationsfreudige Mitarbeiter. Die Maßnahmen wirken: 96 Prozent der Mitarbeiter bei 3M bewerten ihren Arbeitsplatz als sehr gut. Wir wissen, dass die Zufriedenheit und das Commitment der Mitarbeiter mit der Firma deren Engagement für die Firma steigert. Die 3Mler sind zudem über Aktienprogramme direkt am Erfolg der Firma beteiligt – das verbindet.

---

[76] Esch et al. 2019.
[77] 3M, 2013.

7. Ein zweites Betriebssystem mit neuer Positionierung bedingt eine neue Marke

Je größer eine neue Idee ist, umso mehr Platz benötigt sie. Oft bedingt ein zweites Betriebssystem eine neue Marke.[78] Mein Kollege und Change-Guru John Kotter hat die Idee des zweiten Betriebssystems ins Leben gerufen. Dahinter steht die Überlegung, dass in festgefahrenen Strukturen bei großen Organisationen notwendiger Wandel und Anpassungen nicht so schnell vollzogen werden können wie in kleinen, flexiblen und quasi autarken Einheiten. Deshalb empfiehlt Kotter ein zweites Betriebssystem, wo in einem geschützten Raum mit Hochdruck an neuen Ideen für Innovationen gearbeitet werden kann, die ansonsten keinen Raum zur Entfaltung hätten. Dies ist der Nährboden für neue Geschäftsmodelle. Je radikaler neue Geschäftsmodelle sind, umso eher bedingen sie eine neue Marke.

Weichen die Geschäftsmodelle einer vorhandenen Marke zu stark von einem neuen, erfolgversprechenden Geschäftsmodell ab, spricht dies für eine neue Marke. Viele Manager verwalten aber vorhandene Marken und streben Wachstum nach alt hergebrachten Regeln an, statt das Risiko der Einführung einer neuen Marke in Kauf zu nehmen.

Zurück zu Nespresso: Nespresso würde es heute nicht geben, hätte man das damalige Nescafé-Management diese Idee weiterentwickeln lassen. Stattdessen wäre es wahrscheinlich eine weitere Convenience-Idee für die Regale des Handels geworden, mit der man einfach Kaffee machen kann: natürlich als Nescafé-Variante mit dem Stigma des Einfachen und Günstigen. Nestlé ist hier einen anderen Weg gegangen. Am Anfang stand der Wunsch, den perfekten Espresso zu entwickeln. Ein eigenes Team konnte die Idee der Kaffeekapseln vorantreiben und dafür ein eigenes Geschäftsmodell entwickeln – fernab der Regale der Lebensmittelhändler. Dabei ging es bei weitem nicht nur um die Kaffeekapseln, sondern vor allem um die Art der Vermarktung und die Frage, welche Kunden und Kundenbedürfnisse man ansprechen wollte.

Das neue Betriebssystem ist deshalb notwendig, weil hierdurch eine Startup-Mentalität geschaffen wird und es zudem eine Abschottung vom bisherigen Geschäft ermöglicht. Die Umkehrung dieser Idee verdeutlicht, warum dies notwendig ist. Viele Unternehmen glauben, sie könnten der Digitalisierung mit dem Aufkauf des Know-hows von Startups begegnen und diese integrieren. Meist ist dies der Tod der

---

[78] Die Idee zum zweiten Betriebssystem geht auf meinen Kollegen Kotter zurück.

Kultur des Startups. Die zarte Knospe wird zerstört, bevor sie wachsen kann.[79]

Insofern empfiehlt sich das zweite Betriebssystem. Bei der Umdasch Group in Österreich, die mit Doka den Geschäftsbereich Betonverschalungen umfasst, und sich mit Umdasch Store Makers der Entwicklung und dem Bau von Ladenkonzepten widmet, wurde deshalb sehr vorausschauend die Umdasch Group Ventures ins Leben gerufen, die nach (digitalen) Innovationen im Markt sucht und deren Potentiale für das Unternehmen prüft. Daraus entstanden ist beispielsweise eine Firma, die mittels 3D-Druck günstig Häuser herstellen kann. Es scheint nur logisch, dass dies unter der Doka nicht funktioniert hätte, weil es in Teilen deren angestammtes Geschäft kannibalisiert. Ebenso logisch erscheint dann, für das neue Geschäftsmodell auch einen neuen Markennamen zu entwickeln.

Ähnlich macht es Zeppelin. Zeppelin verkauft und vermietet Baumaschinen und ist im Anlagenbau sowie bei Antriebs- und Energiesystemen tätig. Mit Z Lab hat das Unternehmen eine eigenständige Einheit gegründet, in der digitale Lösungen und innovative Geschäftsmodelle für Bau, Logistik und Infrastruktur entwickelt werden. Eine daraus entstandene neue Dienstleistung ist die Internet-Plattform KlickRent, auf der die Kunden bequem und einfach Arbeitsgeräte – von Hebebühnen, Baggern, Kränen bis hin zu Mobiltoiletten – mieten können. Das Besondere daran: Anders als bei Zeppelin wird hier neben dem Angebot eigener Maschinen die Plattform für alle Anbieter geöffnet. Als zentrale Vorteile der neuen Marke KlickRent werden die Preistransparenz, das größte Maschinenangebot Deutschlands, die garantierte Verfügbarkeit und Partner in der Nähe genannt.

Auch Swarovski ist auf diesem Weg mit seinem Kreativ-Hub in Wattens. Mit der Manufaktur wurde ein Platz zur Co-Creation geschaffen, wo gemeinsam mit Kunden auf 7.000 qm an Innovationen gearbeitet wird.

Luft zum Atmen und zum anders Denken hat auch der Nivea-Hersteller Beiersdorf mit dem neu gegründeten Unternehmensbereich Oscar & Paul geschaffen, der nach den Beiersdorf-Gründern Oscar Troplowitz und Paul Carl Beiersdorf benannt wurde. Dieser soll eine Antwort auf erfolgreiche Neueinführungen von Marken im Pflegebereich bieten, wie etwa Bilou von der Influencerin Bianca Heinicke, die in ihrem YouTube-Kanal „Bibis Beauty Palace" für ihre Produkte wirbt. Dabei sollen vernachlässigte kleine Marken des Konzerns ge-

---

[79] Furr, Shipilov, 2019.

94 | Teil B: Der Weg zur Marke 4.0: zehn Erfolgsfaktoren managen

Abbildung 40: Zeppelin und die neue Marke KlickRent

pusht und neue Marken entwickelt werden. Neue Technologien werden genutzt, um komplett individualisierte Produkte zu entwickeln.[80] Die erste neue Marke für Beiersdorf seit 30 Jahren – vermutlich im Hautpflegebereich – steht kurz vor dem Start. Ziel ist es, neue Geschäftsmodelle einzuführen, die es in der Form beim Beiersdorf-Konzern noch nicht gibt.[81]

8. Denken Sie in Ökosystemen, nicht in Produkten

Amazon hat das wahrscheinlich größte Ökosystem überhaupt geschaffen. Dabei ist Amazon Prime die Einstiegsdroge für Amazon. Amazon Prime ist ein Amazon-Abonnement, durch das Mitglieder für ihren Mitgliedsbeitrag eine Reihe von Vorteilen genießen, wie

---

[80] O.V. (2019).
[81] Campillo-Lundbeck (2019).

Kapitel VIII. Neue Geschäftsmodelle entwickeln

Abbildung 41: Swarovski Manufaktur: Co-Creation und Markensymbol für Kreativität in endlosen Facetten

etwa das kostenlose und priorisierte Versenden von Produkten innerhalb eines Tages. Zudem ist Amazon Prime der Schlüssel zur Welt von Amazon: Mitglieder können auf digitale Inhalte, Unterhaltungsmedien wie Filme und Serien, Medienspeicherung und Handelsmarken von Amazon zurückzugreifen, sie haben priorisierten Zugang zu e-Books sowie zu einer wachsende Liste Prime-spezifischer Angebote.

Prime-Kunden sind deutlich engagierter und wesentlich bessere Amazon-Kunden. Während herkömmliche Kunden rund 625 US-Dollar bei Amazon ausgeben, liegt der Betrag bei Prime Kunden bei 1.500 US-Dollar. Mehr noch: Etwa drei Viertel der 30-Tage-Probemitgliedschaften werden in eine Jahresmitgliedschaft umgewandelt. Nach zwei Jahren Mitgliedschaft verlängern sage und schreibe 96 Prozent der Kunden für ein weiteres Jahr. Amazon Prime ist somit kein herkömmliches Kundenbindungsprogramm, sondern ein eigenes Ökosystem mit speziellen Services und Produkten für dessen Mitglieder. Dieses dichte Netz an Produkten und Services, das Amazon gesponnen hat, umfasst unter anderem:

- Amazon Art als Online-Marktplatz für Limited Editions und Original-Kunst von ausgewählten Kunstgalerien;
- Amazon Echo als digitaler Assistent auf der Grundlage von Künstlicher Intelligenz mit der Sprachtechnologieplattform Alexa;
- Amazon Flex als Gepäcklieferservice;
- Amazon Home Services, durch den Kunden Zugang zu Handwerkerservices für zu Hause erhalten;
- Amazon Prime Music als Streamingdienst für Musik;
- Amazon Prime Video als on-demand Videoservice;

- Amazon Kindle als wandelnder Bücherschrank, der sich bei Amazon jederzeit auffüllen lässt.[82]

Wenn Gillette in der klassischen FMCG-Denke sich auf das Produkt und den Kundenbedarf beim Rasieren (Hautirritationen, unterschiedlich empfindliche Haut, andere Vorgehensweisen bei der Rasur etc.) fokussiert, ist es kein Wunder, wenn man zweiter Sieger bei der Entwicklung eines Öko-Systems ist. Der Dollar Shave Club hat den Kundenbedarf auf der Kundenreise erkannt und das leidige Einkaufen von Klingen und Rasierzubehör zum Geschäftsmodell gemacht. In einem Ökosystem, in dem die Clubkunden regelmäßig automatisch mit dem versorgt werden, was Sie brauchen.

Es ist zu vermuten, dass ein Unternehmen wie Gillette ebenfalls die Erkenntnis hatte, dass Männer sich am liebsten möglichst bequem ihren Nachschub an Rasierklingen wünschen. Bequem heißt, ohne daran denken zu müssen und ohne selbst in einen Laden zu gehen. Der Dollar Shave Club hat diese Idee realisiert – mit großem Erfolg. Gillette hat die Idee verstreichen lassen, wohl auch, um das eigene Geschäft nicht mit einer neuen Idee zu kannibalisieren. Dabei hatte gerade Gillette schon früh verstanden, dass es sinnvoll ist, die eigenen Produkte mit ständigen Innovationen zu kannibalisieren, um Wettbewerber auf Distanz zu halten. Offensichtlich hat man jedoch primär in alten Strukturen und nicht in Ökosystemen gedacht. Laut den Marktforschern von Euromonitor sank der Marktanteil von P&G am US-Rasiergeschäft von 71 Prozent im Jahr 2010 auf 59 Prozent im Jahr 2015. Alleine auf den Dollar Shave Club entfielen 5 Prozent des Marktes. Bei seiner letzten Finanzierungsrunde war das Start-up, das mit seinen günstigen Rasierer-Abos angeblich 3,2 Millionen Kunden akquiriert hat, mit 615 Millionen Dollar bewertet. In der Zwischenzeit wurde das Unternehmen von dem Konsumgüterriesen Unilever für knapp eine Milliarde Dollar gekauft. Der Markt wird neu gemischt.

> *„Protect your business"* reicht heute nicht mehr aus.

Bei der Entwicklung eines Öko-Systems geht es nicht mehr um die Frage, „Wie viele Exemplare eines Produktes Sie rentabel verkaufen können?", sondern um die Frage „Was wünschen sich meine Kunden und wie kann ich es ihnen als Dienstleistung liefern?" Sie können nicht mehr erwarten, dass die Kunden ihnen folgen. Stattdessen müssen Sie den Kunden folgen und Ihre Prozesse auf diese ausrichten.[83]

---

[82] Stephens, 2017, S. 18.
[83] Tzuo, 2019.

Kapitel VIII. Neue Geschäftsmodelle entwickeln

Abbildung 42: Das Öko-System des Dollar Shave Club

Gerade durch die Digitalisierung besteht die große Gefahr für viele Unternehmen, dass ihre Geschäftsmodelle angegriffen werden und in Gefahr geraten. Umso wichtiger ist ein systematischer Prozess zur Ergreifung und Gestaltung von Wachstumspotentialen.

9. Kundenbedürfnisse richtig einschätzen

Wir alle kennen die Bedürfnispyramide von Maslow, wir sind damit groß geworden. Die ersten vier Ebenen beschreiben sogenannte Defizitbedürfnisse, die von physiologischen Bedürfnissen (Essen, Trinken, Schlafen etc.) über Sicherheitsbedürfnisse (Schutz, Absicherung usw.), soziale Bedürfnisse (Freundschaft, Liebe) bis zu Anerkennung und Wertschätzung reichen. Das fünfte Bedürfnis der Selbstverwirklichung gilt als Wachstumsbedürfnis. Frei nach Berthold Brecht galt das Motto: „Erst kommt das Fressen, dann die Moral."

In vielen entwickelten Gesellschaften wie Deutschland spielte die erste Stufe der Bedürfnispyramide längst keine Rolle mehr – mehr noch: Viele Marken – etwa im Konsumgüter-, Mode- und Lifestyle- sowie Luxusbereich – fokussieren sich voll und ganz auf die beiden letzten Stufen der Bedürfnispyramide.

Heute müssen Manager sich allerdings die Frage stellen, inwiefern es eine Veränderung der Bedürfnisse und Erwartungen der Kunden durch die Digitalisierung und die insgesamt veränderten Lebensumstände gibt. Folgt man einer Analyse der Unternehmensberatung Bain, zeichnet sich folgendes Bild ab (Abbildung 43).[84]

---

[84] Almquist, Senior, Bloch, 2016.

Abbildung 43: Pyramide der Nutzenelemente

Die hier abgebildete Bedürfnispyramide bezieht sich auf Kunden im B2C-Bereich. Bain hat die gleiche Studie auch im B2B-Bereich durchgeführt und dort ebenfalls eine entsprechende Klassifikation in einer speziellen B2B-Nutzenpyramide vorgenommen.[85]

Frappierend an der Bedürfnispyramide ist, dass viele der dort abgebildeten Bedürfnisse und Erwartungen dadurch forciert werden, dass sich die Welt nicht zuletzt durch die Digitalisierung beschleunigt und komplexer wird.

Besonders deutlich wird der Einfluss der Digitalisierung auf der untersten Stufe der Bedürfnispyramide, den funktionalen Bedürfnissen. Aspekte wie „spart Zeit, vereinfacht, senkt den Aufwand, organisiert, klärt auf, integriert und verbindet" wurden durch die Digitalisierung vehement forciert und prägen folgerichtig die Erwartungen der Kunden an Unternehmen.

Hier zeigt sich auf den ersten Blick, dass diese Erwartungen mithin auch zu den Frustrationspunkten führen, die IBM in ihrer Studie hinsichtlich Anforderungen an das digitale Erleben ermittelten.[86]

Kunden wählen die Marken, die ihnen den größten Nutzen bieten.

Insofern ist auch die „Je mehr, desto besser"-Forderung von Bain zu verstehen, wonach die Erfüllung von mehr Bedürfnissen zu einer besseren

---

[85] Almquist, Cleghorn, Sherer, 2018.
[86] IBM Institute for Value Business, 2017.

Performance der Unternehmen führen. Mehr ist zwar nicht immer besser, aber in diesem Kontext ist dies absolut nachvollziehbar. Die schönste Website und die besten Leistungen und Leistungsbeschreibungen nützen nichts, wenn die Ladezeit einer Website zu lange dauert, die Funktionalität der Navigation nicht stimmt und das Auffinden der Inhalte schwierig ist.

Wie ausgeprägt der Nutzen für die Kunden alles andere dominiert, wie mögliche Ängste vor Datenverlust oder dem Verlust der Privatsphäre, verdeutlicht das *„Privacy Paradox."* Dahinter steckt folgendes Phänomen: Die meisten Europäer beharren in Befragungen auf einem strikten Datenschutz – mindestens zwei von drei Europäern äußern sich besorgt über die mangelnde Kontrolle ihrer persönlichen Daten. Gleichzeitig geben sie beim Betreten von bekannten Internetplattformen aber bereitwillig ihre Daten preis. Angesichts der Unverzichtbarkeit ihrer Dienstleistungen im Alltag sind die Bedenken der Kunden bei den großen Plattformen schnell aufgewogen.[87]

Von Maluspunkten und Bonuspunkten

Aufgabe der Markenverantwortlichen ist es zu analysieren, welche dieser Bedürfnisse für ihre Kunden relevant sind. Dabei ist zu klären, ob durch eine entsprechende Erfüllung der Bedürfnisse und Erwartungen bei Produkten und Dienstleistungen Maluspunkte vermieden oder Bonuspunkte gesammelt werden.

Aus Markensicht ist zu analysieren, ob durch die Berücksichtigung der durch die Digitalisierung verstärkt auftretenden Bedürfnisse Points-of-Parity erfüllt oder Points-of-Difference für die Marke geschaffen werden.

Somit empfiehlt sich ein zweistufiges Vorgehen:

1. Aufbauend auf den Markenwerten ist zu analysieren, welche durch die Digitalisierung verstärkt entstandenen Bedürfnisse mittels neuer Services und Leistungen erfüllt werden können. Dies dient der Verstärkung des Markenerlebens und einer weiteren Abgrenzung von der Konkurrenz.
2. Es ist zu prüfen, wo veränderte Erwartungen der Kunden durch die Digitalisierung aufgegriffen werden müssen, um Maluspunkte zu vermeiden und den Kundenerwartungen zu entsprechen.

Während sich die Analyse der Bedürfnisse und Wünsche früher meist auf die Produkte und Dienstleistungen selbst beschränkte, ist heute

---

[87] Pfüger, 2018, S. 48.

eine breite Perspektive erforderlich: Es geht auch um die Analyse der anlassbezogen variierenden Kundenreisen.

Um die Analyse relevanter Bedürfnisse zu befeuern und daraus Möglichkeiten für neue Produkte und Dienstleistungen für eine Marke abzuleiten, nutzen wir den Wachstumsinkubator. Mit unserem Wachstumsinkubator ist es so wie mit dem Design-Thinking-Prozess: Keine der Techniken und Vorgehensweisen ist wirklich neu, wohl aber der gesamte Ablauf, der eine systematische Entwicklung und damit größere Chancen für kundenrelevante und zur Marke passende Innovationen ermöglicht. Solche Erkenntnisse lassen sich entweder hart am Produkt oder der Dienstleistung ermitteln oder in einem breiteren Kontext. Letzteres bedingt einen Perspektivwechsel und die Betrachtung unterschiedlicher Facetten wie in einem Kaleidoskop. Wir nutzen dazu den Wachstumsdiamanten, der die Marke und ihre Kunden in unterschiedlichen Kontexten reflektiert. Dabei kann der Fokus stärker auf dem Produkt/Service oder auf der Person liegen. Typischerweise geht es im ersten Fall darum, durch Explorationen zu erforschen, welche Optimierungspotentiale bei der Leistung bestehen sowie um die Erfassung latenter Bedürfnisse der Kunden. Bei einem Produkt wie Milch kann dies dann der Verschluss einer Milchverpackung sein, der sich leichter öffnen lässt und tropfenfreies Ausgießen ermöglicht. Oder es kann die Entwicklung einer Frischmilch sein, die länger hält – auch ohne Konservierungsstoffe. Dies ist der klassische Weg, den wir alle kennen.

Neben den klassischen Kundenbedürfnissen sind auch folgende Aspekte zu integrieren und zu vermessen:

- das soziale Umfeld, also zu Hause, unter Freunden, im Beruf etc. Die Celebrations von Mars sind eine Verpackung mit Miniaturriegeln von Mars, Snickers, Milky-Way, Bounty, Twix bis zu Dove, die Sie zu Hause Freunden anbieten können.
- die Orte, an denen sich die Kunden aufhalten und Situationen, in denen sich Kunden befinden (im Flieger, im Auto, beim Sport, im Theater, im Urlaub etc.). Der Ariel Fleckenstift dient Vielreisenden dazu, auch unterwegs Schmutz vom Hemd problemlos entfernen zu können.
- der zeitliche Rahmen, in dem sich die Kunden bewegen, z. B. ob Zeitdruck besteht oder man Muße und Zeit hat. Viele To go-Produkte sind aus der Erkenntnis entstanden, dass Menschen auch wenn sie wenig Zeit haben bestimmte Produkte, wie To go-Kaffeebecher oder fertig verpackte gesunde Zwischenmahlzeiten mögen.

- das kulturelle Umfeld. Tee wird in verschiedenen Ländern anders zelebriert. Daraus ergeben sich neue Produktmöglichkeiten, wie beispielsweise der Bubble-Tea in Korea.
- die Lebensphase, in der sich die Kunden befinden. Ältere Menschen haben andere Anforderungen an Komfort als jüngere Menschen. Armani schneidet entsprechend Hosen anders und macht größere Etiketten mit der Hosengröße für Senioren.

Der Kontext bestimmt die explorative Methode zur Erkundung der Kundenbedürfnisse.

Abbildung 44: Wachstumsinkubator: In Zusammenhängen denken und Perspektiven wechseln

Der Perspektivwechsel öffnet das Spektrum für neue Optionen. Nick Woodman war ein besessener Surfer, der auch nach dem Surfen das Wellenreiten genießen und Revue passieren lassen wollte mit Hilfe von Kameraaufnahmen. Keine der vorhandenen Kameras genügte aber seinen Ansprüchen. Die Kamera sollte wasserdicht, leicht und klein sowie einfach und sicher am Surfanzug anzubringen sein. Er experimentierte so lange mit selbst entwickelten Kameras, bis er schließlich mit dem Ergebnis zufrieden war. Jeder von Ihnen, der surft oder Mountainbike fährt, kennt die daraus entstandene Marke

GoPro. GoPro lässt sich mit einem Clip einfach am Helm, am Fahrrad, am Surfanzug oder an anderen Stellen anbringen und ist Ihr Lebensbegleiter, um schöne und spannende Momente festzuhalten. Zudem gab die Digitalisierung den richtigen Vorschub: GoPro wurde zu dem Zeitpunkt eingeführt, wo Menschen begannen, ihre Videos auf YouTube und Facebook hochzuladen. Diffusion par excellence.

Die To go-Becher sind dem Zeitdruck der Menschen geschuldet, der Boom der Kreuzfahrtschiffe den Lebensphasen der Menschen. Für ältere Menschen ist dies eine ideale Möglichkeit, die Welt zu entdecken. Aida-Schiffe wiederum berücksichtigen mit ihren Angeboten stärker den Bedarf von Familien und Singles.

Je mehr Sie den Perspektivwechsel zu Ihrem Begleiter machen, umso häufiger werden Sie wertvolle Ideen kreieren für mögliche neue Produkte und Services, die Sie dann mit Blick auf die Passung zu Ihrer Marke analysieren können.

Machen Sie den Perspektivwechsel zu Ihrem Begleiter.

Solche Bedürfnisse werden Sie nie mit dem fleißigen Lieschen der Marketers entdecken: den klassischen Befragungen mit endlosen Ankreuzlisten. Hier ist mehr Kreativität bei der Nutzung der Methoden gefragt. Möglichkeiten gibt es hier viele: die Exploration in Fokusgruppen oder in Tiefeninterviews mit Nutzung projektiver Techniken, der Begleitung und Beobachtung von Kunden, die Nutzung von Tagebüchern, den Besuch der Kunden zu Hause oder in anderen sozialen Umfeldern usw. Die Fragestellung, die Sie umtreibt, bestimmt die Methode. Lassen Sie sich keine Methode verkaufen, bloß weil diese von dem jeweiligen Marktforschungsinstitut besonders gut beherrscht wird.

10. Konsolidieren und Konzepte entwickeln: den Business Model Canvas nutzen

Wie ich bereits oben beschrieben hatte, definiert ein Geschäftsmodell die Art und Weise, wie ein Unternehmen Wert schafft, diesen zur Verfügung stellt und dauerhaft aufrechterhält.[88] Die Gründe für die Notwendigkeit zur Entwicklung liegen auf der Hand:

1. Kunden erhalten durch die Digitalisierung mehr Informationen. Sie werden schlauer.
2. Kunden werden immer professioneller und anspruchsvoller. Durch die Informationen, die sie online recherchieren, sind sie immer

---
[88] Osterwalder, Pigneur, 2010.

Kapitel VIII. Neue Geschäftsmodelle entwickeln

besser informiert. Dadurch steigen die Ansprüche gegenüber Marken und Unternehmen sowie deren Mitarbeitern.
3. Neue Konkurrenten erobern mit neuen Geschäftsmodellen klassische Märkte. So wird der Finanzmarkt geradezu überrollt von neuen Wettbewerbern, die Teile der bisherigen Wertschöpfungsketten, etwa die Art und Weise der Transaktionen, überfluten.
4. Der Logik folgend rüsten viele etablierte Wettbewerber auf, um nachzuziehen.
5. Dies alles machen die Digitalisierung und die Künstliche Intelligenz möglich, die den Boden für neue, für den Kunden nutzbringende Geschäftsmodelle liefern.

Zur Entwicklung von Geschäftsmodellen liegen zahlreiche Ansätze vor. Zwei davon sind stark verbreitet und besonders gut für den praktischen Gebrauch geeignet: der Business Model Navigator und der Business Model Canvas.

Der *Business Model Navigator* beschreibt das Geschäftsmodell aus einer Metaperspektive unter Verwendung von vier Dimensionen:

- Wer sind unsere Zielkunden?
- Was bieten wir unseren Zielkunden?
- Wie stellen wir die Leistung her?
- Wie wird Wert erzielt?

Abbildung 45: Business Model Navigator

Im Gegensatz dazu beschreibt der *Business Model Canvas* das Geschäftsmodell in neun Blöcken, welche sowohl die Angebotsseite als auch den Bereich der Infrastruktur abdecken. Das Modell ist entsprechend umfassender und erlaubt einen höheren Komplexitäts- und Detaillierungsgrad.

Ich gehe deshalb im Folgenden näher auf den Business Model Canvas ein (Abbildung 46).

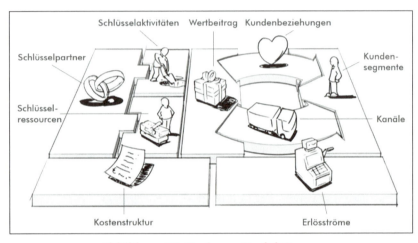

Abbildung 46: Business Model Canvas

Das Geschäftsmodell dient als Bauplan für die Umsetzung der unternehmerischen Strategie durch geeignete Strukturen, Prozesse und Systeme. Der Business Model Canvas umfasst vier zentrale Bereiche: Kunden, Angebot, notwendige Infrastruktur und finanzielle Realisierbarkeit. Diese Bereiche werden wiederum in neun zentrale Bausteine heruntergebrochen:

1. Die zu adressierenden *Kundensegmente*. Folgende Fragen können Sie hier leiten:
   - Für wen schaffen wir mit unserem Angebot einen Wert?
   - Wer sind unsere wichtigsten Kunden?
2. der *Wertbeitrag* für diese Kundensegmente, der wie folgt identifiziert werden kann:
   - Welchen Nutzen bieten wir unseren (potentiellen) Kunden?
   - Welche Probleme lösen wir?
   - Welche Kundenbedürfnisse erfüllen wir?
3. die *Kanäle*, durch die die Kunden erreicht werden:
   - Auf welchem Weg erreichen wir unsere bestehenden Kunden?
   - Auf welchem Weg erreichen wir potentielle Kunden?

Kapitel VIII. Neue Geschäftsmodelle entwickeln

4. die Art der *Kundenbeziehungen*:
   - Welche Art von Beziehungen pflegen wir zu unseren Kunden?
   - Was machen wir, um Kunden zu binden?
5. *Schlüsselaktivitäten*, bei denen folgende Fragen Sie leiten können:
   - Mit welchen Aktivitäten verdienen wir unser Geld?
   - Mit welchen Aktivitäten erreichen wir Kunden?
   - Durch welche Aktivitäten verbessern wir unsere Qualität?
6. *Schlüsselressourcen*: Welche Ressourcen/Infrastruktur benötigen wir, um unsere Schlüsselaktivitäten anbieten zu können?
7. *Schlüsselpartner*, die es zu bestimmen gilt:
   - Mit welchen Partnern kommen wir in Kontakt?
   - Welche Partnerschaften sind essentiell, um unsere Aktivitäten durchführen zu können?
8. und 9. *Kosten-* und *Erlösstrukturen*, die es zu bestimmen gilt.

Exemplarisch zeige ich im Folgenden einen Business Model Canvas für Airbnb. Geschäftsidee und das grobe Geschäftsmodell hatte ich ja bereits weiter oben beschrieben.

Abbildung 47: Business Model Canvas für Airbnb

Eine Geschäftsmodellanalyse hilft Ihnen, neue Wertschöpfungsmöglichkeiten für Ihre Marke oder für den Aufbau einer neuen Marke systematisch zu analysieren und zu entwickeln. In einem solchen Prozess sind dabei durchgängig die durch die Digitalisierung entstehenden Optionen in den Kontext der zentralen Bausteine des Business Model Canvas zu stellen. Hierzu empfiehlt es sich, als Denkanstöße

Muster für neue Geschäftsmodelle durch Digitalisierung als Blaupause zum Transfer auf das eigene Unternehmen heranzuziehen.[89]

Letzter Hinweis: Jedes Geschäftsmodell ist hinsichtlich seiner Passung zu ihrer Marke zu prüfen. Je kohärenter Geschäftsmodell und Marke sind, umso größer ist der Markterfolg. Dies heißt im Umkehrschluss, dass eine neue Marke zu entwickeln ist, wenn das Geschäftsmodell nicht zur vorhandenen Marke passt.

Beispiel IKEA: Die Vision des IKEA-Gründers Ingvar Kamprad ist es, möglichst vielen Menschen einen besseren Alltag zu schaffen. Geschäftsidee und Geschäftsmodell stützen diese Vision durch ein breites Sortiment formschöner und funktionaler Möbel sowie Accessoires zu sehr günstigen Preisen für Familien. Die Grundidee eines guten Geschäftsmodelles ist oft einfach, so auch bei IKEA. Das Geschäftsmodell beruht hier auf drei Säulen:

günstige Preise + Vielfalt + funktionales und formschönes Design.

Über die Jahre hinweg erfolgte dabei eine Veränderung der Nutzenansprache der Kunden, die sich in Markenidentität und Markenpositionierung niederschlug. Der Weg ging von preiswerten Möbeln zum Zusammenbauen bis hin zum Wohlfühlen in den eigenen vier Wänden. Folgerichtig lautet die Positionierung von IKEA heute sinngemäß: Erschwingliche Lösungen für ein besseres Leben. Sie kulminierte in der kommunikativen Umsetzung in dem Slogan: „Wohnst du noch, oder lebst du schon?"

Konsequent werden dabei die schwedischen Wurzeln des Unternehmens betont: beginnend bei den Farben Blau und Gelb, die IKEA-Standorte schon von weitem erkennbar machen, über schwedische Bräuche, die kommunikativ genutzt werden, oder schwedische Gerichte im Restaurant. Kunden werden geduzt, wie dies in Schweden üblich ist, die Produkte tragen schwedische Namen (Sofas und Sessel beispielsweise die Namen schwedischer Orte), die Stimme in der Werbung hat einen schwedischen Akzent, die Kinderbetreuung findet in Småland statt. Im Unternehmen wird auf konsequente Vereinfachung und Kosteneinsparungen gesetzt, um die Preise idealerweise noch weiter senken zu können. Das Kostenbewusstsein wird folgerichtig als ein zentraler Wert an Mitarbeiter propagiert, ebenso wie der ständige Wunsch nach Veränderung, um Dinge noch weiter zu optimieren.

In den IKEA-Läden wird eine Atmosphäre geschaffen, die zu Fantasien darüber anregt, wie schön das Leben in den eigenen vier Wänden

---

[89] Gassmann, Frankenberger, Csik, 2019.

Kapitel VIII. Neue Geschäftsmodelle entwickeln

mit IKEA-Möbeln sein könnte. Diese Linie wird fortgeführt, indem die Mitarbeiter durch Behavioral-Branding-Maßnahmen markenkonform geschult und potenzielle Mitarbeiter über kohärente Employer-Branding-Maßnahmen angesprochen werden.

Betrachten Sie nun das Geschäftsmodell von IKEA und dessen Marke, so wird schnell klar, dass jede neue Option durch die Digitalisierung von Marke und Geschäftsmodell getragen und somit absorbiert werden kann: von dem Kauf im Internet, über digitalisierte Innenstadt-Shops, die IKEA Augmented Reality-App, mit deren Hilfe Sie Möbel in Ihrer Wohnung platzieren können um zu sehen, ob diese passen usw. Folgerichtig wäre hier keine neue Marke notwendig, wohl aber weitere Konkretisierungen des Geschäftsmodells.

Bei dem Baumaschinenhersteller Zeppelin war hingegen Geschäftsmodell und Marke so aufgebaut, dass eine Vermietung über eine Internet-Plattform, bei der auch Wettbewerbsprodukte angeboten werden, nicht möglich war. Die Plattform wurde folgerichtig KlickRent genannt und anders im Markt positioniert.

In diesem ersten Kapitel bin ich auf die grundlegenden Strategien eingegangen, die Erfolgsfaktoren für die Marke 4.0 vorstellen. Für viele Unternehmen stellt allerdings die Umsetzung das Nadelöhr dar. Wie meinte der Management-Guru und Berater Ram Charan zu Recht:

Deshalb gehe ich in den folgenden Kapiteln auf zentrale Aspekte der Umsetzung der Marke 4.0 ein.

„70% of strategic failures are due to poor execution of leaders."

Key Take-aways

Am Anfang jedes Unternehmens steht eine brillante Geschäftsidee, die erfolgreich in einem Geschäftsmodell umgesetzt wird. Dabei steht immer der Kunde im Mittelpunkt und nicht die Technologie. Die Technologie ist Mittel zum Zweck. Unternehmen müssen Wert für Kunden schaffen und deren Bedürfnisse und Wünsche besser bedienen als andere Unternehmen. Dann schaffen sie Wert für den Kunden und dadurch auch für das Unternehmen.

Denken Sie neu, um das Neue zu denken. Meist sind es Novizen und nicht die Experten, die den Markt revolutionieren: von Airbnb über Ergobag bis zum Dollar Shave Club. Insofern müssen Sie sich fragen, ob Sie noch dazu in der Lage sind, mit der Perspektive eines Novizen Ihren Markt zu betrachten, um neue Chancen zu sehen und zu ergreifen.

Machen Sie die Scheuklappen auf und entwickeln Sie sich vom Marktversteher zum Kundenversteher. Legen Sie einen Fokus auf Nutzer und nicht auf Kunden. Das erweitert Ihre Perspektive. Marken, die dies tun, werden zum Lebensbegleiter Ihrer Kunden. Es geht nicht mehr nur darum, sich in Herz und Hirn der Kunden zu platzieren, sondern auch dauerhaft in dem Leben der Kunden als Marke relevant zu sein und zu bleiben.

Stellen Sie auch die Frage nach den „Jobs to be done". Es gibt endlose Segmentierungsmöglichkeiten und Zielgruppenbeschreibungen von Kunden, die Sie oft nicht weiterbringen. Wenn Sie dies merken, hilft Ihnen die Frage nach dem Bedarf der Kunden in unterschiedlichen Situationen mehr.

Ersetzen Sie „Mehr vom Gleichen" durch „Mehr vom Anderen". Denken Sie über die Muster Ihres Handelns und Ihrer Branche nach und versuchen Sie diese da, wo es sinnvoll ist, zu brechen. Hinterfragen Sie und gehen Sie neue Wege. Dies setzt voraus, dass Sie die Kreativität von Mitarbeitern im Unternehmen systematisch fördern, statt diese zu unterbinden. Hier liegen große Wertschöpfungspotentiale brach.

Schließlich sollten Sie auch den Mut haben, Ihr eigenes Geschäft zu kannibalisieren, bevor es andere tun. Wenn Sie ein zweites Betriebssystem bilden, dessen Geschäftsmodell grundlegend von Ihrem bestehenden Geschäftsmodell abweicht, bedingt dies die Schaffung einer neuen Marke. Gerade im Zeitalter der Digitalisierung ist es sinnvoll, nicht in Produkten und Dienstleistungen, sondern in Ökosystemen zu denken. Schaffen Sie einen Raum mit einem in sich abgeschlossenen und überzeugenden Angebot für Ihre Kunden, um diese in den Loyalty Loop zu bringen und dauerhaft zu binden.

Vor allem aber ist es wichtig, den sich durch die Digitalisierung ändernden Kundenbedarf richtig einzuschätzen. Die neuen Erwartungen und sich verstärkenden Bedürfnisse der Kunden wie der Ruf nach Vereinfachung und Entlastung sind zu bedienen. Ansonsten sammeln Sie Maluspunkte beim Kunden und keine Bonuspunkte. Ein tieferes Verständnis des Kundenbedarfs erhalten Sie durch den Wachstumsinkubator und dem darin inhärenten Perspektivwechsel.

Ideen sind wichtig. Aber nicht jede Idee ist gut. Vor allem aber ist auch nicht jede Idee dazu geeignet, daraus ein erfolgreiches Geschäftsmodell zu entwickeln. Deshalb ist es notwendig, Ideen systematisch zu konsolidieren und Konzepte zu entwickeln. Dazu ist es sinnvoll, die Logik der Geschäftsmodelle zu nutzen, um die Spreu vom Weizen zu trennen und erfolgversprechende Geschäftsmodelle zu entwickeln und diese vor der Umsetzung auf den Prüfstand zu stellen.

Kapitel IX. Mitarbeiter mitnehmen und sinnstiftend wirken

Wer Kunden bewegen möchte, muss Mitarbeiter bewegen. Wer Wandel vollziehen will, muss Mitarbeiter mitnehmen. Mitarbeiter müssen wissen, wohin die Reise geht. Sie müssen wissen, warum es sich lohnt, Veränderungen anzugehen und welche konkreten Beiträge sie zur Erreichung der Vision leisten können.

Das Kernproblem der internen Umsetzung von Mission, Vision, Unternehmenswerten und Marke liegt darin, dass viele Manager meinen, mit der Ausarbeitung der Strategie und den Phasen des notwendigen Wandels sei die Arbeit getan. Manager überschätzen das Involvement und die Aufnahmefähigkeit ihrer Mitarbeiter. Es reicht nicht aus, einmal über veränderte Mission, Vision, Values, Marke und Geschäftsmodell zu informieren. Ebensowenig nützt ein kurzfristiges Feuerwerk aus massenkommunikativen Maßnahmen. Das einmalige Säbel-Gerassel mit Mousepads, Kugelschreibern, Tassen oder die Weitergabe von Parolen via Intranet und anderen klassischen Kommunikationskanälen ist ein Tropfen auf den heißen Stein. Damit wird im besten Fall Neugier, im schlimmsten Fall jedoch spontane Ablehnung und Reaktanz erzeugt. Mitarbeiter können damit oft nichts anfangen und fühlen sich nicht eingebunden.

> *Mitarbeiter sind der Schlüssel zum Erfolg.*

Viele Top-Manager hängen ihre Mitarbeiter ab, statt sie zu Mitstreitern für die Sache zu machen. Eine Befragung von Stephen Covey mit 23.000 Mitarbeitern zeigt ernüchternde Ergebnisse: Nur 37 Prozent der Mitarbeiter hatten ein klares Verständnis davon, was die Ziele des Unternehmens sind. Es kommt noch schlimmer. Nur einer von fünf Mitarbeitern zeigte sich begeistert von diesen Zielen und wiederum nur einer von fünf konnte eine Beziehung zwischen seinen Aufgaben und den Zielen des Unternehmens herstellen. Wo soll da die Motivation herkommen, sich für ein Unternehmen ins Zeug zu legen?

Ein Bild verdeutlicht dies: Stellen Sie sich ein Fußballteam vor, bei dem nur vier der elf Spieler wüssten, welches Tor ihres ist. Nur zwei von elf Spielern würde das auch tatsächlich interessieren und wiederum nur zwei der elf Spieler wüssten, auf welcher Position sie spielen sollen. Glauben Sie, dass ein solches Team ein Spiel gewinnen könnte? Und: Warum sollte es in Unternehmen anders sein?[90]

---

[90] Esch, 2016.

Die Wirkungen massenkommunikativer Maßnahmen alleine reichen nicht aus. Ein Rechenbeispiel aus John Kotters Buch „Leading Change" verdeutlicht dies. Ein Mitarbeiter wird in drei Monaten im Durchschnitt mit Informationen im Umfang von rund 2,3 Millionen Wörtern konfrontiert. Die interne Kommunikation bei Transformationsprogrammen umfasst circa 13.400 Wörter. Dies entspricht etwa einer 30-minütigen Rede, einem einstündigen Meeting, einem 600-Wort-Artikel in einer Mitarbeiterzeitschrift sowie einem 2.000 Wörter-Memo. Damit nimmt die interne Information gerade einmal 0,58 Prozent am Gesamtumfang des Informationsangebots während der drei Monate ein.[91]

Wer Mitarbeiter nicht ins Boot holt, muss mit den negativen Konsequenzen leben:

1. Geringes Commitment: 86 Prozent der Mitarbeiter haben keine oder nur eine geringe emotionale Bindung an ihr Unternehmen.[92]
2. Mangelndes Engagement: Dienst nach Vorschrift ist die Regel, nicht die Ausnahme.[93]
3. Unzufriedene Kunden: Das Engagement der Mitarbeiter und die Kundenzufriedenheit sind kausal miteinander verknüpft. Steigt das Engagement der Mitarbeiter, steigt auch das Engagement der Kunden.[94]

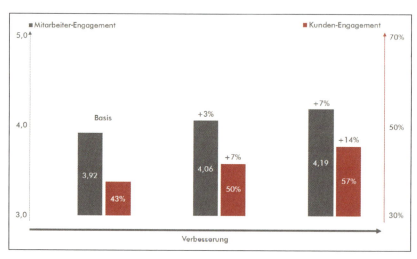

Abbildung 48: Zusammenhang zwischen Mitarbeiter- und Kundenengagement

[91] Kotter 1995, S. 89.
[92] Gallup, 2019.
[93] Esch, Kochann, 2019.
[94] Esch, Kochann, 2019. Michelli, 2008.

Kapitel IX. Mitarbeiter mitnehmen und sinnstiftend wirken

Sucht man nach weiteren Gründen für das mangelnde Commitment, lassen sich aus einer Studie von Towers Watson, bei der 40.000 Mitarbeiter aller Hierarchiestufen befragt wurden, drei Aspekte identifizieren:

1. Mangelnde Information: Nur 58 Prozent der Manager kommunizieren eine klare Vision und Ziele.
2. Mangelnde Konsistenz: Gerade einmal 54 Prozent der Manager handeln auch nach den selbst definierten Grundsätzen.
3. Mangelnde Befähigung von Mitarbeitern: Nur 49 Prozent der Manager ermutigen und befähigen Mitarbeiter dazu, ihre Leistung zu verbessern.[95]

Spätestens hier höre ich häufig Widerspruch von Managern in Unternehmen. Es wird auf Führungskräftetagungen verwiesen, auf World Cafés mit dem Führungsnachwuchs, auf detaillierte Informationen über Mails und das Intranet usw. Manche Manager fordern mich sogar auf, die Kommunikation zu analysieren als Beweis dafür, alles richtig gemacht zu haben. Wenn ich dies mit meiner Beratung mache, stellen wir immer ähnliche Muster fest: Es ist korrekt, dass immer mehr kommuniziert wird. Allerdings zeigt sich auch, dass immer weniger bei den Mitarbeitern ankommt.[96]

Die zentrale Frage lautet somit: Wieviel des kommunizierten Inhalts wird tatsächlich auch verstanden? Häufig wird das Verständnis dadurch erschwert, dass zu viele Schweine durchs Dorf getrieben werden, d. h. zu viele Botschaften und Initiativen, die nicht logisch miteinander verknüpft sind. Werden diese Initiativen nicht kohärent aus dem Haltungs- und Strategiehaus abgeleitet, ist die Gefahr des Scheiterns wegen zu vieler und zu widersprüchlicher Botschaften groß. Erschwerend hinzu kommen häufig wechselnde Inhalte zur Marke. Wer soll da noch den Überblick behalten und die Bereitschaft mitbringen, bei der nächsten Strategieänderung wieder Hurra zu schreien und mit anzupacken?

> *Input ist nicht Output, senden heißt nicht automatisch auch empfangen, hören heißt nicht verstehen und verstehen heißt nicht, dass Mitarbeiter es dann anwenden können.*

Nur wenn das Top-Management Unternehmenswerte und Marke vorlebt, können diese bei den Mitarbeitern durchgesetzt werden. Es darf deshalb nicht verwundern, dass Mitarbeiter in Unternehmen wie Würth oder dm die Markenwerte aktiv leben und ein hohes Commitment zum Arbeitgeber aufweisen. Unternehmerpersönlichkeiten wie

---
[95] Towers Watson, 2012.
[96] Esch, 2016.

Reinhold Würth oder Götz Werner haben die Unternehmen mit ihrer Philosophie über Jahre geprägt.

Sie sollten sich somit frühzeitig darüber klar werden, was genau Sie in einem solchen Prozess erreichen wollen und wie Sie dies auch am besten erreichen können.

Ich halte es dabei für hilfreich, zur wirksamen Implementierung der Marke bei Mitarbeitern folgende Aspekte zu berücksichtigen:[97] Multisensualität und Interaktion, Symbolik und Vereinfachung, Integration und Relevanz sowie Leadership und Nachhaltigkeit.

Die Gründe liegen auf der Hand: Multisensualität und Interaktion stärken die Erlebbarkeit von Marke und Markenwerten. Symbole und Vereinfachung erleichtern als visuelle Platzhalter die Zugriffsfähigkeit auf die Markenwerte und bilden starke mentale Anker für die Marke. So wurden bei der Implementierung der Markenwerte bei Würth die Symbole „Herz, Hand und Werk" als Platzhalter für die Markenwerte entwickelt und sichtbar kommuniziert – von Gebäuden bis zum Bildschirmschoner. Dadurch können auch bei Informationsflut intern Zeichen für die Marke gesetzt werden. Integration und Relevanz beziehen sich darauf, gemeinsam mit Mitarbeitern die Marke ins tägliche Leben zu transferieren und in Handlungsprogramme zu übersetzen. Leadership und Nachhaltigkeit sind schlussendlich der Schlüssel für eine dauerhafte Verankerung der Marke.

Abbildung 49: Bausteine einer wirksamen Markenverankerung bei Mitarbeitern

---

[97] Aus Gründen der Vereinfachung spreche ich im Folgenden nur von der Marke. Selbstredend lassen sich diese Ausführungen auf das gesamte Haltungs- und Strategiehaus mit Mission, Vision, Unternehmensgrundsätzen, Strategie und Marke übertragen.

Kapitel IX. Mitarbeiter mitnehmen und sinnstiftend wirken

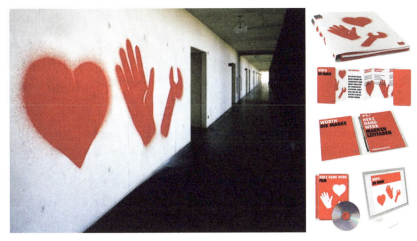

Abbildung 50: Herz, Hand und Werk als Symbole bei Würth

Wirksam vermitteln: maßgeschneiderte Programme entwickeln

Wirksam ist das Gegenteil der Gießkannentechnik, bei der alle Mitarbeiter gleichermaßen einen Marken- und Haltungs-Refresh erhalten. Der „One Size Fits All"-Ansatz führt in eine Sackgasse.[98] Damit werden Sie den differenzierten Bedürfnissen von Mitarbeitern und Managern nicht gerecht.

Wirksames Vermitteln setzt zwei Dinge voraus:

1. Die Entwicklung einer Zielgruppenpyramide, bei der die unterschiedlichen Hierarchiestufen im Unternehmen berücksichtigt werden und Mitarbeiter nach ihren Kundenkontakten klassifiziert werden. „Handshaker" sind Mitarbeiter mit direktem Kundenkontakt. „Enabler" sind für bestimmte Kontaktpunkte mit Kunden verantwortlich, wie etwa die Website, einen Store, Social Media, Briefe oder andere Formen der Kommunikation. Alle anderen Mitarbeiter wirken weniger stark auf die Marke (Abbildung 51). Ich höre oft, dass eine solche Einteilung suggerieren könnte, es gäbe Mitarbeiter unterschiedlicher Wertigkeit. Dem ist nicht so: Jeder Mitarbeiter ist für sein Unternehmen wichtig. Allerdings haben manche Mitarbeiter aufgrund ihrer Funktion größeren Einfluss auf die Markenwahrnehmung bei Kunden. Entsprechend muss die Auseinandersetzung mit der Marke intensiver sein. Zudem stinkt der Fisch meist vom Kopf. Deshalb bedürfen Führungskräfte intensiverer

---

[98] Esch, 2018.

Schulungen und Programme, um die Marke wirksam in ihrem Verantwortungsbereich umsetzen zu können. Die Priorisierung der Zielgruppen ermöglicht eine vergleichsweise effektive und effiziente Markenverankerung: Sie sparen Zeit und Geld durch die Konzentration auf besonders wichtige Protagonisten für die Umsetzung der Marke. Für ein Gros der Mitarbeiter reichen die Kenntnisse der Markenwerte und der Positionierung somit völlig aus. Bei den identifizierten Schlüsselmitarbeitern (Handshaker und Enabler) ist hingegen eine tiefere Auseinandersetzung erforderlich, weil sie das Markenerleben prägen.

2. Die Entwicklung dezidierter Maßnahmenpakete für unterschiedliche Zielgruppen. Hier ist vereinfacht zwischen massenkommunikativen Maßnahmen sowie persönlichen Maßnahmen zu differenzieren. Massenkommunikative Maßnahmen sind gut steuerbar und erreichen viele Mitarbeiter, allerdings ist deren Überzeugungswirkung eher gering. Sie dienen somit primär der Sensibilisierung und der Emotionalisierung. Alleine sind sie jedoch ein Tropfen auf den heißen Stein. Persönliche Maßnahmen setzen meist die Mitwirkung von Führungskräften oder ausgewählten Markenbotschaftern voraus, die mit entsprechenden Hilfsmitteln ausgestattet intensiver mit Mitarbeitern arbeiten und diese schulen können. Damit erreichen sie weniger Mitarbeiter, das Ganze ist aufwendiger und zeitintensiver. Allerdings ist die Überzeugungswirkung hoch. Sie beziehen Mitarbeiter ein und lernen dabei, wo es möglicherweise Verständnis- und Umsetzungsprobleme gibt. Zudem erhalten Sie wertvollen Input von den Mitarbeitern für die Umsetzung der Marke (Abbildung 52). Das Nadelöhr hierbei bilden die Führungskräfte, die solche Schulungen durchführen. Erfahrungsgemäß ist nicht jede Führungskraft geeignet, solche Programme durchzuführen. Manche sind auch nicht überzeugt von dem Sinn solcher Maßnahmen. Dies sollten Sie entsprechend berücksichtigen und Präventivmaßnahmen ergreifen, etwa durch intensivere Schulung von Problemkandidaten, oder durch das Ersetzen solcher Personen. Persönliche Maßnahmen sind entsprechend auch schwerer zu kontrollieren. Sie müssen sich deshalb bereits im Vorfeld überlegen, wie Sie die Fortschritte prüfen können. Dazu können durch das Intranet oder E-Learning-Programme auch fortlaufend Impulse gegeben, weitere Schulungen kostengünstig vorgenommen und Lernerfolge geprüft werden.

Zur Umsetzung bietet die Digitalisierung viele neue und sinnvolle Möglichkeiten, Mitarbeiter zu erreichen und einzubeziehen. Dies reicht von Kampagnen im Internet, über die Bildung von Markencommunities, die themenbezogen eingerichtet werden, digitale Pinnwän-

Kapitel IX. Mitarbeiter mitnehmen und sinnstiftend wirken

Abbildung 51: Zielgruppenpyramide für Mitarbeiter

de mit Positivbeispielen zur Markenumsetzung und Markengeschichten, E-Learning-Programmen bis hin zu Gamification-Ansätzen und elektronischen Bewertungssystemen zur Marke. Da es auch wichtig ist, die richtigen Mitarbeiter im Recruiting zu finden, kann auch hier KI im Auswahlprozess eingesetzt werden. Bei Unilever kommen sie bei der Einstellung neuer Mitarbeiter zum Einsatz – mit äußerst positiven Effekten. Die Zahl der Bewerbungen verdoppelte sich, die Dauer des Bewerbungsprozesses wurde von vier Monaten auf vier Wochen reduziert und die Diversität im Unternehmen wuchs signifikant.[99]

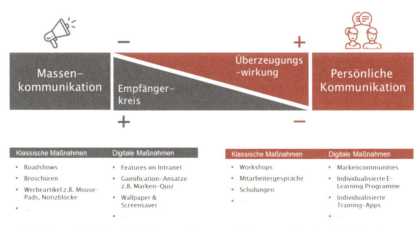

Abbildung 52: Persönliche und massenkommunikative Maßnahmen zur Umsetzung (Auszug)

---

[99] Daugherty, Wilson, 2018.

Bei Würth haben wir mit dem Management beispielsweise bei der Bildung der Zielgruppenpyramide zwischen Mitarbeitern im Innendienst und Mitarbeitern im Außendienst differenziert. Aufgrund ihrer hohen Bedeutung für die Vermittlung der Marke beim Kunden wurde zunächst der Außendienst kaskadisch geschult. Führungskräfte nahmen an intensiven Schulungsprogrammen teil, in denen die Markenwerte in konkrete Do's und Don'ts operationalisiert wurden. Außendienstmitarbeiter wurden anschließend in einer Roadshow auf die Marke eingestimmt. Mit einem Truck wurden sieben Standorte angefahren, die von Außendienstmitarbeitern zeiteffizient in 1,5 Stunden erreichbar waren. Dort wurde den Mitarbeitern die Marke unter Beteiligung der jeweiligen Führungskräfte spielerisch nähergebracht und erlebbar gemacht.

Im Innendienst wurden schlankere Schulungsprogramme entwickelt, die auch durch das Spiegeln von Kundenkommentaren dafür sensibilisierten, was Mitarbeiter in den unterschiedlichsten Bereichen – von der Rechnungserstellung bis zur Logistik – für die Marke tun können. Häufig hilft hier eine Konfrontation mit der Realität, indem Problemfälle bei Kunden aufgegriffen werden. Da Mitarbeiter im Innendienst die Kunden und deren Probleme meist nicht kennen, sind solche Maßnahmen hilfreich. Beispielsweise wurden Mitarbeiter in der Logistik mit Kundenbeschwerden zur Lieferung konfrontiert. Ein Problem waren über den Tag verteilte Lieferungen, die mehr Zeit des Kunden beanspruchten. Mitarbeiter konnten dafür Lösungskonzepte für einen Markenwert entwickeln, bei dem es um die bestmögliche Unterstützung der Kunden ging. Die erarbeitete Lösung war die Bündelung der Kundenaufträge und das Versenden in einem Paket. Solche Maßnahmen machen die Marke im Wirkungsumfeld des Mitarbeiters plastisch. Zudem sehen die Mitarbeiter ihren Beitrag zur Stärkung der Marke.

Fazit: Am Ende dieses Schrittes steht ein dezidiertes Implementierungsprogramm, das auf einer Zeitachse die Abfolge der Maßnahmen mit den jeweils Verantwortlichen zeigt sowie die beteiligten Mitarbeiter, die geschätzten Kosten und den Zeitaufwand für die Mitarbeiter konkretisiert. Spätestens hier wollen viele Führungskräfte die Reißleine ziehen, weil ihnen die Investitionen an Zeit und Geld unangemessen hoch erscheinen. Die häufigste Frage, die mir gestellt wird, ist: Kann man sich als Unternehmen einen solchen Aufwand leisten und was bringt das Ganze dem Unternehmen?

Ich antworte darauf meist mit einer Gegenfrage: Können Sie es sich leisten, nichts zu tun?

Kapitel IX. Mitarbeiter mitnehmen und sinnstiftend wirken

Dann empfiehlt sich eine kleine Rechnung, wie ein höheres Commitment auf Mitarbeiter- und Kundenengagement wirkt und was dies an voraussichtlichen Zusatzumsätzen für ein Unternehmen bringt. Das bahnt den Weg. Und es rechnet sich meiner Erfahrung nach immer. Die Schulungskosten in Euro und Zeit sind weitaus geringer als der daraus resultierende Motivations- und Commitment-Schub mit entsprechend positiver Auswirkung auf die Kunden und deren Käufe.

Vorleben durch Vorbild: Führungskräfte sind Markenbotschafter

> *Manager, die Mitarbeiter mit auf die Reise nehmen, sind erfolgreich.*

Mitarbeiter orientieren sich an Führungskräften. Vorstände oder Inhaber von Unternehmen sind zentrale Leit- und Identifikationsfiguren. Einer internationalen Befragung von 365 Führungskräften zufolge ist das Verhalten des CEOs die Haupttriebfeder für die Entscheidungen im Sinne der Markenwerte.[100] Unsere Studie „Wandel braucht Haltung" zeigt ebenfalls, dass die Top-Performer über starke Führung verfügen, welche Einfluss auf die Durchsetzung einer klaren Haltung im Unternehmen nimmt und die notwendigen Schritte einleitet, um den Wandel im Unternehmen gemeinsam mit den Mitarbeitern zu treiben.[101]

Mitarbeiter nehmen nach innen gerichtete Markenaktivitäten nur dann ernst, wenn Worte und Taten der Geschäftsführung diese unterstreichen. Ihre Handlungen beeinflussen nachhaltig die Glaubwürdigkeit und Relevanz einer Marke. Rolf Kunisch, ehemaliger Vorstandsvorsitzender von Beiersdorf, suchte immer die Nähe zu seinen Mitarbeitern. In persönlichen Gesprächen erfragte er die Hintergründe für ihr Tun, bezog die Mitarbeiter in den internen Markenprozess ein und lebte gleichzeitig die Marke authentisch vor.

Steve Ballmer zeigte in seiner Zeit als CEO von Microsoft seine starke emotionale Bindung zur Marke in ausdrucksvollen „Ansprachen". Seine Videos, die den Enthusiasmus und die volle Verausgabung für die Marke zeigen, die in der Liebeserklärung „I love this company" enden, sind legendär und auf YouTube heiß begehrt. Es ist wichtig, dass Top-Manager ihr Commitment zur Marke und zum Unternehmen klar zum Ausdruck bringen. Nicht jeder muss es so expressiv machen wie Steve Balmer, aber die Mitarbeiter müssen es spüren.

Top-Manager sind gut beraten, die Kraft der Symbolik zu nutzen. Symbolische Handlungen für die

> *Commitment zeigen, Vorbild sein und symbolhaftes Handeln sind Ingredienzen für Erfolg.*

---

[100] Ehren, 2005.
[101] ESCH. The Brand Consultants, 2019.

Marke schaffen ein einheitliches Grundverständnis bei Mitarbeitern und fördern die nachhaltige Identifikation mit einer Marke. Ein Beispiel hierfür liefert der ehemalige Vorstandsvorsitzende der BASF AG, Dr. Jürgen Hambrecht.[102] Er lebte die Marke vor, indem er die Markenwerte in seinen Vorträgen unterstrich und durch Symbole, wie zum Beispiel das stetige Tragen eines BASF-Markenpins, zu jeder Zeit sein Commitment klar demonstrierte. Zudem machte er sich weltweit Notizen, wenn seiner Meinung nach etwas nicht zur Marke passte, fragte nach dem Verantwortlichen und gab diesem seine Hinweise. Von der Notiz wurde eine Kopie gemacht, die in der Schreibtischschublade landete und die er nach einer bestimmten Zeit wieder hervorholte, um dem Vorgang nachzugehen. Konsequenter geht es kaum.

Beteiligung: mit und nicht gegen Mitarbeiter

Die Beteiligung der Mitarbeiter ist ein wichtiger Erfolgsgarant. Mitarbeiter müssen die Maßnahmen später auch umsetzen. Hierzu gibt es eine Fülle von Erkenntnissen.

Ein Experiment verdeutlicht glasklar die Kraft der Beteiligung: In diesem Experiment wurden einer Gruppe von Personen Maßnahmen zum Schutz der Umwelt vorgelegt. Diese Maßnahmen galt es zu beurteilen. Einer anderen Gruppe wurden die gleichen Maßnahmen vorgelegt, allerdings nicht als vollständige Sätze wie „Ich achte darauf, nur unverpacktes Gemüse zu kaufen", sondern als Satzfragmente, die durch die Gruppe zunächst korrekt zusammengesetzt und anschließend bewertet werden sollten. Bei identischen Vorschlägen schnitten die der Gruppe, die an die Vervollständigung der Sätze Hand anlegen mussten, deutlich besser ab als die der ersten Gruppe: kleiner Effekt, große Wirkung.[103]

Wie heißt es in einem chinesischen Sprichwort so schön:

„*Tell me and I might forget, show me and I might remember, involve me and I will understand.*"

Beteiligung setzt positive Kräfte frei. Das Commitment zu eigenen Vorschlägen ist immer größer als zu Vorgaben, die Mitarbeiter erhalten. Da die konkreten Maßnahmen von den Mitarbeitern kommen, die diese später auch umsetzen müssen, erhält das Ganze eine große normative Kraft.

---

[102] Esch, 2016.
[103] Ariely, 2015.

Kapitel IX. Mitarbeiter mitnehmen und sinnstiftend wirken

Führungskräfte dienen somit als Enabler, als Motivatoren und als Regulativ. David Farr, CEO von Emerson, stellt den Führungskräften daher regelmäßig vier Fragen:[104]

1. Wie machen Sie einen Unterschied? Hier erfolgt somit ein Test auf das Alignment zur Markenstrategie.
2. An welcher Idee für Verbesserungen arbeiten Sie gerade? Der Fokus liegt somit auf der kontinuierlichen Verbesserung.
3. Wann haben Sie das letzte Coaching von Ihrem Chef erhalten? Dies soll die persönliche Weiterentwicklung fördern.
4. Wer ist unser Gegner? Durch die Fokussierung auf den Wettbewerb als gemeinsamen Feind soll das Silodenken im Unternehmen aufgelöst werden.

Empowerment: Mitarbeiter an die Macht

Power to the People bedeutet in erster Linie Freiheit.[105] Freiheiten beziehen sich vor allem darauf, dass Mitarbeiter mit direktem Kontakt zu Kunden bei auftretenden Problemen selbst entscheiden können, was sie konkret zur Problemlösung tun, ohne nochmals nachfragen zu müssen. Der Grund ist einfach: Für den Kunden repräsentiert dieser Mitarbeiter das Unternehmen. Löst er das Problem nicht, hat das Unternehmen das Problem nicht gelöst und hinterlässt einen schlechten Eindruck. Bei Ritz-Carlton kann z. B. jeder Mitarbeiter 2.000 US-Dollar ausgeben, um ein für den Kunden wundervolles Erlebnis zu schaffen. Beispielsweise ließ ein Mitarbeiter einen Holzweg zum Strand bauen, damit eine Hotelkundin (im Rollstuhl) an ihrem Geburtstag gemeinsam mit ihrem Mann in einem extra dafür aufgestellten Zelt romantisch zu Abend essen konnte.

Das neudeutsche Wort dafür heißt Empowerment der Mitarbeiter. Wenn Sie in einem Kaufhof ein Produkt umtauschen wollen und den Kassenzettel verlegt oder verloren haben, dann haben Sie ein Problem. Sie werden sich beim nächsten Mal gut überlegen, wo Sie kaufen. Bei Nordstrom können Sie selbst beim Wettbewerber gekaufte Produkte zurückbringen und anstandslos umtauschen. Es ist ein Investment in eine künftige Kundenbeziehung.

Bei der Provinzial Versicherung ist wie bei allen anderen Versicherungen auch der Schadensfall der zentrale Moment der Wahrheit. Bei Sachschäden können heute die Vertriebsmitarbeiter den Schaden direkt vor Ort regulieren, ohne sich rückversichern zu müssen. Entsprechend groß ist die Zufriedenheit der Kunden, deren größte Ängste

---
[104] Keller, Aiken, 2000.
[105] Esch, Kochann, 2019.

und Bedenken darin liegen, wann und in welchem Umfang der Schaden beglichen wird. Berücksichtigt man die aufwendigen internen Prozesse, die durch die Direktregulierung entfallen (Brief-, Mail- oder Telefonverkehr, Besuch vor Ort, Schätzungen, Abstimmungsgespräche und -termine intern wie extern), ist das Ganze für die Provinzial insgesamt sogar kostengünstiger.

Nachhaltigkeit sicherstellen und Erfolge messen

Da die Marke ein lebendes System ist, bedarf es einer nachhaltigen Verankerung. Wissenschaftlich belegt ist, dass einmalige Lernprozesse Double-Loop-Lernprozessen mit Feedbackwirkungen unterlegen sind.[106] Im zweiten Fall lernen Manager aus dem Feedback der Mitarbeiter und entwickeln die Marke weiter, weil bestimmte Markenwerte nicht goutiert und gelebt werden und deshalb optimiert werden können. Dahinter steht noch eine andere, sehr einfache Überlegung: Wir alle kennen die Lernkurve und wissen, wie viele Wiederholungen notwendig sind, um etwas zu lernen. Ebenso kennen wir die klassische Vergessenskurve des Psychologen Ebbinghaus, nach der wir auf das meiste, was wir gelernt haben, schon nach kurzer Zeit keinen Zugriff mehr haben. Dies gilt es natürlich auch bei Maßnahmen zur Implementierung der Marke nach innen zu berücksichtigen.

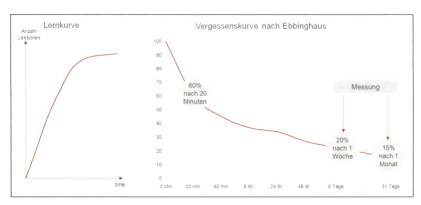

Abbildung 53: Lernkurve und Vergessenskurve

Hilti verhält sich hier vorbildhaft: Das Unternehmen nimmt die Mitarbeiter in regelmäßigen Abständen mit auf eine Reise.[107] Etwa alle anderthalb Jahre durchlaufen Mitarbeiter ein Programm, um die Hilti-Werte tiefer zu verinnerlichen. Den Kompass bilden hier die vier

---

[106] Esch, 2018.
[107] Esch, Knörle, Strödter, 2014.

Kapitel IX. Mitarbeiter mitnehmen und sinnstiftend wirken

Werte. Zum Arbeiten mit den Mitarbeitern werden sogenannte Sherpas genutzt, also Führer, die Menschen auf Berge begleiten. Es handelt sich bei diesen Sherpas um Manager, die über einen bestimmten Zeitraum für diese Aufgabe außerhalb ihrer Linienfunktion freigestellt werden. Diese arbeiten mit den Mitarbeitern weltweit in Camps an den Werten. Da die Führungskräfte dieser Mitarbeiter ebenfalls einen Teil des interaktiven Trainings übernehmen, sind diese sogar noch häufiger in den Camps. Die Wirkung ist durchschlagend: Beim Kontakt mit Hilti spüren Externe, dass die Mitarbeiter die Werte tief verinnerlicht haben und für die Marke brennen.

Nachhaltigkeit setzt zwei Dinge voraus:

1. einen mehrjährigen Implementierungsplan mit einer konkreten Dokumentation der verfolgten Ziele, der zugehörigen Maßnahmen, den Verantwortlichkeiten zur Durchsetzung dieser Maßnahmen sowie den Mitarbeitern, die von diesen Maßnahmen profitieren sollen. Ich beobachte häufig, dass Maßnahmen zur Implementierung der Marke nach innen stark starten und mit einem Feuerwerk von Initiativen beginnen, dann aber schwach enden und versanden. Dies wird durch einen solchen Plan verhindert. Abbildung 54 zeigt vereinfacht ein Maßnahmenpaket der Lufthansa.
2. Eine Kontrolle des Fortschritts durch Feedbackgespräche, Gesprächsrunden und konkrete Messungen des Durchsetzungsgrades der Markenwerte in Denken, Fühlen und Handeln der Mitarbeiter sowie den Wirkungen auf das Commitment, das Engagement und die Performance. Da eine solche Entwicklung, vor allem aber die Maßnahmenprogramme, nicht umsonst zu haben ist, sondern Geld und Zeit kostet, sollte ein Return on Education zusätzlich gemessen werden.

Abbildung 54: Beispiel eines dauerhaft angelegten Implementierungshauses

Wichtig ist, das Thema am Köcheln zu halten und für die tägliche Arbeit relevant zu machen. Bei Würth haben wir dazu eine Scheckkarte mit den Markenwerten und der Markenpositionierung eingeführt. Diese Karte wird immer am Mann oder an der Frau getragen. In regelmäßigen Abständen setzt sich hierzu der Außendienst, beispielsweise bei Bezirksmeetings, zusammen und tauscht sich zu einem Markenwert aus. Erfahrungen werden miteinander geteilt. Dadurch werden die Markenwerte aktualisiert. Mitarbeiter lernen von den Erfolgen anderer.

Um der Marke als Steuerungsgröße Nachdruck zu verleihen, ist eine Verankerung im Anreiz- und Zielsystem sinnvoll. Zudem können Wettbewerbe durchgeführt (Gamification), die Marke in Mitarbeitergesprächen zum Thema gemacht und entsprechende Kennzahlen eingeführt werden.

Ein Beispiel verdeutlicht dies: Das „Find a new bus"-Prinzip. Hier werden Führungskräfte und Mitarbeiter in regelmäßigen Abständen nach zwei Kriterien bewertet: der Performance und dem Werte-Alignment, also der Frage, wie gut der Mitarbeiter die Marke bzw. die Unternehmenswerte lebt. Daraus ergeben sich vier Felder mit Handlungsoptionen. Sind beide Ausprägungen hoch, besteht kein Handlungsbedarf. Werden die Werte bei zu geringer Performance gelebt, passen Mitarbeiter und der jeweilige Arbeitsplatz möglicherweise nicht perfekt zusammen. Entsprechend wird nach Alternativen für den Mitarbeiter gesucht. Bei guter Performance und geringem Werte-Alignment gibt es nach einem Gespräch eine intensive Schulung bezüglich Marken- und Unternehmenswerte. Fruchten diese Bemühungen nicht, gilt das „Find a new bus"-Prinzip. Gleiches gilt unmittelbar, wenn weder die Leistung stimmt noch der Mitarbeiter sich konform zu den Werten verhält.

Ein letzter Punkt ist mir wichtig:

Die Intensität der Maßnahmen hängt vom Grad der Wandlungsnotwendigkeit ab.

Bei Philips waren die Umwälzungen so grundlegend, dass intensive Schulungsprogramme gefahren wurden: zum einen, um die Markenwerte in Denken, Fühlen und Handeln zu übertragen und echte Markengeschichten von Mitarbeitern zu sammeln als Basis für die Kommunikation nach außen, zum anderen, um die Mitarbeiter mit dem Programm Digital@Scale digital fit zu machen. Das Unternehmen hat allerdings auch Prozesse und Strukturen grundlegend geändert. Arbeitsweisen selbst wurden digitalisiert, z. B. durch die Zusammenarbeit in digitalen Workclouds oder durch den Verzicht auf eigene Arbeitsplätze, um

Kapitel IX. Mitarbeiter mitnehmen und sinnstiftend wirken

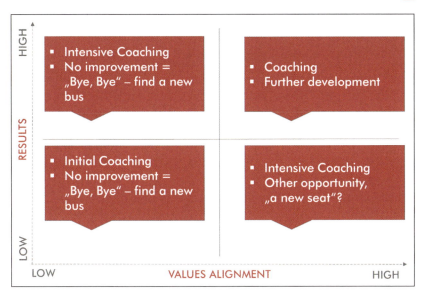

Abbildung 55: Die Werte-Performance-Matrix: Find a New Bus

dadurch ein flexibleres Miteinander-Arbeiten nach Problemstellungen zu ermöglichen. Sie können nicht erwarten, dass sich in Ihrem Unternehmen etwas ändert, ohne dass Sie Zeit und Geld in intelligente Veränderungsmaßnahmen stecken und die Mitarbeiter emotional wie rational mitnehmen und diesen ermöglichen, den Wandel mitzugehen.

Viele Top-Manager scheuen sich davor. Wenn ich solche Programme vorstelle, wird immer auf die hohen Kosten und die Zeit als wesentliche Barrieren verwiesen und nach günstigeren Optionen zur Umsetzung und zur Gestaltung des Wandels gefragt. Meine Antwort ist immer die Gleiche: Wer das Haltungshaus verankern und Wandel bewirken will, muss Mitarbeiter in einem nachhaltigen Programm mitnehmen und befähigen.

There is no free lunch.

Key Take-aways

Wer Kunden bewegen möchte, muss Mitarbeiter bewegen. Wer Wandel vollziehen will, muss Mitarbeiter mitnehmen. Mitarbeiter müssen wissen, wofür das Unternehmen steht und wohin die Reise geht. Eine Investition in Ihre Mitarbeiter ist alternativlos: There is no free lunch.

Es ist notwendig, dass sich Mitarbeiter mit dem Unternehmen identifizieren und Commitment zum Unternehmen haben. Das stärkt deren Engagement und dadurch die Performance des Unternehmens.

Viele Manager scheuen sich davor, Mitarbeiter ins Boot zu nehmen oder starten mit großem Säbelgerassel massenmedialer Kommunikation und enden schwach. Deshalb verlaufen viele Initiativen im Sand.

Wer Mitarbeiter mitnehmen und befähigen möchte, im Sinne der Marke zu denken, zu fühlen und zu handeln, muss folgende Dinge tun: Es sind maßgeschneiderte Programme zu entwickeln und Mitarbeiter in ihren entsprechenden Rollen spezifisch zu adressieren. Dazu sind Zielgruppenpyramiden und ein in sich schlüssiges Maßnahmenpaket aus massenmedialen und persönlichen Maßnahmen zu entwickeln. Führungskräfte müssen als Vorbild dienen. Selbst Commitment zeigen, Vorbild sein und symbolhaftes Handeln sind Ingredienzen für Erfolg.

Zudem sind Mitarbeiter im Prozess zu beteiligen. Es ist mit Mitarbeitern und nicht gegen Mitarbeiter zu arbeiten. Zudem sind Mitarbeiter durch Führungskräfte zu empowern. Mitarbeitern sind Handlungsfreiheiten einzuräumen. Und schließlich ist für die wirksame Implementierung der Marke nach innen ein nachhaltiger Prozess erforderlich statt einmaliger Maßnahmen. Fortschritte sind dabei konsequent zu messen, damit fortlaufende Optimierungen möglich werden.

Kapitel X. Den Funnel neu denken: Barrieren abbauen und Chancen nutzen

Wir alle sind mit dem klassischen Marken- und Kundenfunnel groß geworden. Die Schritte reichen von Bekanntheit über akzeptierte und präferierte Marken bis hin zum Kauf und zur Loyalität. Durch die Digitalisierung hat sich dieser Funnel verändert und erweitert (Abbildung 56). Es kommen neue, wichtige Stufen hinzu. Im Folgenden gehe ich auf die einzelnen Stufen ein. Für die Markenbildung und -stärkung besonders wichtige Bereiche werden dann in den Folgekapiteln vertieft aufgegriffen.

Abbildung 56: Den Marken- und Kundenfunnel verstehen

Stufe 1: Bekanntheit. Es klingt banal, ist aber überlebensnotwendig. Hier gilt das Sprichwort: „Was der Bauer nicht kennt, isst er nicht." Wir sind alle in vielen Bereichen Bauern. Die meisten Marken kennen wir nicht, geschweige denn würden wir diese wählen, wenn wir nichts über sie wissen.

Wie schwierig es ist, Bekanntheit für eine Marke zu schaffen, verdeutlicht ein kleiner Selbsttest: Welche Biermarken kennen Sie? Und Versicherungsmarken? Waschmaschinenmarken? Sie können das Spiel endlos fortsetzen. Wenn es je nach Kategorie zwischen drei und sechs Marken sind, die Sie spontan nennen können, dürfen Sie nicht erschrecken. Sie liegen damit voll im Schnitt.[108] Dabei gibt es in jeder Kategorie Hunderte von Marken. Haben Sie hingegen in einer Kate-

---

[108] Esch, 2016.

gorie einmal mehr als sechs Marken, dann liegt dies daran, dass Sie diesen Produkten oder Dienstleistungen ganz offensichtlich ein sehr hohes Interesse entgegenbringen. Bei geringem Interesse fallen Ihnen hingegen vielleicht nicht einmal drei Marken ein. Wie war das noch einmal bei Toilettenpapier?

Nach wie vor geht es darum, im ersten Schritt Bekanntheit zu schaffen, damit man als Marke für einen Kauf überhaupt in Frage kommt (kenne ich). Da dies aber gerade durch die digitale Datenflut und die abnehmende Aufmerksamkeitsspanne potentieller Kunden immer schwieriger wird, gehe ich auf diesen Punkt in Kapitel XIII. detaillierter ein. Es ist ein zentrales Nadelöhr in einem Umfeld abnehmender Aufmerksamkeit und zunehmender Kommunikationsimpulse auf unterschiedlichen Kanälen. Manchen Marken bieten sich bei diesem Thema viele Chancen, anderen wenige: Bier kaufen Kunden öfter als ein Fertighaus. Bei Bier erhalten sie eine Erinnerung am Regal: Wiedererkennen reicht aus. Die Flasche oder die Verpackung sind dann der Verkäufer. Für Fertighäuser gibt es keine Regale. Sie müssen diese aktiv und spontan erinnern können, ansonsten spielen sie als Hersteller keine Rolle bei der Kaufentscheidung (Zufälle und Empfehlungen Dritter ausgenommen).

Stufe 2: Attraktivität der Marke. Der zweite Schritt, die Attraktivität der Marke und der Vorstoß ins Relevant Set der Marken, also der bekannten und akzeptierten Marken (mag ich), ist nach wie vor ein Muss. Ob Sie diesen wichtigen Schritt schaffen, hängt wesentlich davon ab, ob es Ihnen gelingt, Ihre Marke relevant in den Köpfen der Kunden zu positionieren und dies auch sichtbar zu kommunizieren.

Stufe 3: Suche nach Informationen: der ZMOT. Die dritte Stufe des Funnels ist für viele Marken ein zentrales Nadelöhr: die Suche nach weiteren Informationen. Sie ist im Wesentlichen der Digitalisierung zu verdanken und durch diese bedeutsam geworden. Attraktivität und ein Platz Ihrer Marke im Relevant Set der Kunden schützen nur bei stark verfestigten Marken vor der weiteren Suche.

In alten Modellen gingen Forscher und Manager vereinfacht von einem Stimulus durch Kommunikation aus, der für Bekanntheit und Akzeptanz sowie Bevorzugung der Marke führte. Der Point of Sale galt dann als Moment of Truth: Bei Gefallen des Produktes oder der Dienstleistung wurde dort der Kauf getätigt. Der Second Moment of Truth war dann die Nutzung zu Hause. Hielt das Produkt, was es versprach, war die Wahrscheinlichkeit eines Wiederkaufs groß.

Google hat den *Zero Moment of Truth* (ZMOT) hinzugefügt. Gerade bei wenig verfestigen Markenpräferenzen müssen Sie mit einer ausgedehnteren Suche der Kunden rechnen: mit Hilfe von Google, auf einschlägigen Vergleichsportalen oder bei einschlägigen Aggregatoren, in Communities, Social Media etc. Hier zählen Bewertungen, Erfahrungsberichte, Testberichte, Videos, der Austausch in einschlägigen Communities, die positive Mundpropaganda, die Aussagen von Meinungsführern, Influencern und Bloggern zu relevanten Themen. Danach suchen Ihre Kunden.

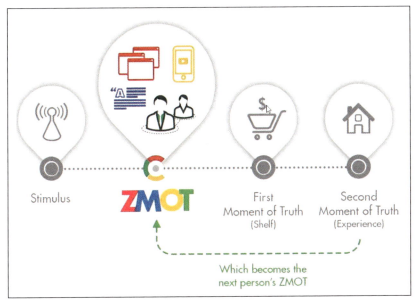

Abbildung 57: Der Zero Moment of Truth in der digitalen Welt

Grad und Art der Suche hängen vom Involvement der Konsumenten ab. Es gilt: Je größer das Interesse, desto intensiver ist die Suche. Diese sogenannten *Searcher* suchen gezielt und aktiv, während bei geringerem Interesse das *Browser*-Verhalten dominiert. Browser suchen ungezielt und lassen sich bei ihrer ungerichteten Suche gerne stimulieren.

Bei der Suche mit Google ist es für Ihre Marke kriegsentscheidend, unter den ersten angezeigten Treffern zu landen. Die Platzierung Ihrer Marke auf der zweiten Seite heißt, dass Sie den Krieg um Aufmerksamkeit verloren haben. Wenn Sie sich vorstellen, dass immer mehr Suchen mit dem Smartphone initiiert werden, gibt der Platz des Displays das notwendige Spielfeld für Ihre Marke vor.

Entsprechend wichtig ist es, die relevanten Suchkriterien der Kunden zu kennen und die eigenen Maßnahmen darauf zu optimieren. Ein Beispiel mag dies verdeutlichen: Auf die Suchanfrage bei Google „Wie streiche ich meine Wand richtig?" erscheint oben als Treffer ein Video des Hornbach Baumarkt „Meisterschmiede Wände malen". Dieses Video wurde bereits weit über eine Million Mal aufgerufen. Am Ende des Videos können Kunden sich das notwendige Material auf Hornbach.de anschauen sowie anschließend die Materialliste herunterladen bzw. das Material online bestellen. Der Wettbewerber OBI ist zwar ebenfalls unter den ersten Treffern, allerdings nur mit einer Beschreibung der sechs notwendigen Schritte mit gezeichneten Bildern zur Verdeutlichung einzelner Phasen – vom „Wände reinigen und ausbessern" bis zum „Wände streichen und Streichrichtung beachten". Auch hier gibt es eine Materialliste (jedoch nicht zum Herunterladen) sowie die Möglichkeit des Kaufs. Die anderen Hauptwettbewerber Bauhaus, Hagebau und Toom finden auf der ersten Suchseite nicht statt. Im unmittelbaren Vergleich zu Obi hat Hornbach die Nase vorne, weil die Videodarstellung viel plastischer ist, die Materialliste direkt heruntergeladen werden kann und die Funktionalitäten so sind, wie der Kunde sie braucht. Zudem erhält der Hobbyheimwerker durch die Bezeichnung „Meisterschmiede" eine sprachliche Aufwertung seines „Jobs to be done" gratis dazu.

Wo Sie suchen, hängt natürlich stark von der Art des Produktes ab.

Je rationaler der Kauf, was bei extensiven und vereinfachten Kaufentscheidungen der Fall ist, desto wichtiger ist es, dass Ihre Marke a) bei glaubwürdigen Quellen erscheint und b) bei Bewertungen gut abschneidet. Kosmetik hilft hier wenig. Typische Beispiele sind technische Produkte.

Je emotionaler ein Kauf ist, umso wichtiger ist das soziale Umfeld, in dem Ihre Marke stattfindet. Typische Beispiele sind Kleider oder Schmuck.

Kein Wunder also, dass Luxusmarken wie Louis Vuitton, die öffentlich konsumiert werden, besonders stark in sozialen Medien wie Instagram vertreten sind und dort ihre Produkte mit sehr emotionalen Bildern in Szene setzen.

Es geht somit grob gesprochen in dieser Phase um zwei wesentliche Punkte:

1. *Content bedienen:* Dies ist notwendig, um bei Suchanfragen von Kunden bei Google unter den Top-Hits zu erscheinen. Die Suchkriterien und -begriffe sind laufend zu sichten, damit Ihre Marke im Spiel bleibt. Erst dann stellt sich die Frage, wie der Content bedürfnisgerecht und markenkonform umgesetzt werden kann. Das Beispiel Hornbach und OBI hat dies gezeigt.

Kapitel X. Den Funnel neu denken

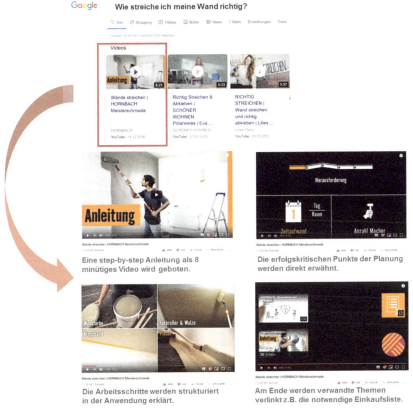

Abbildung 58: Hornbach Meisterschmiede Wände malen
Anmerkung: Screenshots des Youtube-Videos

2. *Content entwickeln:* Hier ist gezielt Content für die Marke zu entwickeln, der Herz und Hirn der Kunden adressiert und mit deren Bedürfnissen und Wünschen resoniert. Dies ist das Sprungbrett dafür, dass die Marke zum „Talk of the Town" wird.

Um bei der Suche der Kunden als Marke zu reüssieren, wird entsprechender Markencontent immer wichtiger. Dazu mehr in Kapitel XII.

Stufen 4 und 5: Einstellung und Kauf. Die vierte und fünfte Stufe des Funnels (Einstellung: finde ich gut) und Kauf haben sich dadurch verändert, dass der Kauf durch die Digitalisierung immer einfacher wird. Jeder kann von zu Hause oder von unterwegs alles kaufen, wann und wie er es möchte. Insofern spielt es nicht nur eine große Rolle, eine positive Einstellung für die Marke durch eine klare und attraktive Markenpositionierung aufzubauen, sondern auch dafür zu sorgen, dass die Marke auf allen relevanten Kanälen – offline wie online – verfügbar ist.

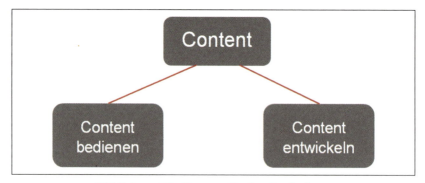

Abbildung 59: Content in der Suchphase

Relevant heißt zum einen, dass die Kanäle zur Marke passen müssen. Relevant heißt zum anderen, dass Ihre Zielgruppe auch diese Kanäle nutzen muss. Insofern ist es nur logisch, dass immer mehr Luxusmarken den Kauf von Produkten auf ihrer eigenen Website ermöglichen. Bei Louis Vuitton können Sie entweder auf deren Website oder bei Second Hand-Anbietern shoppen. Ziel ist es, das Markenerleben dadurch kontrollieren zu können.

Anders sieht dies bei gewohnheitsmäßig gekauften Produkten aus wie bei Waschmitteln, Reinigungsmitteln, Toilettenpapier, Hygieneprodukten usw. Hier sollten Sie Kauferleichterungen im Auge behalten und überlegen, was dies für Ihre Marke bedeutet und wie Sie dort mit Ihrer Marke stattfinden. Eine dieser Formen ist das sogenannte Conversational Commerce, das an Bedeutung gewinnt.

Tablets hatten in den ersten fünf Jahren ein durchschnittliches Wachstum von 20 Prozent im Jahr, Smartphones lagen bei mehr als 250 Prozent und die Smart Speaker liegen bei 600 Prozent.[109] Dies kann massiven Einfluss auf die Art des Kaufs gerade bei gewohnheitsmäßig gekauften Produkten nehmen, weil Sprache die normalste und natürlichste Kommunikationsform neben nonverbaler Kommunikation ist. Zudem funktioniert es schnell und ist bequem. Hier stellt sich die Frage, wie Sie mit Ihrer Marke auch hier stattfinden können. Dies kann zum Wettbewerbsvorteil oder zum Wettbewerbsnachteil führen: Bestellt ein Kunde Produkte, die durch Gattungsmarken geprägt sind und ordert statt Papiertaschentücher Tempo und statt Papierwindeln Pampers und statt Nuss-Nougat-Aufstrich Nutella, wären diese Marken klar im Vorteil, wenn Alexa und Co. dies 1:1 in eine Bestellung der Marke transferieren würden. Was passiert aber, wenn Alexa eigene Vorschläge macht, z. B. zu entsprechenden Produkten

---

[109] Himmelreich, 2018.

im Angebot oder zu solchen mit besten Testergebnissen? Und was ist, wenn Sie nicht zu den Marken gehören, wenn Kunden die Marke und nicht das Produkt bestellen, weil sie eine klare Präferenz für diese Marke haben?

Eine weitere Option sind Einkaufserleichterungen wie die Amazon Dash Buttons, die es für verschiedene Marken gab, wie etwa für Ariel Waschmittel. Nachordern ohne Nachdenken war hier die Devise. 70 verschiedene Dash Buttons gab es in Deutschland, sie reichten von Waschmitteln, Windeln, Kaffee bis hin zu Kosmetik. Ich habe mich dabei schon immer gefragt, wie eine Wohnung oder ein Haus mit vielen Dash Buttons zum Schluss wohl aussehen mag und ob Kunden bei so vielen Dash Buttons den Wald vor lauter Bäumen nicht mehr sehen. Nicht alles, was überzeugend klingt, muss auch beim Kunden ankommen. Mittlerweile hat Amazon mit Wirkung zum 31. August 2019 die Dash Buttons weltweit abgeschafft.

Hingegen bleiben die virtuellen Dash Buttons bestehen, die man sich auf der Amazon App oder auf der Website einrichten kann. Wundert Sie das wirklich? Wer möchte denn ständig an unterschiedlichsten Stellen an den Einkauf erinnert werden, statt diesen wie gewohnt zu bündeln? Früher war es bei vielen Kunden die Einkaufsliste, heute können es eine Voreinstellung auf einer E-Commerce-Website oder virtuelle Dash Buttons sein. Und spätestens dann ist die Website oder die App im Vorteil, weil es ein eigenes Ökosystem ist.

Zudem ändert sich auch die Rolle der Verkäufer und des Point of Sale deutlich: Dadurch, dass Kunden immer besser vorinformiert sind, brauchen sie entsprechend kompetente Sparringspartner am Point of Sale. BMW hat hierfür bereits vor einigen Jahren den Product Genius im Verkauf eingeführt. Dies sind Mitarbeiter, die Kunden rund um das Automobil und Mobilität ausführlich unter Zuhilfenahme digitaler Tools beraten. Es geht vor allem darum, Kunden mit Erlebnissen in den Bann zu ziehen, statt diese mit schnöden Produktauslagen zu langweilen.

Stufen 6 und 7: Loyalisierung und Engagement. Hier kann die Digitalisierung große Wertbeiträge liefern, um Loyalität und Bindung zu schaffen (Ich fühle mich verbunden). Ich stelle dies in Kapitel XV dar. Bei der siebten Stufe geht es darum, wie man Kunden als Unternehmen anzapfen und deren Engagement für die Marke nutzen kann. Hier tut sich durch die Digitalisierung ebenfalls ein großes Spielfeld auf, auf das ich in Kapitel XVI eingehe.

Muster des Funnels erkennen und zur Optimierung nutzen

Mein Kollege und Marketingprofessor Philip Kotler hat in seinem Buch Marketing 4.0 typische Muster des Funnels beschrieben.[110] Danach unterscheiden sich unterschiedliche Branchen mit Blick auf das dominante Muster des jeweiligen Funnels. Er unterscheidet vier verschiedene Muster für Fast Moving Consumer Goods (Türknopf-Muster), B2B-Unternehmen (Goldfisch-Muster), Lifestyle- und Luxusunternehmen (Trompeten-Muster) sowie Dienstleistungs- und Gebrauchsgüter (der herkömmliche Funnel). Das Türknopf-Muster wäre dann typisch für den FMCG-Bereich, wo es viele miteinander konkurrierende Marken und aggressive Marketingmaßnahmen gibt. Aufgrund des geringen Involvements der Kunden, der geringen Bindung an Marken sowie vorab gebildeter Präferenzen ist der Funnel hier nur gering ausgeprägt. Entsprechend ist die Nachfrage der Kunden nach mehr Informationen zu den Marken ebenso gering ausgeprägt wie die Bindung an Marken. Hingegen gehen Kotler und seine Kollegen bei Dienstleistungen und Gebrauchsgütern von einem Funnel aus, in dem alle Stufen intensiv durchlaufen werden und bei Zufriedenheit mit den Produkten und Services auch eine entsprechende Bindung besteht.

Dies mag sicherlich als erste Orientierung dienen. Besser erscheint es mir allerdings, wenn Sie sich der dahinter liegenden Treiber bewusst sind, die den Funnel beeinflussen. Ein Beispiel mag dies verdeutlichen: Im B2B-Business gibt es eine breite Range von Produkten, Dienstleistungen und Systemtechnologien, die von Unternehmen eingekauft werden. Entsprechend einfach oder komplex sind die Entscheidungsprozesse: Schrauben werden nach anderen Mustern gekauft als Produktionsanlagen. In dem einen Fall kann ein Manager alleine die Entscheidung fällen, im anderen Fall ist es ein ganzes Entscheidungsteam mit Managern unterschiedlicher Expertisen. Zudem gibt es auch im Systemgeschäft Abhängigkeiten, weil sich Unternehmen mit dem Kauf eines Produktes für längere Zeit auf einen Anbieter festlegen.[111] Es ist somit zu erwarten, dass wiederum unterschiedliche Muster des Funnels zum Zuge kommen.

Entsprechend empfehle ich Ihnen, folgende Einflussfaktoren zu analysieren, die die Muster prägen:

1. *Das Involvement der Kunden.* Das Involvement bezieht sich auf das Engagement der Kunden. In diesem Fall ist das Produktinvolvement entscheidend. Es gilt: Je höher das Involvement, desto länger dau-

---
[110] Kotler, Kartajaya, Setiawan, 2017, S. 94f.
[111] Backhaus, Voeth, 2014.

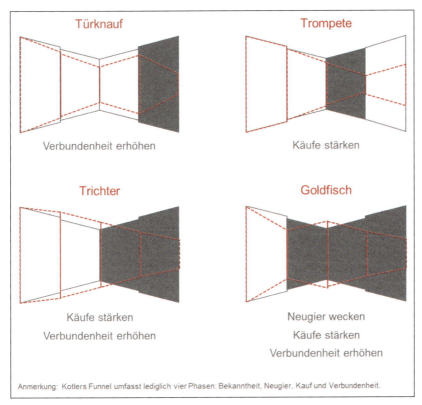

Abbildung 60: Typische Funnel-Muster nach Kotler und Kollegen

ert der Entscheidungsprozess und umso intensiver werden die einzelnen Phasen des Funnels durchlaufen. Typisches Beispiel ist der Kauf eines Autos oder einer Produktionsanlage. Je geringer das Involvement ist, umso schneller und spontaner erfolgt eine Entscheidung und umso weniger intensiv wird ein Funnel durchlaufen. Oft sind gar nicht alle Phasen relevant. Dies wäre etwa beim Kauf von Toilettenpapier oder Kaugummi der Fall. Das Involvement kann dabei eher rational und/oder emotional ausgeprägt sein. Ist das Involvement stark rational ausgeprägt, dann besteht meist ein hohes finanzielles oder funktionales Risiko für Kunden. Entsprechend stark ist die Informationssuche im Prozess zur Absicherung der Entscheidung. Maßnahmen zur Schaffung von Transparenz und zur Senkung des Risikos wirken vertrauensaufbauend und erleichtern die Entscheidung. Bei hohem emotionalem Involvement besteht meist ein großes soziales Risiko: die Akzeptanz bei einer Bezugsgruppe, der man angehört oder angehören möchte. Signale und emotionale Welten, die den Bezug zu diesen Bezugsgruppen positiv herstellen, erleichtern die Entscheidung. Dieser Logik fol-

gend sind hier soziale Medien wichtiger als Informationsseiten im Internet.
2. *Die Markenstärke.* Je stärker und relevanter die Marke für den Kunden ist, umso schneller wird der Funnel durchlaufen. Warum sollte ein Kunde beim Kauf eines Autos umfassend nach Alternativen und deren Bewertungen suchen oder sich dazu mit anderen austauschen, wenn er eine klare Präferenz für eine Marke hat?
3. *Erwartungen und gelernte Muster.* Selbst bei einer klaren Präferenz für eine Automobilmarke ist es wahrscheinlich, dass Sie nach der Konfiguration Ihres Wunschfahrzeugs im Internet nicht einfach nur den Fahrzeugcode einem Händler zukommen lassen, sondern Sie werden sicherlich nochmals zum Händler fahren, sich mit einem Verkäufer austauschen, die Konfiguration gemeinsam auf den Prüfstand stellen und in Preisverhandlungen gehen. Dies sind eben vielfach gelernte Muster, die kohortenabhängig sind: Digital Natives haben andere Muster als Digital Immigrants.

Demnach gibt es innerhalb einer Branche aufgrund der genannten Einflussfaktoren unterschiedliche Funnels.

Entsprechend ist es sinnvoller, den Funnel für die eigene Marke als Hebel zur Optimierung zu nutzen. Dazu müssen Sie an den Stellen ansetzen, an denen die Markenperformance noch gesteigert werden kann. Dadurch können Sie Ihre Marketinginvestition in erfolgskritische Bereiche des Funnels kanalisieren.

Zwei Bewertungsperspektiven kommen hierbei in Frage:

1. Die realisierten Kundenverluste von einer Stufe des Funnels auf die nächste.
2. Der relative Vergleich der Funnel-Performance auf den einzelnen Stufen zu Ihren stärksten Wettbewerbern.

Key Take-aways

Der neue Funnel ist nicht der alte. Durch die Digitalisierung kommen neue Stufen im Funnel hinzu, manch vorhandene Stufen werden wichtiger. Zentrales Nadelöhr ist bei der Kommunikationsflut die erste Stufe zur Erreichung von Aufmerksamkeit. Durch die Digitalisierung neu hinzugekommen ist die kritische Stufe der Suche: der Zero Moment of Truth. Hier geht es darum, dass Sie einerseits mit Ihrer Marke Content bedienen, um gefunden zu werden, und Content schaffen. Die Marke muss in dieser Phase für Kunden stattfinden. Und schließlich spielt neben der Loyalität die Förderung von Kundenengagement eine zentrale Rolle. Prüfen Sie die Performance auf den einzelnen Funnelstufen im

Kapitel X. Den Funnel neu denken

Vergleich zum Wettbewerb und achten Sie besonders darauf, wo Sie von einer Stufe zur nächsten die meisten Kunden verlieren. Das hilft bei der Optimierung des Funnels.

Kapitel XI. Signale setzen: aus der Flut herausstechen

Stufe 1: Bekanntheit: Laut schreien, um gehört zu werden

Flut klingt nach Überschwemmung und Katastrophe. Das Bild passt sinngemäß gut zu der Kommunikation und den Informationen, die auf uns einströmen. Ich erinnere noch, wie ich Mitte der 80er Jahre am Institut meines akademischen Lehrvaters Werner Kroeber-Riel erstmals die Informationsüberlastung in Deutschland berechnen durfte. Informationsüberlastung definierten wir als Verhältnisgröße zwischen angebotenen und von den Konsumenten nicht aufgenommenen Informationen.[112] Für die Leitmedien (damals noch Zeitungen, Zeitschriften, Fernsehen und Rundfunk) lag die Informationsweiterleitung bei 91,7 Prozent. Mit anderen Worten: Schon damals landeten von 100 Informationen – beispielsweise Wörtern – rund 92 ungenutzt auf dem Informationsmüll. Hätte damals ein Stern 200 Seiten umfasst, wären davon entsprechend dieses Informationsüberschusses gerade einmal 16 gelesen worden. Die Berechnung, die wir auf Basis eines durchschnittlichen Konsumentens vornahmen, war sehr aufwendig. Heute würde ich niemanden mehr mit einer solchen Aufgabe betreuen. Es wäre ein hoffnungsloses Unterfangen.

Mit dem Aufkommen des Internets hat sich die Informationsflut drastisch erhöht. Wäre das Internet ein Land, hätte es bereits heute den drittgrößten Stromverbrauch auf der Welt nach China und den USA.[113]

> *Informationen aus dem Internet zu erhalten ist vergleichbar damit, sich einen Drink aus einem Wasserhydranten zu zapfen.*
> *(Mitchell Kapor)*

Ich möchte Ihnen ein Gefühl für diese Datenflut geben, die wir mental weder wirklich fassen noch verstehen können:[114]

- 90 Prozent aller auf der Welt existierender Daten wurden in den letzten zwei Jahren geschaffen.
- Es gibt derzeit mehr digitale Informationen als Sterne im Universum.
- Alle zwei Tage werden so viele Informationen generiert wie von Beginn der Zivilisation bis zum Jahr 2003.

---

[112] Brünne, Esch, Ruge, 1986; Kroeber-Riel, Esch, 2015.
[113] Santarius, 2018.
[114] https://www.progress.com/images/default-source/blogs/4/files/2014/04/dataoutlookpinfographjpeg.jpg?Status=Master&sfvrsn=0

- Alleine an einem Tag werden 1 Billion Inhalte auf Facebook geteilt, 2,5 Quintillion Bytes von Menschen generiert und für 8 Jahre Videos auf YouTube neu hochgeladen.

Kommunikation wird zum Dauerzustand. Das Smartphone macht es möglich. Das Motiv „Kontakt zu Freunden" wird als erstes genannt, wenn Teenager angeben, warum sie ein Smartphone brauchen. Die digitale Gemeinschaft erwartet Dauerpräsenz, schnelle Antworten und eine gute Performance.

Dies beeinflusst unser Leben immens. Abbildung 61 zeigt, was innerhalb von 60 Sekunden im Internet passiert.

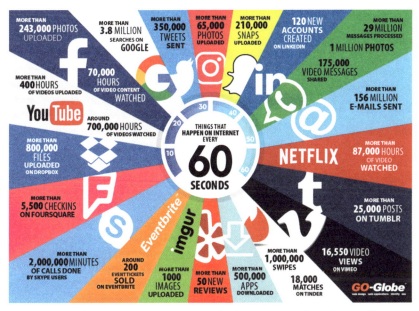

Abbildung 61: Was passiert innerhalb von 60 Sekunden online?

Wie können Marken unter solchen Umständen noch die Aufmerksamkeit ihrer Kunden erreichen?

Die zur Verfügung stehende Aufmerksamkeitsspanne bei Kunden sinkt. Die Konzentrationsfähigkeit der Konsumenten verringert sich ebenfalls. Gründe dafür sind die zunehmende Nutzung des Smartphones sowie Multitasking.

Schon die bloße Anwesenheit des Smartphones reicht, um die Konzentration zu senken, wie ein Fachartikel kürzlich darlegte. Die Forscher teilten

Die Aufmerksamkeitsspanne sinkt, die Konzentrationsfähigkeit nimmt ab.

Studenten in zwei Gruppen auf und ließen sie Denkaufgaben lösen. Die einen mussten ihr Handy zuvor abgeben, die anderen durften es behalten. Ergebnis: Die Gruppe mit Geräten schnitt im Test selbst dann schlechter ab, wenn diese stumm geschaltet in der Tasche bleiben mussten. Im Unterbewusstsein schien das Smartphone ihnen weiter zuzuraunen: „Schalt mich an! Check Deine Nachrichten".[115]

Kein gutes Pflaster für Marken, es sei denn, sie wären bei den Nachrichten dabei.

Vier Aspekte helfen, um aus der Flut als Marke herauszustechen und Ihre Marke wirksam auf die Agenda der Kunden zu setzen:

1. Die Schaffung starker Aufmerksamkeit.
2. Die Nutzung starker Muster.
3. Das Erzählen starker Geschichten.
4. Die Zielgruppen richtig bespielen.

Zu 1: Starke Aufmerksamkeit schaffen

Die Aufmerksamkeitsspanne geht bei Konsumenten laufend zurück, gleichzeitig steigt die Informationsflut, wie wir gesehen haben. Was heißt dies konkret: Während im Jahr 2000 die durchschnittliche Aufmerksamkeitsspanne der Konsumenten noch bei 12 Sekunden lag, ist diese im Jahr 2015 auf 8,25 Sekunden gesunken. Zum Vergleich: Ein Goldfisch verfügt über eine Aufmerksamkeitsspanne von sage und schreibe neun Sekunden![116]

Die Aufmerksamkeitsspanne eines Goldfisches ist größer als die eines Menschen.

Die Aufmerksamkeit der Kunden sinkt unwiderruflich. Gerade bei der Suche im Internet wird die Aufmerksamkeit der Konsumenten durch Google noch weiter beschränkt.

Eine Untersuchung der Europäischen Wettbewerbskommission, die 7,6 Terrabyte an Informationsanfragen an Google untersucht hat, zeichnet ein eindeutiges Bild: 96 Prozent der Suche beschränkt sich auf die erste Seite, 34 Prozent der Suchenden gehen auf den obersten Link und gerade einmal 1 Prozent auf das erstplatzierte Ergebnis der zweiten Seite.[117] Google bestimmt also mit seinen Suchalgorithmen, ob Sie als Marke stattfinden oder nicht. Beherrschen Sie die Klaviatur dieses Spiels nicht famos, haben Sie ein Problem. Das Schlachtfeld, auf dem Sie sich befinden, ist das Smartphone: Der bei einer Google-Anfrage sichtbare Bereich ist der für Mar-

---

[115] Spiewak, 2017.
[116] Weinreich, Obendorf, Herder, Mayer, 2018.
[117] EU Wettbewerbskommisssion, 2017.

ken relevante. Scrollen ist schon Aufwand, die nächste Seite aufrufen erst recht. Insofern ist es in diesem Fall für Ihre Marke eminent wichtig, die Suchkriterien der potentiellen Kunden zu kennen und dahingehend Ihren Content zu optimieren, um besser gefunden und höher in der Google-Liste geführt zu werden.

Abbildung 62: Suchverhalten auf Google

Um Aufmerksamkeit für eine Marke zu generieren, empfehle ich folgenden Ansatz: Laut schreien, um gehört zu werden!

Wenn Kunden sich abschotten und Ihrer Markenkommunikation keine Aufmerksamkeit widmen, ist es ein vorrangiges Ziel der Kommunikation, eine *Orientierungsreaktion* auszulösen und diese dann für die Marke zu nutzen. Orientierungsreaktion heißt, dass Sie eine Zuwendung zu Ihrer Kommunikation erreichen möchten. Im Kommunikationswettbewerb mit anderen Reizen heißt Zuwendung aber auch immer Abwendung von anderen Stimuli. Ohne diese Form der Zuwendung verpuffen die eingesetzten Kommunikations-Euros wirkungslos. Sie gehen im Kampf um die Aufmerksamkeitsgunst der Kunden schlicht unter.

Bestes Mittel, um Aufmerksamkeit zu schaffen, ist der Einsatz aktivierungsstarker Reize.[118] Dazu zählen physisch intensive Reize (z. B. Größe, Farbe, Lautstärke), emotionale Reize (z. B. kleine Kinder, Gesichter, schöne Menschen, kleine Tiere) und gedanklich überraschen-

---

[118] Kroeber-Riel, Esch, 2015.

de Reize (z. B. ein Bär in einem Geschäft, ein Hund als Mensch verkleidet), die gegen Wahrnehmungserwartungen verstoßen.

Aufmerksamkeitsstärke heißt Durchsetzungsstärke im Wettbewerbsumfeld.

Dies zahlt allerdings nur dann auf das Markenkonto ein, wenn es zwischen den aktivierenden Reizen und der Marke nicht zur Kannibalisierung kommt. In diesem Fall würden die genutzten Reize von der Marke ablenken. Deshalb ist die Marke in das aufmerksamkeitsstarke Umfeld klar erkennbar zu integrieren. Zudem dürfen die eingesetzten Reize nicht im Widerspruch zu den vermittelnden Markenwerten stehen.[119]

Abbildung 63: Aufmerksamkeitsstarke Kommunikation

Aufmerksamkeit ist kein Selbstzweck, sie muss zur Marke passen.

Der Kondomhersteller Durex kann die emotionale Klaviatur bei YouTube-Spots sicherlich anders ausreizen als eine Marke wie Montblanc. Bei der Biermarke Astra ist die Provokation mit überraschenden Reizen und Aussagen ebenso Programm wie bei Sixt. Bei Marken wie Nespresso oder der Allianz wäre dies aufgrund der Marken-DNA kaum möglich.

Aufmerksamkeitsstärke ist in Zeiten der Digitalisierung wichtiger denn je. Werbung im Internet ist zunehmend zur Wirkungslosigkeit verdammt. Unter dem Begriff „Banner Blindness" wird subsumiert, dass viele Werbebanner gar nicht mehr von Nutzern registriert werden, weil diese sich auf andere Dinge konzentrieren.[120] Aufmerksamkeitsstarke Kommunikation ist dann Pflicht, um zumindest implizit

---

[119] Kroeber-Riel, Esch, 2015.
[120] Langner et al., 2015.

Wirkung zu erzielen. Werbespots auf YouTube zeigen ebenfalls, wohin die Reise geht: Wer die ersten sechs Sekunden nicht nutzt, um die Marke zu kommunizieren, ist auf der Verliererstraße.

Originelle Ideen entwickeln und umsetzen!

Kreativität hat immer auch mit Originalität zu tun. Wir reden somit über das originäre Business von Werbeagenturen. Nur leider ist es mit der Originalität der Ideen nicht weit her. Vielmehr gewinne ich den Eindruck, dass Werbung von der Stange gemacht wird: Einheitsbrei, der kaum wirken kann, weil Stereotypen aufgegriffen und bedient werden. Ich möchte hier niemanden anprangern, schließlich gibt es auch Entscheider in Unternehmen, die solchen Einheitsbrei akzeptieren oder gar fördern. Die Ursachen dafür sind somit vielschichtig. Fakt ist allerdings, dass die meiste Werbung in diese Kategorie fällt und somit für die Tonne ist. Sie sollten somit entsprechende Strategien und Vorgehensweisen entwickeln, um dies zu vermeiden. Dazu finden Sie in dem Buch „Strategie und Technik der Werbung" von Werner Kroeber-Riel und mir zahlreiche praktische Hinweise.

Originalität hat für mich zwei Stoßrichtungen: die Originalität der Idee selbst und die Originalität, wo diese Idee dann stattfindet (siehe dazu den nächsten Punkt). Red Bull ist bekannt für originelle Ideen. Diese Marke kann für Sie Vorbild sein: Ob es um selbst konstruierte Flugobjekte am Wannsee geht, Rennen in Seifenkisten oder um spektakuläre Flugrennen. Ebenso wie der Red Bull Stratos Space Jump, ein Fallschirmsprung aus der Stratosphäre aus knapp 40 km Höhe, der am 14. Oktober 2012 von dem Extremsportler Felix Baumgartner

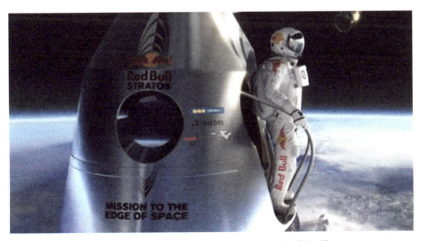

Abbildung 64: Space Jump von Red Bull

ausgeführt wurde und mehrere aeronautische Weltrekorde brach: Sie sind in ihrer Form und Originalität einzigartig. Und sie stützen die Markenaussage „verleiht Flügel".

Das Spielfeld wechseln!

Viele Manager folgen einer Logik der Optimierung: Getrieben von Mediadaten und digitalen Kennzahlen erfolgt eine Optimierung der Kanäle, wo und wie häufig eine Marke stattfinden soll. Somit führen ähnliche Daten oft zu vergleichbaren Strategien zur Platzierung von Marken. Will man sich an die ältere Generation wenden, würden Mediadaten suggerieren, dass das ZDF als der Fernsehsender mit Zuwächsen bei älteren Zielgruppen das ideale Umfeld wäre. Schalten Sie nun das ZDF an, sehen Sie folgerichtig viele Produkte aus dem medizinischen Bereich: OTC-Produkte gegen Rückenschmerzen, Fußpilz, Vergesslichkeit oder Krampfadern, die diese Zielgruppe adressieren.[121] Es ist grundsätzlich richtig, so zu handeln. Allerdings lohnt sich die Frage, ob es nicht sinnvoll sein könnte, sich andere Spielfelder zu suchen, wenn alle Wettbewerber sich an denselben Plätzen tummeln.

Ritter Sport beherrscht dies virtuos. Als Schokolade, die wegen der praktischen Form der Verpackung schon immer für die Nutzung unterwegs besonders geeignet war, hat sich das Management dazu entschlossen, wettbewerbsträchtige Plätze im Werbefernsehen weitestgehend auszuklammern. Stattdessen wird die Marke im Umfeld des Reisens platziert: So findet sich Werbung für Ritter Sport an Bahnhöfen, Flughäfen und auf Plakaten, an denen Kunden mit ihrem Auto vorbeifahren.

Solche Maßnahmen lassen sich aktionsbezogen einsetzen, wie dies Adidas mit Oliver Kahn bei der Weltmeisterschaft oder Mini bei der Einführung eines neuen Minis gemacht hat, aber auch situations- oder ortsbezogen, wie beispielsweise bei Adidas oder bei McDonald's, wo die Zebrastreifen in unmittelbarer Nähe eines McDonald's markiert wurden.

Konzentration auf die wichtigsten Kommunikationskanäle!

Die Kommunikationsbudgets sind endlich. Deshalb ist es sinnvoller, durch häufigere Kontakte in einem Kommunikationsumfeld die Marke auf die Tagesordnung der Kunden zu bringen und nicht nach dem Gießkannenprinzip in den unterschiedlichsten Kommunikationsfeldern punktuell zu erscheinen. Dies setzt zum einen die Kenntnis der

---

[121] OTC-Produkte sind nicht verschreibungspflichtige Medikamente, die über den Tresen (Over the Counter) verkauft werden.

Kapitel XI. Signale setzen: aus der Flut herausstechen

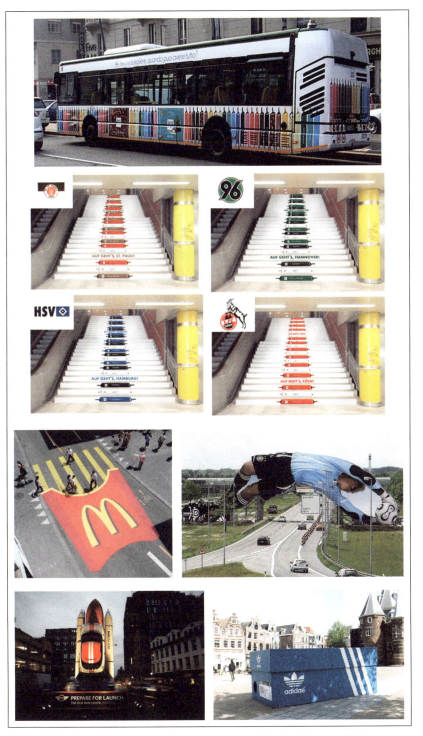

Abbildung 65: Ritter Sport, McDonald's, Adidas und Mini

wichtigsten Zielgruppen voraus. Wichtige Kriterien hierfür sind der prozentuale Anteil der Käufe einer Zielgruppe sowie die positive Multiplikatorwirkung der jeweiligen Zielgruppen. Danach sind die bevorzugten Kommunikationskanäle dieser Zielgruppen zu ermitteln.

Zu 2: Starke Muster

Die meisten starken Marken folgen bestimmten Mustern, die durchgängig an den Berührungspunkten mit Kunden umgesetzt werden. Ich unterscheide zwischen inhaltlichen und formalen Mustern, die helfen, ein ganzheitliches Erleben zu fördern.[122] Diese Muster sind aus den Markenwerten heraus zu entwickeln.

Muster entstehen nicht aus dem Nichts: Sie sind die Folge eines kontinuierlichen Prozesses, in dem gewisse Merkmale einer Marke aufgebaut, gepflegt und weiterentwickelt werden. Und dies durchgängig an den relevanten Kontaktpunkten mit Kunden.

Schauen Sie sich dazu die Uhrenmarke Rolex an. Der Gründer von Rolex, der Deutsche Hans Wilsdorf, galt als Marketinggenie. Er hat mit vielen seiner Entscheidungen den Grundstein des Erfolges für die Marke gelegt. Er hat Rolex systematisch aufgebaut, Muster entwickelt und gepflegt. Sei es durch die Uhrenmodelle, wie die ikonischen Modelle Oyster, Submariner, Sea-Dweller oder Daytona, durch die Verknüpfung mit erfolgreichen Persönlichkeiten, wie dem Tennisstar Roger Federer oder dem Schauspieler Paul Newman bis hin zu Events, die die Positionierung der Marke als Luxusuhr für erfolgreiche Menschen unterstützen. Wimbledon ist ebenso ohne die Unterstützung von Rolex kaum vorstellbar wie die besten und größten Golfevents, Reitevents oder Yachtwettbewerbe. Mit dem Slogan „The Crown of Every Achievement" und der Rolex-Krone auf dem Aufzug und am Armband werden weitere Erkennungsmerkmale konsequent umgesetzt. Kein Wunder, dass heute alte Rolex-Modelle unter Uhrensammlern Spitzenpreise erzielen. Rolex ist der Ausdruck von Erfolg und Prestige schlechthin und dies, obwohl Rolex schon lange keine Manufaktur mehr ist, sondern eine Fabrik mit jährlich mehr als einer Million produzierten Uhren.

Muster haben erkennbare Vorteile für Marken:

1. Sie erhöhen die Wiedererkennbarkeit.
2. Sie geben Anstoß für Mundpropaganda: Es wird mehr über Marken mit klarem Muster gesprochen als über Marken, die über keine Muster verfügen.

---

[122] Kroeber-Riel, Esch, 2015.

Kapitel XI. Signale setzen: aus der Flut herausstechen

Abbildung 66: Evolution von Rolex-Modellen
Oben: Rolex Submariner, unten: Rolex Daytona

Beides führt dazu, dass die Bekanntheit der Marke automatisch steigt.

Typische formale Muster sind das Burberry-Karo, die Farbe von Sixt oder das Schweizer Kreuz bei der Fluggesellschaft SWISS. Formale Muster heben sie aus der Masse der Wettbewerber hervor und ermöglichen eine klare Zuordnung eines Kontaktpunktes zur Marke. An jedem Flughafen erkennen Sie den Sixt-Schalter schon von weitem an der Farbe. Formale Muster erhöhen primär die Bekanntheit einer Marke. Je stärker formale Muster sind, umso weniger kopierbar wird die Marke. Werden dennoch Kopierversuche gestartet, wie etwa beim Apple-Design, profitiert die Kopiervorlage oft überproportional. Oft werden solche Kontaktpunkte versehentlich dem Original zugeordnet oder es erfolgt eine Abwertung der anderen Marke, weil die Kopie nicht an das Original reicht.

Inhaltliche Muster zielen darauf ab, die Markenpositionierung unmissverständlich zu übersetzen. Bei der Uhrenmarke Patek Philippe

Abbildung 67: Formale Muster für Marken

werden in der Kommunikation immer ein Vater mit seinem Sohn gezeigt, um das zentrale Versprechen der Marke bildhaft auszudrücken: Eine Patek Philippe kauft man nicht für sich, sondern um damit eine eigene Tradition zu gründen und die Uhr an seinen Sohn weiterzu-

Kapitel XI. Signale setzen: aus der Flut herausstechen

geben.[123] Bei der Provinzial Versicherung haben wir konsequent das Schlüsselbild des Schutzengels eingesetzt, der das Thema „Schutz und Nähe" vermittelt. Außendienstmitarbeiter tragen einen Schutzengelflügel am Anzug oder am Kleid, in den Geschäftsstellen findet sich abends ein beleuchteter Schutzengel im Schaufenster usw.

Abbildung 68: Inhaltliche Muster für Marken

Zu 3: Starke Geschichten

Menschen lieben Geschichten. Es ist eine besonders frühe Form der Verständigung und Weitergabe wichtiger Informationen von einer Person zur anderen. Sie hat bis heute nicht an Bedeutung verloren. Marken, über die gesprochen wird, sind klar im Vorteil. Viele Marken

---

[123] Bei den Damenuhren von Patek Philippe wird das gleiche Muster mit einer Mutter und ihrer Tochter genutzt.

pflegen solche Geschichten. Der Hinweis auf die Leistungsstärke eines Bentley durch PS-Zahl, Newtonmeter oder Beschleunigungswerte wirkt nicht so stark wie die Geschichte der Bentley-Boys, die versessen darauf waren, ein standhaftes Auto mit unglaublicher Power zu bauen, und in den dreißiger Jahren mehrfach hintereinander das 24-Stunden-Rennen von Le Mans gewonnen haben.

> *Geschichten transportieren Emotionen und machen Sachverhalte plastisch. Menschen teilen gerne Geschichten und erinnern diese besser als Fakten.*

Aber nicht jede Geschichte ist auch eine gute Markengeschichte. Und nicht jede Geschichte wird mit Begeisterung weitererzählt.

Markengeschichten sind dann gut, wenn sie die Markenwerte der Marke reflektieren und die Markenpositionierung zum Ausdruck bringen. Es sind Geschichten, die erzählen, was die Marke besonders macht und warum man sie als Kunde wählen sollte. Der Kern der Botschaft muss allerdings stimmen und relevant sein.

Wie wichtig der Kern der Botschaft ist, zeigen schon die frühen Ergebnisse von Allport und Postman, die die Verbreitung von Gerüchten analysierten.[124] Sie kamen zu dem Schluss, dass die Anzahl der geteilten Informationen bei jedem weiteren Teilen der Geschichte dramatisch abnahm. Rund 70 Prozent der Informationen gingen bei den ersten fünf bis sechs Weitergaben verloren. Der Kern der Story blieb aber gleich: Die Menschen gaben die kritischen Details weiter und vergaßen den Rest oder schmückten ihn anders aus.

> *Eine Story ohne klaren Fokus ist keine gute Story.*

Ein Beispiel für eine gelungene Geschichte ist der virale Spot Evolution von Dove. In diesem Spot wird eine normal aussehende Frau durch ausgiebiges Schminken und Bildbearbeitung in eine Schönheit verwandelt. Die Kosten für den Spot lagen bei knapp über 100.000 Euro. Er wurde mehr als 16 Millionen Mal betrachtet, die Besuche auf der Website verdreifachten sich, das Absatzwachstum war erheblich. Jeder, der den Spot einmal gesehen hat, kann die Geschichte widergeben. Aber jeder wird es etwas anders machen. Der Kern bleibt dabei der Gleiche.

Folgt man dem Großmeister des Erzählens wirksamer Markengeschichten, Donald Miller, so gibt es klare Ingredienzien für den Erfolg.[125] Er zeigt dies u. a. an dem Beispiel von Steve Jobs, der nach seiner Rückkehr von Pixar Animation Studios zu Apple das dort erlernte

---

[124] Allport, Postman, 1947.
[125] Miller, 2017, S. 18.

Kapitel XI. Signale setzen: aus der Flut herausstechen

Abbildung 69: Dove Spot Evolution

Wissen auf Apple übertrug. Seine erste Kampagne bestand nur aus den Worten „Think Different". Möglich war dies, in dem zuerst identifiziert wurde, was Kunden wirklich wollten: nämlich selbst wahrgenommen, gehört und verstanden zu werden. Dies dient als Basis dafür, um die daraus resultierende Herausforderung für Kunden zu definieren: Kunden sind sich oft nicht ihrer versteckten Potentiale bewusst. Zuletzt wurde den Kunden ein Werkzeug an die Hand gegeben, um sich selbst auszudrucken, nämlich Apple Computer und Smartphones. Diese drei Punkte waren schon immer wichtige Pfeiler im Geschichtenerzählen, die bis auf die Antike zurückgehen. Sie finden sich auch im bereits erwähnten Spot von Dove wieder.

Content, Content, Content: aber woher?

Nun stellt sich die Frage, woher der Content für solche Geschichten kommen kann.

Folgende Quellen bieten sich an:
1. Content aus der Marke selbst.
2. Content aus den Bedürfnissen und Wünschen der Kunden heraus.
3. Content aus gesellschaftlichen Entwicklungen und Marktentwicklungen.

Vereinfacht können Sie sich dies als drei Kreise vorstellen, die sich in einem gewissen Umfang überschneiden.

Der Sweetspot für die Marke wäre somit der in Abbildung 70 schraffierte Teil.

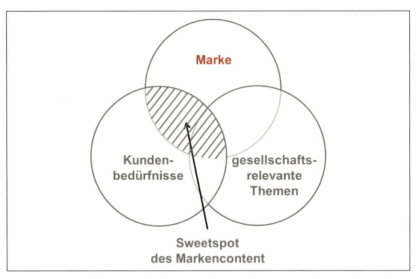

Abbildung 70: Content für die Marke

Sie werden sich vielleicht wundern, warum der Sweetspot sich nicht nur aus der Schnittmenge aller drei Bereiche zusammensetzt. Das ist ganz einfach: Im Zentrum der Überlegungen sollten immer die relevanten Kundenbedürfnisse stehen, die durch die Marke erfüllt werden können. Gesellschaftsrelevante Themen mit Schnittmengen zur Marke, die aber nicht wirklich kaufrelevant sind, sind „nice to have". Sie können diese spielen, dürfen aber nicht erwarten, dass diese verkaufswirksam sein werden. Maximal erreichen Sie dadurch mehr Bekanntheit für Ihre Marke. Bei der Schnittmenge zwischen Kundenbedürfnissen und gesellschaftsrelevanten Themen, die von Ihrer Marke nicht abgedeckt werden können, betreten Sie vermintes Gebiet. Alles, was nicht in der Markenidentität festgelegt ist, befindet sich außerhalb der Leitplanken zum Handeln.

Ich sehe entsprechend folgende Anforderungen an wirksamen Markencontent:

1. Er muss für die Anspruchsgruppen relevant sein.
2. Er muss bei den Anspruchsgruppen Resonanz erzeugen.
3. Er muss von der Marke besitzbar sein.

Kapitel XI. Signale setzen: aus der Flut herausstechen

Die Erfüllung dieser Kriterien ist alles andere als trivial.

Für mich ist jedenfalls klar:

Ich möchte dies an einem Beispiel erläutern. Wenn Sie sich Urlaubsdestinationen aussuchen, so werden Sie dafür bestimmte Kriterien anlegen. Ob Sie lieber im Sommer in den Urlaub fahren oder in einer anderen Jahreszeit, ob Sie lieber relaxen oder

> *Der beste Content kommt aus der Marke selbst.*

möglichst viel sehen wollen usw. Niemand von uns würde allerdings von selbst morgens nach dem Aufwachen auf die Idee kommen, sich für einen Kurzurlaub ein Urlaubsziel zu wünschen, wo ein Kirchturm aus einem See herausragt. Dieser Wunsch muss erst geweckt werden.

Genau dies findet man allerdings im Vinschgau in Südtirol am Reschensee. Dort wurde das Dorf Graun geflutet, als aus mehreren Seen ein Stausee gebildet wurde. Seitdem ragt aus dem See die Kirchturmspitze hervor. Der faszinierende Content wurde nicht von Touristen geschaffen, er erstand durch die Geschehnisse vor Ort. Heute ist es ein Touristen-Magnet. Genau wir hier kommt für mich der überzeugendste Content aus der Marke selbst.

Abbildung 71: Reschensee: Kirchturm im Wasser

Red Bull ist ein Paradebeispiel dafür. Wenn Red Bull heutzutage als Medienmarke beschrieben wird und nicht mehr nur als reiner Energydrink, dann deshalb, weil die Marke fortlaufend neuen Content bildet. Und dies alles um den Markenkern, den ich hier vereinfacht als „Verleiht Dir Flügel" beschreibe.

Sie können unmittelbar erkennen, dass sowohl bei dem Kirchturm im Reschensee als auch beim Space Jump von Red Bull die drei oben genannten Kriterien erfüllt sind. Die jeweiligen Marken besitzen die Inhalte, sie sind nicht kopierbar. Die Inhalte sind relevant für die Kunden. In dem einen Fall, weil Menschen im Urlaub gerne neue und inspirierende Dinge sehen möchten. In dem anderen Fall, weil die Idee der Energie und des über sich Hinauswachsens für die Zielgruppe von Red Bull relevant ist. Zudem resoniert es in besonderer Weise: Beides berührt und hinterlässt einen starken emotionalen Eindruck. Dies ist auch der Grund dafür, dass beide Inhalte auch gerne mit anderen Menschen geteilt werden.

Zu 4: Die Zielgruppen richtig bespielen

Dies ist eine echte Herausforderung für Marken, die sich an breite Kundengruppen richten. Procter & Gamble hatte sich mit Febreèze in der kommunikativen Ansprache im Internet auf solche Zielgruppen mit echtem Bedarf konzentriert, den Duft aus Möbeln und Kleidern zu entfernen. Folgerichtig wurde im Internet gezielt dort mit Febreèze geworben, wo sich Hunde- und Katzenhalter tummelten. Hier wurde ein großer Bedarf zur Neutralisierung von Gerüchen gesehen. Dies erwies sich allerdings als Trugschluss, die erwarteten Mehrverkäufe traten nicht ein. Tierhalter mögen zwar einen solchen Bedarf haben, nehmen aber möglicherweise gar nicht die täglichen Gerüche wahr, von denen sie umgeben sind. Vielleicht denken sie entsprechend nur anlassbezogen an Raumspray, z. B. wenn sie Freunde zu Besuch erwarten, die keine Tiere haben.

Trotz aller verfügbaren digitalen Daten ist es nach wie vor schwierig, Kunden treffgenau zu erreichen. In einem Selbstexperiment analysierte Wolfgang Uchatius, Redakteur bei der Wochenzeitung „Die Zeit", wie gut sich Google mit seinen Werbevorschlägen auf seine Wünsche und Bedürfnisse einstellt und dazu die passende Werbung liefert. Das Ergebnis ist ernüchternd. Er erhielt Autowerbung für den Opel Mocca, obwohl er mit 46 Jahren noch nie ein Auto besaß und auch kein Auto kaufen möchte, Werbung für Hundefutter von Pedigree, obwohl er zwei Kaninchen, aber keinen Hund hat, Werbung für einen Rasenroboter der Marke Viking, obwohl er nur einen Balkon hat, Werbung für SHEIN, einem Onlineshop für Frauenmode, obwohl er ein Mann ist usw.[126] Besonders viel scheint Google nicht über ihn zu wissen.[127]

Natürlich werden die Algorithmen immer besser, allerdings steht außer Frage, dass wir von einem exakten Targeting noch weit entfernt sind. Generell gilt hier: Je mehr Daten über Kunden vorliegen und je klarer diese ihre Präferenzspuren im Netz hinterlassen, umso besser wird eine zielgenaue Ansprache derer Bedürfnisse.

---

[126] In der Zwischenzeit bietet SHEIN auch Männermode an.
[127] Uchatius, 2016.

Kapitel XI. Signale setzen: aus der Flut herausstechen

Ein weitaus größeres Problem ist jedoch die Tatsache, dass sich das Verhalten von Digital Natives und Digital Immigrants hinsichtlich der genutzten Medien diametral voneinander unterscheidet.[128]

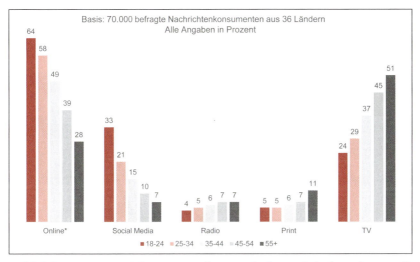

Abbildung 72: Die Zielgruppenschere zwischen Digital Natives und Digital Immigrants

Während Digital Natives Online und Social Media bevorzugen, sind es bei den Digital Immigrants nach wie vor stärker das Fernsehen und die Printmedien. So ist das ZDF der Fernsehsender, der derzeit die stärksten Zuwächse verzeichnet, und dies vor allem bei Zuschauern, die das fünfzigste Lebensjahr überschritten haben.

Mercedes-Benz gelingt dieser Spagat sehr gut. In den klassischen Medien werden die Digital Immigrants angesprochen, während mit der Kampagne #Growup gezielt jüngere Zielgruppen über Facebook, Twitter, Instagram und YouTube adressiert werden: markenspezifisch und zielgruppengerecht. Mercedes-Benz ist es dadurch gelungen, das Image bei Digital Natives deutlich zu steigern.

Der Marke Estée Lauder, die nicht die Jugendmarke per se ist, ist es ebenfalls gelungen, mit digitalen Strategien schnell Marktanteile zu gewinnen. Ein Schlüssel dafür war die gezielte Markenarbeit in sozi-

---

[128] Digital Natives sind Menschen der Generation, die in der digitalen Welt aufgewachsen sind. Digital Immigrants sind folgerichtig Personen, die die digitale Welt erst im Erwachsenenalter kennengelernt haben.

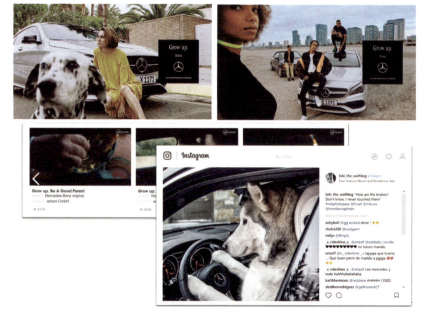

Abbildung 73: Mercedes-Benz #Growup-Kampagne

alen Medien. Die Marke konnte dort die Anzahl der Postings im Jahr 2018 im Vergleich zum Vorjahr verdoppeln.[129]

Aufmerksamkeit schaffen bei jüngeren Zielgruppen hat einen doppelten Effekt:

1. Die jüngeren Zielgruppen sind selbst Käufer oder werden für die jeweilige Marke die Käufer von morgen.
2. Selbst wenn das Portemonnaie noch keinen Kauf einer bestimmten Marke zulässt, fungieren jüngere Menschen oft als Meinungsführer und somit Beeinflusser in vielen Kategorien. Deren Einfluss auf Eltern, Verwandte und Bekannte ist nicht zu unterschätzen.

Manager müssen somit zwei Welten bedienen: Digital Natives und Digital Immigrants. Es lohnt sich zudem die Frage, welche Kontaktpunkte gleichermaßen für beide Gruppen relevant sein können. Outdoor-Werbung ist ein solcher Bereich.

---

[129] Nohn, 2019, S. 18.

Key Take-aways

Durch die Digitalisierung steigt die Informationsflut weiter. Dem steht eine sinkende Aufmerksamkeitsspanne der Kunden gegenüber. Viele Informationen werden nur noch implizit wahrgenommen. Kunden schotten sich ab und sind kaum noch durch Kommunikation erreichbar. Die Folge: Immer mehr Informationen landen ungenutzt auf dem Informationsmüll. Es wird für Marken somit noch schwieriger, auf der Menukarte der Kunden zu erscheinen.

Für Marken wird es im Zeitalter der Digitalisierung kriegsentscheidend, diese Hürden zu nehmen. Die Hebel dazu sind begrenzt. E geht darum, starke Aufmerksamkeit für Marken durch aktivierungsstarke Kommunikation zu schaffen, die die Marke ins Zentrum der Betrachtung stellt und diese nicht durch starke Reize kannibalisiert. Es geht darum, die Originalität der Kommunikation sicherzustellen und sich abseits eingetretener Pfade zu bewegen, um dadurch Kunden zu erreichen. Zudem sind klare Muster für die Marke zu entwickeln, um diese in der Flut der Angebote leicht erkennbar zu machen. Auch Geschichten helfen, weil diese gerne weitergegeben werden. Da sich Digital Natives zudem in ihrem Kommunikationskonsum und den präferierten Medien diametral von Digital Immigrants unterscheiden, ist es wichtig, die Zielgruppen richtig zu bespielen.

Kapitel XII. Content ist King: Content aus der Marke und Content für die Marke

Bei der Suche im Internet spielt der Content eine entscheidende Rolle. Zwar wird immer noch trefflich darüber gestritten, ob Content nicht alter Wein in neuen Schläuchen ist. Richtig ist jedoch, dass es starke Marken ohne gute Inhalte nicht gibt.

> *Eine Marke, die nichts zu sagen hat, ist überflüssig.*

Ebenso richtig ist allerdings auch, dass durch das Internet und die Suche mit Google der Content für Marken immer wichtiger wird, um gefunden zu werden und für Kunden relevant zu bleiben. Also müssen entsprechend relevante Inhalte zur Marke verfügbar sein, wann immer Kunden danach suchen. Google führte für diese wichtige Stufe der Suche den Begriff ZMOT ein, den sogenannten Zero Moment of Truth als Vorstufe zum eigentlichen Moment of Truth beim Kauf einer Leistung. Damit ist die Vorkaufphase gemeint, bei der Kunden aktiv nach Informationen suchen und entsprechend auch mehr Informationen verarbeiten. Zwei Wege sind hierbei zentral: Das Suchen online sowie die Gespräche mit Freunden, Bekannten und Verwandten. In beiden Strängen müssen Marken stattfinden und sich überzeugend in Szene setzen. Aber nicht nur dort: Content spielt in praktisch allen Phasen der Kundenreise eine wichtige Rolle – von der Erzeugung von Aufmerksamkeit bis zur Kundenbindung und der Förderung von Engagement für die Marke.

> *Content ist und bleibt King: Er ist für die Marke das Zünglein an der Waage.*

Folgt man den Ausführungen von Kotler und Kollegen, so nutzen 76 Prozent der B2C-Unternehmen und 88 Prozent der B2B-Unternehmen in den USA Content-Marketing. Sie geben dafür im Durchschnitt 32 Prozent (B2C) bzw. 28 Prozent (B2B) Ihres Marketingbudgets aus.[130] In Deutschland geht das Content Marketing Institute für das Jahr 2018 davon aus, dass 26 Prozent des Marketingbudgets bei B2B-Unternehmen und 22 Prozent bei B2C-Unternehmen in Content Marketing fließt. Content-Marketing dient der Kreation, dem Kuratieren, der Verteilung und der Multiplikation von Inhalten, die für die Zielgruppe interessant, relevant und nützlich sind.

---

[130] Kotler et al., 2017, S. 85.

Demzufolge gilt es aus Managementsicht zu analysieren,

- was Kunden interessiert, worüber Kunden sprechen und wie deren Suchzugänge zu bestimmten Themen aussehen,
- was die Marke für konkrete Nutzen und Hilfestellungen für Kundenbedürfnisse leisten kann,
- was auf den unterschiedlichen Kundenreisen Mehrwert stiften kann und
- wie aus der Schnittmenge der genannten Bereiche markenrelevanter Content gebildet werden kann.

Zudem ist das kulturelle Umfeld zu beachten, um Themen, die generell die Werte der Kunden und die Wertediskussion beeinflussen, im Blick zu behalten und hinsichtlich ihrer Relevanz für die Marke zu analysieren.

Die jeweiligen Zielgruppen bestimmen die Formate, in denen der Content präsentiert wird. Während B2C-Unternehmen überwiegend Fotos, Illustrationen, Videos, elektronische Newsletter und Beiträge auf ihren Websites nutzen, setzen B2B-Unternehmen verstärkt auf Fallstudien, Blogs, In-Person-Events und elektronische Newsletter.[131]

Procter & Gamble hat mit der Rasiermarke Gillette und der Damenhygienemarke Always zwei gesellschaftlich relevante Themen aufgegriffen. Bei Gillette ging es in dem YouTube-Spot „We believe: The Best Men Can Be" um die Rolle des Mannes und um ein neues Rollenverständnis, weg vom Macho hin zum einfühlsamen und rücksichtsvollen Menschen (Abbildung 78). Ganz offensichtlich hatte diese sogenannte Haltungskampagne eine starke Resonanz: Der Content war relevant. Insgesamt 31 Millionen Mal wurde der Spot angeschaut. Er erhielt rund 797.000 Likes und über 1.5 Millionen Dislikes.[132] Bei keinem vorangegangenen Spot war die Zustimmung und gleichzeitig die Ablehnung jemals größer gewesen. Der Nerv der Zeit wurde getroffen.

Ebenso erfolgreich war Always mit dem YouTube-Spot „#Like a Girl". Hier wurden die üblichen Vorurteile zum Rollenverständnis von Mädchen aufgegriffen: wie sie laufen, Bälle werfen usw. Anschließend wurde gezeigt, wie junge Mädchen tatsächlich laufen oder werfen, wenn sie nicht das typische Rollenverhalten reflektieren, nämlich so wie Jungs auch. 67 Millionen Aufrufe sprechen für sich, es gab 287.000 positive und nur 23.000 negative Bewertungen.[133]

---

[131] Content Marketing Institute.
[132] Stand Juli 2019.
[133] Stand Juli 2019.

Beide Spots griffen gesellschaftsrelevante Themen auf, beide schafften hohe Aufmerksamkeit für die jeweiligen Marken. Fraglich ist allerdings, ob sie die Markenwerte von Gillette und Always glaubwürdig transportieren und somit das Image stärken. Es könnte natürlich sein, dass beide Marken bewusst neu aufgestellt und positioniert werden sollen, weil das Management davon überzeugt ist, dass dies die Markenpräferenzen treibt. Dann müsste allerdings auch konsequent der Schritt gegangen werden, dass man diese Inhalte als Plattform für ganzheitliches Erleben der Marken auf allen Kanälen nutzt. Dies ist bislang nicht der Fall. Zahlt es dann auf die jeweilige Marke ein und ist es auch wirklich verkaufswirksam? Gerade die Authentizität ist der Unterschied zwischen Always und einer Marke wie Dove. Dove setzt die „Initiative für wahre Schönheit", die weg von den üblichen Schönheitsklischees natürliche Frauenbilder kommuniziert, konsequent über alle Kanäle um. Es ist die DNA der Marke und wird aktiv betrieben, statt reaktiv gesellschaftliche Trends aufzugreifen.

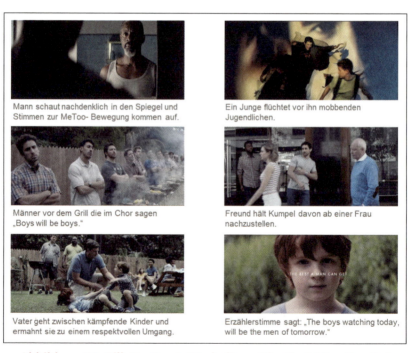

Abbildung 74: Gillette-Spot „We believe: The Best Men Can Be"

Content für Marken schaffen: Kunden besser verstehen. Im Folgenden gehe ich darauf ein, wie Content für Marken geschaffen werden kann, der latente Kundenbedürfnisse und -wünsche in markenspezifische

Botschaften übersetzt. Dies setzt ein tiefes Kundenverständnis voraus sowie eine differenzierte Analyse, welche Bedürfnisse aus der Marke heraus auch glaubwürdig adressiert werden können.

Zum besseren Kundenverständnis leisten Ansätze und Methoden der Digitalen Anthropologie Hilfestellung. Vereinfacht gesprochen handelt es sich um die Wissenschaft des Menschen im digitalen Kontext. Es geht darum zu verstehen, wie die Interaktion zwischen Menschen und digitaler Technik erfolgt, wie sich Menschen im digitalen Kontext verhalten und wie sie die Digitalisierung zum Austausch und zur Interaktion mit anderen Menschen nutzen.

Drei Methoden werden in diesem Zusammenhang häufig im Marketing genutzt:[134]

- Social Listening
- Netnographie sowie
- Empathic Research.

Beim *Social Listening* erfolgt ein Monitoring von dem, was Kunden im Internet über die Marke sagen und teilen. Schwerpunkt sind hier die sozialen Medien.[135] Mithilfe von Social Media Monitoring-Software werden große Mengen unstrukturierter Daten des sozialen Austauschs erfasst und ausgewertet. Damit wird zum einen erfasst, wie Kunden auf Content von der Marke reagieren und zum anderen worüber sich Kunden beschweren oder freuen. Dies bildet die Basis für Verbesserungen sowie neuen Content oder zur frühzeitigen Erkennung möglicher Krisen. Zudem kann dadurch identifiziert werden, wo die zentralen Verteilstationen für Markeninhalte liegen und wer diese verteilt.

Netflix fand durch Social Listening heraus, dass viele Menschen, die Komaglotzen von Serien betreiben, währenddessen einschlafen. Aus dieser Erkenntnis wurde Netflix Socks entwickelt. Netflix Socks merkt, wenn der Zuschauer einschläft, schickt dann ein Signal an den Fernseher und stoppt das Programm. Das Produkt erfreut sich großer Beliebtheit.[136] L'Oréal nutzt Social Listening für die Produktentwicklung. Das Unternehmen war sich im Jahre 2011 unsicher, welches Haarprodukt lanciert werden soll. Durch Social Listening und mithilfe von Google Trends entschied sich das Unternehmen für die Markteinführung von Ombré-Hair unter verschiedenen Marken. Bei

---

[134] Kotler et al., 2017, S. 110 ff..
[135] Stewart, Arnold, 2018.
[136] https://www.businessinsider.de/netflix-socks-turn-off-the-show-when-you-fall-asleep-2015-12?r=US&IR=T

diesem Frisurentrend werden die Haarspitzen heller gefärbt als der Rest des Haares. Das Produkt wurde ein Erfolg.

Ähnlich wie bei der Ethnographie tauchen Unternehmen bei der *Netnographie* zum besseren Verständnis des Kundenbedarfs tief in soziale Medien und Communities ein, um diese unauffällig zu beobachten und zu analysieren.[137] Das Internet ermöglicht Konsumenten weltweit einen permanenten und leichten Austausch über Produkte, Marken und Erfahrungen. Es bilden sich dabei virtuelle Konsum-Communities und Markencommunities.[138] Die Communities im Internet sind quasi-öffentlich und somit leicht zugänglich für eine Analyse. Hauptsächlich bestehen die Daten in Textform (z. B. Chat-Protokolle, Interaktionen aus Foren, Fanseiten) oder in Form von Bildern und Videos. Zur Identifikation der richtigen Communities wird dabei oft Social Listening als Vorstufe genutzt, so dass man sich dann dort entsprechend einklinken kann. Anders als beim Social Listening ist hier die aktive Teilhabe eines Forschers erforderlich.

Von besonderem Interesse sind für die Marketing- und Konsumentenforschung häufig

- Einstellungen, Meinungen, Gefühle, Vorstellungen, Erwartungen,
- Symbole, Rituale und kommunikative Besonderheiten (z. B. Wortwahl, Syntax)

die mit quantitativen Methoden nicht bzw. nicht ausreichend erfasst werden können.[139]

Campbells Onlinecommunity sollte an Relevanz und Attraktivität gewinnen. Das Management war der Ansicht, dass hierzu umfangreiche und tiefe Einblicke in Nutzer und ihre Gewohnheiten notwendig waren. Traditionelle Befragungen und Fokusgruppen liefern nicht so ungefilterte bzw. so reichhaltige Erkenntnisse. Um wirklich die Attraktivität der Plattform erhöhen zu können, muss das Konsumentenverhalten insbesondere online zunächst verstanden werden. Für Campbells war Netnographie die Lösung zur Gewinnung der gewünschten Insights. Untersucht wurden nicht nur Interaktionen von Mitgliedern der bestehenden Onlinecommunity, sondern auch externe Plattformen (z. B. YouTube, Foren) zu verwandten Themen wie Kochen und Haushalt.

---

[137] Die Netnographie wurde Ende der 90er Jahre in der Marketing- und Konsumentenforschung von Kozinets (1998) eingeführt. Sie gewann durch die Verbreitung des Internets rasch an Bedeutung.
[138] Blanchard, Horan, 1998; Muniz, O'Guin, 2001.
[139] Lee, Broderick, 2007.

Es zeigte sich ein Wandel bei den präferierten Geschmacksrichtungen. Zudem wurden Produkte teils anders konsumiert als gedacht, z. B. Suppen als Dips. Kunden wünschten sich auch Rezeptideen und Tipps für ein unkompliziertes Kochen. Interessanterweise beschäftigen sich auch viele Konsumenten mit dem Thema Kochen, wenn sie unterwegs waren.

Diese Erkenntnisse führten zu folgenden Optimierungen:

- die Einführung einer Responsive Website, die komfortabel auf Mobilgeräten von unterwegs genutzt werden konnte,
- Empfehlungen für einfaches und unkompliziertes Kochen,
- digitale Portionierungshilfen für eine leichtere Planung der Mengen,
- ein neuer Suchzugang, wo Kunden nach Stimmung (z. B. Lust auf etwas Herzhaftes) Rezepte suchen können.

Die Ergebnisse waren beachtlich: Die Aktivität der eigenen Community stieg von 120.000 monatlichen Besuchern auf über eine Million innerhalb von vier Monaten. Zudem erwartet das Unternehmen durch neue Produkte mit besserem Fit zu den Kundenbedürfnissen weitere positive Effekte.

Beim *Empathic Research* erfolgt ebenfalls ein Eintauchen und das partizipative Beobachten mit dem Ziel, latente Kundenbedürfnisse zu ermitteln.[140] Dies erfolgt allerdings im normalen Leben der Kunden und deren täglichen Abläufen. Beobachtungen, Interviews, Immersion oder andere Konzepte werden genutzt, um unbekannte oder nicht greifbare Bedürfnisse der Kunden mit den Möglichkeiten der Unternehmen zu verbinden, um einen Mehrwert für Kunden zu generieren. Dabei ist eine Zusammenarbeit zwischen Forschern, die typischerweise unterschiedliche Perspektiven des Unternehmens repräsentieren, Designern, Ingenieuren bis hin zu Marketingspezialisten, und den Konsumenten erforderlich.

Design Thinking fußt auf dem Empathic Design. Folgende Phasen sind dabei typischerweise zu durchlaufen:[141]

- Empathize: Kunden und ihre Bedürfnisse verstehen
- Define: Umfang des Problems aus Kundensicht begreifen
- Ideate: Brainstorming möglicher Lösungen
- Prototype: Entwicklung minimal realisierbarer Modelle von Lösungsansätzen
- Test: Anwendbarkeit der Prototypen bewerten

---

[140] Leonard, Rayport, 1997.
[141] Lyke-Ho-Gland, 2018.

Mit Hilfe solcher Beobachtungen stellte ein Hersteller von Frühstücksflocken fest, dass diese nicht nur zum Frühstück genutzt wurden. Vielmehr waren Eltern von Kleinkindern mehr daran interessiert, das Ganze als Snack für quengelige Kinder auch unterwegs zur Verfügung zu haben, um diese mit etwas Gesundem zu beruhigen.

Neben den richtigen Methoden zur Ermittlung relevanter Contents ist natürlich auch deren Verbreitung wichtig. Dazu lohnt es sich, Mobile First zu denken.

Mobile First-Ansatz: ein Blick nach China

Jeder, der regelmäßig in China ist, weiß, wie anders dort Kommunikation und die Nutzung digitaler Medien erfolgt. Ein bewusst drastisches Beispiel dazu: Bettler in Deutschland sitzen nach wie vor am Straßenrand mit einer Schale, um Münzgeld zu sammeln. In den Metropolen Chinas erfolgt die Spende über ein Smartphone auf dem Kopf des Bettlers, wo über WeChat Geld von Smartphone zu Smartphone überwiesen wird.

> *Die Kopierweltmeister werden zum Kopiervorbild.*

Ich beobachte nun schon seit Jahren eine große Veränderung bei den vielen chinesischen Studenten, die in meinen Marken- und Kommunikationskursen an der EBS Business School sind: Während chinesische Studierende früher sehr zurückhaltend waren und die Lehrinhalte förmlich aufgesogen haben, streben sie heute zwar nach wie vor nach einem Wirkungsverständnis und inhalieren entsprechende Inhalte, gehen aber gleichermaßen in Diskussionen mit chinesischen Best-Practice-Beispielen in die Offensive. Der Grund ist einfach: Sie merken, wie hoffnungslos veraltet die Kommunikationsansätze und der Stand zur Nutzung digitaler Geräte in Deutschland im Vergleich zu China sind. Nicht nur das: Unser gesamtes Verhalten ist noch wenig von der Digitalisierung durchdrungen. Wir zahlen an Supermärkten mit Geld oder mit Karte. Dies wäre in China nicht denkbar, dort wird mit dem Smartphone bezahlt.

Dahinter steht eine andere Entwicklung der Medienlandschaft. Während wir über Zeitungen, Radio, Fernsehen, den PC bis hin zu Smartphones und Tablets sozialisiert wurden, vollzog sich der Wandel in China wesentlich schneller. Der PC wurde übersprungen, Mobilgeräte sind der bevorzugte Zugang zu Informationen jeglicher Art.

Bei uns liegt der Fokus nach wie vor auf verschiedenen Kanälen zur Verbreitung der Kommunikation. Diese wird minutiös auf ihre Wirkung analysiert. Der chinesische Weg ist ein anderer: Hier wird von Inhalten, Informationen und Wissen ausgegangen, „die User dazu bringen, aktiv zu werden und die Erlebnisse mit anderen zu teilen", meint Danielle Jim, Marketingleiterin von Visa Greater China.[142]

Was heißt nun Mobile First für Unternehmen:[143]

1. Entwickeln Sie Inhalte und Erlebnisse, die den Mobile-First-Gedanken verinnerlichen.
2. Werden Sie stärker viral: Die virale Verbreitung von Inhalten, die die soziale Interaktion fördern, ist schneller, billiger und führt zu besseren Ergebnissen als herkömmliche Werbung. Dabei spielen die Integration von Meinungsführern, Bloggern und Influencern, die Ihre Botschaft unters Volk bringen, eine wichtige Rolle.
3. Vermitteln Sie keine Rabatte, sondern Inhalte. Rabatte fördern den kurzfristigen Verkauf, Inhalte führen zu Fans, Verbreitung und Bindung.
4. Denken Sie plattformübergreifend. Der Content ist nur so gut, wie er sich über unterschiedliche Medien und Kanäle nahtlos multiplizieren und umsetzen lässt.
5. Nutzen Sie verfügbare Daten der wichtigen digitalen Player. Konsumgüterhersteller sind schon lange geübt darin, mit Daten der Handelsunternehmen zu arbeiten und diese zur Optimierung ihrer Angebote zu nutzen. Das gleiche hilft auch in der digitalen Welt, die Kunden besser zu verstehen.
6. Schnelligkeit ist Trumpf. Bei schwindenden Reaktionszeiten zur Verbreitung von Nachrichten ist es wichtig, Speed aufzunehmen, um aktuell zu bleiben und diese Aktualität auch unter Beweis zu stellen. So hat Edeka mit seinem Protagonisten Friedrich Liechtenstein in kürzester Zeit mit dem YouTube-Spot „Hallo ihr süßen Lidl-Mäuschen" eine Replik auf vergleichende Werbung von Lidl gegeben, in der die Wettbewerber mit ihren Namen in knalligen Headlines verballhornt und die Preishoheit von Lidl zur Schau gestellt wurde.

---

[142] Whitler, 2019, S. 53.
[143] Whitler, 2019, S. 54 ff.

Abbildung 75: Lidl: vergleichende Werbung und Edeka-Replik

! Key Take-aways

Marken, die nichts zu sagen haben, sind überflüssig. Content ist und bleibt King. Guter Content kommt aus der Marke und resoniert mit den Wünschen und Bedürfnissen der Kunden.

Demzufolge ist aus Managementsicht zu analysieren, was Kunden interessiert und worüber Kunden sprechen. Es ist zu konkretisieren, was die Marke für konkrete Nutzen und Hilfestellungen für Kundenbedürfnisse leisten und wie sie auf Kundenreisen Mehrwert stiften kann.

Um tiefer zu ergründen, was Kunden umtreibt, können Sie Social Listening, Empathic Research und Netnographie einsetzen.

Bei der Umsetzung des Contents sollten Sie „Mobile First" denken. Es geht darum, Inhalte und Erlebnisse zu entwickeln, die den Mobile-First-Gedanken verinnerlichen.

Kapitel XIII. Seamless Experience sicherstellen: die Spur zur Marke legen

Das ganzheitliche Erleben der Marke durch Kunden ist ein wesentlicher Schlüssel zum Aufbau einer starken Marke. Wir erbrachten in einer umfassenden Studie zur Kundenbegeisterung und zur Customer Experience den Nachweis, dass Markenstärke und Kundenerleben sich gegenseitig bedingen, kurzum[144]:

Markenstärke und Kundenerleben gehen Hand in Hand.

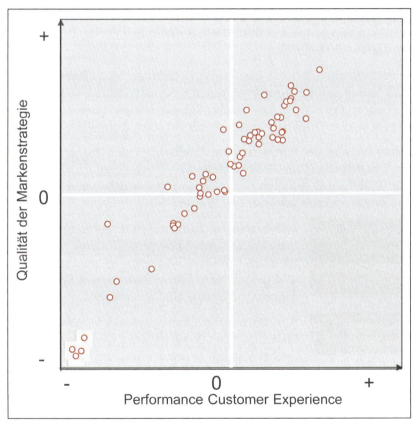

Abbildung 76: Beziehung zwischen Markenstärke und Kundenerleben

---

[144] Esch, Kochann, 2019, S. 121.

Das ganzheitliche Erleben von Marken hat zwei Stoßrichtungen:

1. Das Erleben der Marke an einem bestimmten Berührungspunkt, etwa bei Singapore Airlines im Flugzeug, bei Boss im eigenen Laden oder bei Würth bei einem Besuch eines Verkäufers. Hier ist durch alle sinnlich wahrnehmbaren Eindrücke ein möglichst einheitliches Bild zu hinterlassen.
2. Das Erleben der Marke auf der Kundenreise, also durch das Zusammenspiel mehrerer Kontaktpunkte mit der Marke.

Alle Sinne berühren und nachhaltig wirken

Verhaltensforschern zufolge bildet sich der Eindruck von Marken zu 80 Prozent durch nonverbale Signale.[145] Der Eindruck ist somit dominant sensorisch. Marken müssen über alle Sinne an den relevanten Kontaktpunkten erlebbar sein. Dies ist wesentlich für die Prägung eines klaren Markenbildes.

Evolutionstheoretisch ist dies einfach erklärbar. Menschen mussten früh lernen, auf bestimmte nonverbale Signale zu reagieren, um zu überleben. Deshalb wirken solche Signale stärker automatisch und werden leichter aufgenommen, verarbeitet sowie gespeichert.[146]

Schon früh hat der Forscher Allan Paivio mit seiner Imagery-Theorie die Überlegenheit von Bildern gegenüber Sprache eindrucksvoll belegt: Bilder wurden in den Untersuchungen von Paivio mehr als doppelt so gut erinnert wie konkrete Wörter.[147]

> *Es gilt folgende Wirkungskette: Realität > Bilder (mediale nonverbale Reize) > Sprache.*

Bilder werden automatisch aufgenommen, das heißt einfach und ohne große Anstrengung. Entsprechend werden diese auch leichter verarbeitet und gespeichert. Die Aufnahme von Sprache ist dagegen aufwendig und anstrengend.

> *„Bilder sind schnelle Schüsse ins Gehirn."*[148]

Wir können uns Bildern und anderen nonverbalen Eindrücken nicht verwehren. Die Intensität des Erlebens steigt, je mehr kohärente Eindrücke auf uns einströmen.

Gerade durch die Digitalisierung bestehen viele Möglichkeiten, Markeninhalte nonverbal zu transportieren. Immer mehr Menschen verbringen zunehmend mehr Zeit in der digitalen Welt. Die Zeit für das reale Erleben von Marken geht entsprechend zurück.

---

[145] Lindstrom, 2011.
[146] Esch, 2016.
[147] Paivio, 1990.
[148] Kroeber-Riel, Esch, 2015.

Dass die digitale Welt dabei die Realität nicht ersetzen kann, zeigt folgendes spannende Experiment: Forscher testeten die Fähigkeit von Kindern, in Gesichtern Gefühle zu erkennen. Später schickten sie einen Teil der Kinder ins Ferienlager, wo sie fünf Tage ohne Fernsehen, Computer und Smartphone verbringen mussten. Die anderen konnten weiterleben wie bisher. Am Ende führten sie den Test erneut durch. Bei den Kindern mit der Digital-Diät erhöhten sich die Empathie-Werte stark.[149]

Daraus leite ich zwei Dinge ab:

1. Nichts ist stärker als das reale sinnliche Erleben.
2. In der digitalen Welt ist das Erlebbarmachen der Marke zu überzeichnen, um ähnliche Empathie-Werte wie in der Realität zu erzielen. Sinnlich erlebbare Eindrücke müssen perfekt die Emotionen widerspiegeln, die sie bei Kunden hervorrufen sollen.

Die multisensorische Verstärkung gezielt zur Markenstärkung nutzen

Kohärente Reize, also sinnliche Eindrücke mit zueinander passenden Inhalten, wirken intensiver. Sie verstärken den sinnlichen Eindruck. Die Neuronen im Gehirn feuern dann bis zu zwölf Mal häufiger als bei herkömmlichen oder nicht zueinander passenden Darbietungen. Dieser Effekt wird als multisensorische Verstärkung bezeichnet.

Ich möchte dies an einem simplen Beispiel erläutern: Sehen Sie eine karibische Schönheit vor einer schwarzen Wand, hinterlässt dies einen anderen Eindruck, als wenn dieselbe karibische Schönheit an einem weißen Strand mit blauem Meer steht, das Meeresrauschen zu hören ist und die Dame sich rhythmisch zu den Klängen einer Steeldrum-Band bewegt. Umgekehrt wird der Eindruck geschwächt, wenn nicht zueinander passende Reize über unterschiedliche Sinneskanäle angeboten werden.

Mit meinen Mitarbeitern am Institut für Marken- und Kommunikationsforschung haben wir hierzu Experimente zu Musik, Gerüchen, Bildern und haptischen Eindrucken vorgenommen mit dem immer gleichen Ergebnis:

Wer würde schon gerne eine Seezunge essen, die grün ist, nach Fleisch riecht und dabei Heavy Metal hören?

Kohärenz verstärkt, Inkonsistenz schwächt.

---

[149] Spiewak, 2017.

Wie wichtig das Erlebbarmachen einer Marke und die Interaktion mit den Kunden sein können, zeigt Starbucks. Der Unternehmensgründer Howard Schultz befürchtete, dass die US-Kaffeehauskette zum freudlosen Fast-Food-Imperium verkommen könne. In einer E-Mail an seine Führungskräfte schrieb er: „Wir haben eine Reihe von Entscheidungen getroffen, die in der Rückschau dazu geführt haben, dass die Starbucks-Erfahrung verwässert wurde." Die Läden hätten ihre Seele verloren, es würde nicht mehr nach frisch gemahlenem Kaffee riechen, jeder Shop wirke immer mehr wie ein Laden einer Kette ... Es sei demnach Zeit, „das Erbe, die Tradition und die Leidenschaft für die wahre Starbucks-Erfahrung wieder hervorzurufen". Starbucks sei „ein Rückzugsraum, eine private Ecke zwischen Arbeit und zu Hause, ein sicherer Ort, gemacht nur für dich".[150]

Genau dies sollten Kunden in einem Starbucks-Café erleben und spüren. Gerüche, Geräusche, visuelle Eindrücke, Musik – also die multisensuale Gestaltung des Outlets und die Interaktion mit den Mitarbeitern sollten ein kohärentes Bild der Marke vermitteln. Viele Entscheidungen minderten jedoch diese Erfahrung: So lösten neue automatische Espressomaschinen die alte La Marzocco ab. Dadurch ging zwar alles schneller, so dass ein Problem bei der Geschwindigkeit des Service gelöst wurde. Gleichzeitig verschwanden damit jedoch auch die Romantik und das Schauspiel, das der Kunde beim Kaffeebrühen und Milchaufschäumen erlebte. Das Preis-Premium, das Starbucks mit seinem Kaffee realisiert, geht jedoch auf dieses Erleben und die besondere Interaktion mit den Kunden zurück.

Setzen Sie dieses Erleben einmal gegen das Erleben Ihrer Marke oder gegen das Erleben des Besuches einer Bank, egal ob im realen Leben oder im Internet. Wo stehen Sie mit Ihren Bemühungen, die Marke erlebbar zu machen?

Visuelle Reize dominieren die Wahrnehmung: Menschen sind Augentiere.

Ein Großteil der Sinneseindrücke wird über den Sehnerv aufgenommen. Allerdings müssen Werte, wonach generell 83 Prozent der Reize visuell, 11 Prozent akustisch und nur ein ganz geringer Teil über Geruch, Geschmack und Berührung aufgenommen werden sollen, differenzierter betrachtet werden.[151]

Der Grund liegt auf der Hand: Zunächst betrachten Sie etwas, bevor Sie es berühren oder probieren. Allerdings können Sie bereits an einer Straßenecke verführerische Düfte riechen oder Musik hören, bevor

---

[150] Henry, 2007, S. 69.
[151] Braem, 2009, S. 192.

Sie einen Laden sehen. Abercrombie & Fitch nutzt diesen Effekt: Oft riechen Sie den Shop, bevor Sie ihn sehen.

Die Wichtigkeit der fünf Sinne schwankt nach Produktkategorie. Bei Sportbekleidung liegt der Einfluss des Sehens bei 87 Prozent, der des Fühlens bei 82 Prozent. Beim Kauf einer Stereoanlage liegen die Werte für das Betrachten bei 86 Prozent und fürs Hören bei 82 Prozent. Bei Autos dominiert der visuelle Eindruck mit 78 Prozent, gefolgt vom Hören mit 44 Prozent und Fühlen mit 46 Prozent. Und bei Softdrinks, Eiscreme und Burgern dominiert der Geschmacksnerv mit weit über 80 Prozent, hingegen ist das Sehen hier mit Werten von 26 bis 34 Prozent eher von untergeordneter Bedeutung.[152]

Demzufolge können Sie sich nicht alleine auf die visuelle Ausgestaltung Ihrer Marke verlassen. Vielmehr sind alle Sinne der Konsumenten anzusprechen. Es ist genau zu ermitteln, welche Sinnesorgane für die eigenen Produkte und Dienstleistungen am wichtigsten sind.

Die Marke sinnlich erlebbar machen

Welche Effekte dies auslöst und die dahinter stehenden Mechanismen erläutert der Psychologe Johannes Engelkamp plastisch. Nach seinem Modell gibt es für sprachliche sowie für nonverbale Reize getrennte Eingangssysteme, in denen der jeweilige Reiz verarbeitet wird.[153] Wenn Sie etwas hören, ist das Eingangstor zur Verarbeitung des Reizes anders als beim Sehen, Riechen, Schmecken oder Tasten. Die verarbeiteten Reize gelangen wiederum in ein konzeptuelles System. Dort bilden sich die Vorstellungen, die Sie mit einer Marke verknüpfen.

Lesen Sie das Wort „Rose", wird dieses Wort genauso im konzeptuellen System abgespeichert werden wie das Bild einer Rose oder eine Rose in der Realität, die Sie betrachten oder riechen. Treffen gleichzeitig verschiedene Reize in unterschiedlichen Eingangssystemen ein, führen übereinstimmende Reizwahrnehmungen zur intensiveren Verarbeitung und zu einer besseren Speicherung von Markeninhalten. Widersprüchliche Reize bewirken das Gegenteil und erschweren Verarbeitung und Speicherung.

Dies zeigen auch Ergebnisse der Brand-Sense-Studie. Die Erinnerung ist umso besser, je mehr sensorische Kontaktpunkte eine Marke hat, auf die

> *Zueinander passende sinnliche Reize verstärken die Markenwirkungen.*

---

[152] Esch, 2018, in Anlehnung an eine Studie von Millward Brown mit 3.500 Konsumenten in 13 Ländern.
[153] Engelkamp, 1997.

Kunden zurückgreifen können.[154] Dies erhöht die Preisbereitschaft und stärkt die Markenbindung.

Synästhesie verstärkt den Markeneindruck

Ich kann nur dazu raten, die ganze Klaviatur multisensualer Reize zu nutzen, weil sie bei den Konsumenten unbewusst einen Beitrag zur Verankerung der Marke leisten. Synästhetische Wirkungen erzielen eine Multiadditivität der Wirkung.

Dazu ein einfaches Beispiel. Wollen Sie Exotik zum Ausdruck bringen, stellt sich als Erstes die Frage, welche Form der Exotik, da dieser Begriff oder das damit verbundene Erleben viele Facetten hat. Würden Ihre Überlegungen nun in Richtung Karibische Exotik gehen, könnten die Übersetzungsprogramme wie folgt lauten:

- Visuell: Meer, strahlend blauer Himmel, weißer Sandstrand, Palmen am Strand, bunte Holzhäuser am Strand, bunte Holzfischerboote, Einbaum-Boote, Frauen mit Blumen im Haar und Baströcken etc.
- Akustisch: Steeldrum-Band mit Reggae-Musik, Meeresrauschen etc.
- Olfaktorisch: Geruch von Kokosnuss, Meeresbrise etc.
- Geschmacklich: Kokosnuss, Banane, typische karibische Mixgetränke etc.
- Haptisch: Bambus, Sand etc.

Sie merken schon alleine bei dieser einfachen Übersetzung, wie gut Bacardi die schematischen Vorstellungen von Karibik in sinnlich erlebbare Reize übersetzt.

Es wäre allerdings zu kurz gesprungen, es dabei zu belassen. Vielmehr sind Sie in der Pflicht, dies für alle wesentlichen Berührungspunkte Ihrer Marke mit Kunden durchzuexerzieren, von den Produkten über Services bis hin zur Kommunikation. Sie werden schnell merken, dass Sie nicht durchgängig die Markenwerte überall sinnlich erlebbar machen können. Manchmal benötigen Sie dafür Übersetzungsprogramme, auch und gerade im digitalen Bereich.

Häufig reicht auch ein Sinn nicht aus, um etwas in Gänze zu erfassen: Schmecken ohne Riechen ist fast nicht denkbar. Natürlich hinterlässt auch der visuelle Eindruck beim Schmecken Wirkung: Das Auge isst mit.

---

[154] Lindstrom, 2011.

Welche frappierenden Effekte daraus resultieren können, zeigt ein Versuch mit Profiweinverkostern. Wurde Weißwein geschmacksneutral rot eingefärbt, konnten die Verkoster den Wein nicht mehr als Weißwein identifizieren. Die Sinne lenken unser Denken und unser Urteil. Wer schon einmal ein Blind Dinner genossen hat, weiß, wie schwierig es ist, Produkte auf dem Teller korrekt zu identifizieren.

Die Klaviatur multisensualer Reize nutzen

Singapore Airlines zeigt, wie es geht. Schon 1973 hat die Fluglinie das Singapore Girl ins Leben gerufen, Sinnbild für die emotionale Erfahrung der Passagiere während der Flugreise. Im Zuge der Einführung des Singapore Girls wurden die alten Uniformen vernichtet und neue aus feinstem Stoff entwickelt. Der Stoff ist passend zum Kabinendekor gemustert. Die Stewardessen von Singapore Airlines werden bis zum Make-up durchgestylt. Ihnen standen zwei Farbkombinationen zur Auswahl, die im Gestaltungshandbuch der Airline dokumentiert sind.

Selbst die Aufnahmeregeln für Kabinenpersonal sind streng reglementiert. Mitglieder der Kabinencrew waren grundsätzlich Frauen unter 26 Jahren. Ihre Figur musste in die speziell gefertigten Uniformen passen, ihr Aussehen sich mit den Models in der Kommunikation messen lassen.

Es gibt auch strikte Verhaltensanweisungen, wie die Passagiere anzusprechen sind, wie das Essen zu servieren ist und so weiter. Teller sind so zu platzieren, dass das Logo von Singapore Airlines an einer bestimmten Stelle ist. Spielt ein Passagier am Teller herum und verschiebt die Lage des Logos, drehen die Stewardessen den Teller selbstredend wieder in die korrekte Position. Bis zur Ansprache des Flugkapitäns wurde alles markenkonform durchgestylt. Seit Ende der neunziger Jahre gibt es den Duft „Stefan Floridian Waters" für Singapore Airlines. Vielflieger erkennen den Duft bereits beim Einstieg in das Flugzeug.

Idealerweise sollte jedes einzelne nonverbale Element so stark sein, dass es alleine für sich genommen wirkt. Gleichzeitig sollten die Reize so gut integriert sein, dass die Wirkung verstärkt und ein klares Markenbild aufgebaut wird.

Transfer sinnlicher Reize in die digitale Welt und Verstärkung durch die digitale Welt

An mich wird oft die Frage herangetragen, wie nun konkret das sinnliche Erleben einer Marke in die digitale Welt übersetzt werden kann und ob und in welcher Form die digitale Welt das Erleben verstärken kann.

Ich möchte dies an einem typischen Beispiel erläutern. Der Manager eines großen deutschen Finanzunternehmens fragte mich, wie sich die Markenwerte „Nähe" und „Partnerschaftlichkeit" so auf die Website des Unternehmens übertragen ließen, dass die Kunden dies auch dort spüren. Hätten Sie darauf direkt eine klare Antwort? Wie vollziehen Sie diesen Schritt in Ihrem eigenen Unternehmen?

> *Wir benötigen Übersetzungsprogramme von multisensualen Erlebnissen in die digitale Welt.*

Würde man nun digitale Kanäle auf einer Skala danach einordnen, wie gut diese zur Vermittlung multisensualer Reize geeignet seien, wären Instagram und YouTube sicherlich als hoch geeignet eingestuft, Twitter als wenig geeignet und die Website von Unternehmen irgendwo dazwischen.

Schon Marshall McLuhan meinte: „The medium is the message."

Somit gibt das Medium die Möglichkeiten vor, was man wie und in welcher Form kommunizieren kann.

Übersetzung in die digitale Welt

Zurück zur Frage, wie ein Finanzunternehmen „Partnerschaftlichkeit" und „Nähe" auf der Website ausdrücken kann. Wir haben folgendes Übersetzungsprogramm gewählt: ein bildhaftes und ein sprachliches, also eine direkte und eine indirekte Übersetzung. Bildhaft, indem die Nähe immer durch eine Person, die von einer anderen Person begleitet wird, umgesetzt wurde. Nähe, indem direkt auf der Startseite der Website die Möglichkeit gegeben wird, mit einem persönlichen Ansprechpartner in Kontakt zu treten – telefonisch oder per Mail. Und schließlich wurde die Sprache so angepasst, dass alleine durch die Formulierung Partnerschaftlichkeit und Nähe zum Ausdruck kommt.

Die Übersetzung betrifft somit in diesem Beispiel die Struktur der Website und die hierarchische Informationsdarbietung auf der Website, damit die markenrelevanten Informationen on top der Liste stehen. Es betrifft aber auch die Konkretisierung direkt über nonverbale Reize und indirekt über die Sprache. Patrick Süskind hat mit seinem Buch „Das Parfum" hier als Vorbild gedient. Die Sprache ist so bildhaft und assoziativ, dass man sich förmlich vorstellen kann, wie die Gerüche sind, die der Autor in seinem Buch beschreibt.

> Das Parfum war ekelhaft gut (…) Es war frisch, aber nicht reißerisch. Es war blumig, ohne schmalzig zu sein. Es besaß Tiefe, eine herrliche, haftende, schwelgerische dunkelbraune Tiefe – und war doch kein bisschen überladen oder schwülstig (…) Baldini stand fast ehrfürchtig auf und hielt sich das Taschentuch noch einmal unter die Nase (…) (S. 79).
>
> Bei gewissen Gelegenheiten freilich erwies sich der bescheidene Duft als hinderlich (…) Für solche Anlässe hatte er sich ein etwas rasseres, leicht schweißiges Parfum zurechtgemixt, mit einigen olfaktorischen Ecken und Kanten, das ihm eine derbere Erscheinung verlieh (…) Ein anderes Parfum aus seinem Arsenal war ein mitleiderregender Duft, der sich bei Frauen mittleren und hohen Alters bewährte. Er roch nach dünner Milch und sauberem weichen Holz. Grenouille wirkte damit (…) wie ein blasser Bub (…), dem geholfen werden musste. (S. 232).

Abbildung 77: Auszüge aus dem Buch „Das Parfum": visuelle Sprache

Verstärkung durch die digitale Welt

Bei der Verstärkung durch die digitale Welt geht es darum, im realen Leben Kunden weitere Nutzen, Erleichterungen und Inspirationen durch den Einsatz digitaler Tools zu bieten.

KI-Systeme erhalten in Form von virtuellen Assistenten Einzug in Läden. Sie verbessern dort das Kundenerleben und unterstützen Verkäufer. Ralph Lauren setzt in seinen Umkleidekabinen intelligente Spiegel ein. Sie zeigen Produktdetails und -varianten an und signalisieren dem Verkäufer, Kleidung in anderer Größe oder Farbe zur Kabine zu bringen. Zugleich sammeln die Spiegel Daten über das Anprobe- und Kaufverhalten der Kunden. Hier arbeiten Mensch und Maschine eng zusammen, um die Kunden bestmöglich zu beraten.[155]

Für Marken sehe ich zwei fruchtbare Ansätze: Apps und *Augmented Reality* (AR).[156]

Apps sind wertvolle Kundenbegleiter. Sie können Handwerkern Hilfestellung bei der Installation und Reparatur von Heizgeräten leisten, Bestellmöglichkeiten für Kunden bieten, Informationen liefern, um bessere Ergebnisse zu erzielen oder andere Mehrwerte für

---

[155] Daugherty, Wilson, 2018.
[156] Ich konzentriere mich im Folgenden auf Augmented Reality, weil sich Experten einig darüber sind, dass Virtual Reality in den nächsten Jahren für das Marketing keine große Rolle spielen wird.

Kunden stiften. Die SWISS bietet ihren Kunden beispielsweise über eine App oder die Website die Möglichkeit, sich vorab über Reisedestinationen zu informieren. Um die Markenwerte „personal care" und „hospitality" zu vermitteln, gibt es dafür persönliche Themendossiers, die von Mitarbeitern der SWISS – vom Flugbegleiter bis zum Flugkapitän – erstellt werden. Darin geben die Mitarbeiter Tipps zu unterschiedlichen Themen, etwa zu interessanten Restaurants, Clubs, Museen usw. Es ist quasi ein persönlicher Reiseführer mit Geheimtipps auf dem aktuellsten Stand. Kunden können damit ihre Reise zu den Hot Spots der Welt planen.

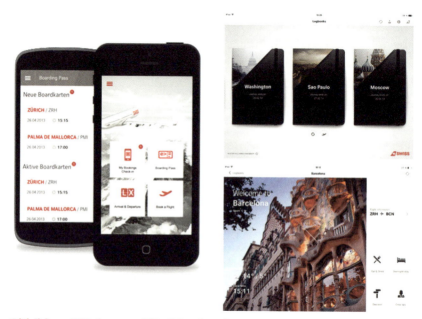

Abbildung 78: App und iPad-Logbook von SWISS zur Inspiration und zur Unterstützung

Marken wie Mercedes-Benz, Lego, IKEA, L'Oréal und Villeroy & Boch setzen auf Augmented Reality, um ihre Produkte digital in Szene zu setzen. Doch anders als bisher spielt sich die digitale Produktpräsentation nicht mehr isoliert online ab. AR ermöglicht es, das digitale Produktabbild mit der realen Umwelt des Konsumenten zu verschmelzen. Mit der AR Catalog App von Villeroy & Boch können Kunden vorab einen Eindruck davon erhalten, wie das Design von Waschtisch und Waschbecken im künftigen Badezimmer wirkt.

Neben einer besseren Produktpräsentation kann Augmented Reality auch das eigentliche Produkt verbessern. Bei der AR-Navigation der neuen Mercedes-Benz A-Klasse zeigt das Display neben dem klassischen Kartenmaterial das Bild der Frontkamera erweitert um entsprechende Richtungspfeile. Dies ermöglicht eine intuitivere Navigation. AR lässt die Grenze zwischen digitaler und realer Welt verschwimmen und bietet dadurch viele neue Anwendungsmöglichkeiten (Abbildung 79).

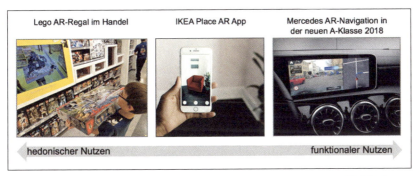

Abbildung 79: Kategorisierung von AR-Anwendungsmöglichkeiten

AR-Lösungen wachsen stark. 2016 waren weltweit circa 1 Milliarde AR-Apps auf Smartphones und Tablets installiert, ein Jahr später bereits 1,73 Milliarden. Bis 2022 wird mit 6 Milliarden installierten Augmented Reality Apps gerechnet. Zum Vergleich: Der Messenger WhatsApp wurde bis 2017 weltweit 1,5 Milliarden Mal installiert.

AR richtig nutzen: drei Punkte geben Orientierung

Auf Basis bisheriger Forschung zur AR und Studien meines Mitarbeiters Thomas Alt lassen sich fünf wesentliche Faktoren für die erfolgreiche Nutzung von AR ableiten:[157]

1. Wie geeignet ist Ihr Produkt für AR?
Es empfiehlt sich zwischen funktionalen und emotionalen Produkten zu differenzieren. Bei funktionalen Produkten wie Werkzeugen, Waschmaschinen oder Schreibtischen sollte der Fokus klar auf dem Produkt und weniger auf dem Entertainment-Charakter der App liegen. Letzteres lenkt von den eigentlichen Produktvorzügen ab und fokussiert mehr auf Gimmicks der App. Eher emotionale Produkte wie Kleidung, Make-up, Luxusprodukte oder Automobile sind besonders gut für AR-Anwendungen geeignet. Die Wirkung hier ist deutlich stärker als bei funktionalen Produkten.

---

[157] Alt, Esch, 2018.

2. Welche Konsumenten werden angesprochen?
Technisch affine Konsumenten benötigen weniger Führung und mehr Nutzungsfreiraum in AR-Apps. Kunden mit geringer Technikaffinität wünschen sich hingegen mehr Unterstützung bei der Nutzung und weniger Bedienoptionen. Sind Digital Natives die Zielgruppe, sollte die AR-Lösung mehr Optionen bieten. Bei Digital Immigrants sollte die AR-App reduzierter und einfach zu bedienen sein.

3. Für welche Phase der Customer Journey soll die AR-Anwendung sein?
Das situative Involvement der Kunden und deren Informationsbedürfnis variiert je nach Phase der Kundenreise. Studien zufolge sind AR-Apps zum virtuellen Probieren von Make-up am Point of Sale nützliche Hilfsmittel für die Kaufentscheidung. AR wirkt hier positiv auf Kaufbereitschaft und Mundpropaganda. Werden die gleichen AR-Apps beim Konsumenten zu Hause genutzt, wurden sie als weniger nützlich eingestuft und eher als Spielerei empfunden. Entsprechend sollte die App an die Rahmenbedingungen der für die Nutzung vorgesehenen Customer Journey-Stufe angepasst werden.

Die Lego AR Studio App ist ein positives Beispiel (Abbildung 80). Die App bietet eine Auswahl der populärsten Lego Sets, die in den Raum eingeblendet und durch Animationen zum Leben erweckt werden. Dies bietet Kindern eine neue interaktive Welt zum Spielen mit Lego-Figuren. Dabei setzt die App einen klaren Fokus auf das Produkt Lego und trägt durch die interaktive Spielwelt den veränderten Spielbedürfnissen von Kindern Rechnung.

4. Welchen (funktionalen) Mehrwert bietet die AR-Anwendung?
Studien zufolge eignet sich der E-Commerce besonders für AR-Lösungen. Das Kauferlebnis online liegt bei weitem nicht auf dem Niveau des realen Erlebens. Einer der Hauptgründe ist das fehlende sensorische Produkterlebnis, etwa das Begutachten von Möbeln im Möbelhaus oder das Anprobieren von Kleidungsstücken im Laden. Dies ist allerdings wesentlich für die Bildung eines Qualitätseindruckes und der Einschätzung, ob das Produkt passt oder nicht. Eine Integration des virtuellen Produkts in die reale Umwelt des Konsumenten reduziert dieses Defizit und bietet einen neuen Erlebniswert online. Konsumenten können durch die Nutzung von AR-Apps zum virtuellen Anprobieren Produkte wie Sonnenbrillen oder Kleidungsstücke besser beurteilen. Bei dem Ray-Ban Virtual Try-On konnten sich die Kunden das Produkt wesentlich besser vorstellen und waren sich ihrer Kaufentscheidung deutlich sicherer. Dadurch können Unternehmen die Zahl der Onlinekäufe steigern und die Retouren reduzieren.

Abbildung 80: Lego AR Studio in der Anwendung

Gerade bei Produkten, bei denen die Ästhetik oder räumliche Dimensionen eine große Rolle spielen, fördern AR-Lösungen die Vorstellungskraft der Konsumenten und entlasten diese gedanklich. Bei der IKEA Place App (Abbildung 81) schätzen Konsumenten die intuitive Bedienung und haben Spaß am virtuellen Einrichten mit der App. Die Darstellung ist maßstabsgetreu und bietet Planungssicherheit. Zusätzlich erkennt die App mit einer optischen Suchfunktion aktuelle Möbel und schlägt dazu passende neue Möbel vor. Solche funktionalen Mehrwerte überzeugen Kunden langfristig.

5. *Ist AR in das Marketingökosystem integriert?*
Viele AR-Apps von Marken sind Einzellösungen und stehen für sich. Unternehmen sollten AR-Anwendungen nicht als Insellösungen planen, sondern zu integralen Bestandteilen bestehender Lösungen machen. Dies reduziert für den Kunden den Installations- und Nutzungsaufwand und es bedeutet für das Unternehmen weniger Aufwand in der späteren Administration. Zudem kann im Sinne einer optimalen Nutzermigration das Unternehmen einfacher bestehende App-Nutzer für die Verwendung neuer AR-Funktionen gewinnen, da die App ohnehin schon installiert und genutzt wird.

Die technische Integration von AR mit dem bestehenden Marketingökosystem ist wichtig. Der Grund ist einfach: Bei der AR-Produktpräsentation entsteht durch die Interaktivität und die Einbindung in die Realität ein positiver Flow beim Konsumenten, der Informationsaufnahme und -verarbeitung steigert. Unternehmen können dies nutzen,

Abbildung 81: IKEA Place App in der Anwendung

um in der AR-Anwendung Verknüpfungen zu weiterführenden Inhalten anzubieten und eine direkte Kaufoption zu integrieren. AR-Anwendungen steigern die Kaufabsicht.

Ein gutes Beispiel ist die Mercedes cAR App zum Launch der neuen A-Klasse. Die App ermöglicht eine 3D-Präsentation des individuell konfigurierten Fahrzeugs in der gewünschten Umgebung, zum Beispiel in der eigenen Auffahrt. Das präsentierte Auto kann dann als Film oder Foto auf dem Smartphone gespeichert werden und direkt via Social Media geteilt werden. Die App bietet Kunden zusätzliche Informationen zum Fahrzeug und Verlinkungen zu relevanten YouTube Videoclips. Es besteht eine Verknüpfung zum Mercedes-Benz Online-Konfigurator, zur Händlersuche und zum Mercedes-Benz Online Store. Es kann eine Probefahrt vereinbart und der Neuwagen direkt mit dem Smartphone bestellt werden.

Wir belegten in unseren Studien am Institut für Marken- und Kommunikationsforschung der EBS Business School, dass AR-Anwendungen reinen Darbietungen von Produkten im Internet überlegen sind und ähnliche Wirkungen erzielen wie reale Produkte, die Kunden ausprobieren können. AR-Anwendungen sind auch dann im Vorteil, wenn es um Inspiration und Passung eines Produktes geht, weil die Produkte in der Umgebung erlebbar werden, in der man diese nutzen möchte.[158]

---

[158] Alt, Esch, 2019.

Mit Blick auf Social Media-Anbindungen sind AR-Apps bei Marken mit hohem sozialem Einfluss besonders effektiv. Ist dem Kunden die Meinung seiner Mitmenschen zum Beispiel beim Auto- oder Uhrenkauf wichtig, ist eine Social Media-Anbindung zu empfehlen. Diese zahlt nicht nur auf das Bedürfnis der sozialen Anerkennung ein, sondern führt durch den sozialen Austausch auch zu einer zeitlich längeren Beschäftigung mit dem Produkt.

Erleben der Marke auf der Kundenreise

Das Erleben auf der gesamten Kundenreise ist je nach Anlass der Kundenreise – sei es ein Kauf, ein Service, eine Beschwerde oder ein Informationswunsch – eine Abfolge mehr oder weniger umfangreicher Kontaktpunkte mit der Marke. Dabei kann die Kundenreise bei gleichem Anlass nach Zielgruppe variieren.

Ein nahtloses Gefüge der Kontaktpunkte führt zu höherer Kundenzufriedenheit, geringeren Abwanderungsquoten und höheren Umsätzen.

> *Nahtlose Kundenerlebnisse lohnen sich für Marken.*

Darüber hinaus konnten wir am Institut für Marken- und Kommunikationsforschung bei der Betrachtung einer ganzen Reihe von Marken zur Wirkung unterschiedlicher Kontaktpunkte folgende spannende Erkenntnisse gewinnen: Die Wirkung der Kontaktpunkte folgt einer umgekehrt U-förmigen Kurve.

Im Durchschnitt der analysierten Marken steigt danach bis zu einem gewissen Punkt die Wirksamkeit mit zunehmender Zahl der Kontaktpunkte (real, digital, verschiedene Kanäle und Medien etc.). Dies ist unabhängig davon, um welche Wirkungsgröße es geht (z. B. Erinnerung an oder Einstellung zur Marke). Wird dieser „*Tipping Point*" durch eine weiter anwachsende Zahl an Kontaktpunkten überschritten, kommt es zu rückläufigen Wirkungen: Mehr bringt dann nicht mehr, sondern mehr bringt in einem solchen Fall weniger.

Analysiert man nun die Marken noch detaillierter und gruppiert diese in Marken mit einem eher zersplitterten Auftritt und solche mit einem kohärenten Auftritt über alle Kontaktpunkte, zeigt sich ein differenzierteres Bild.

Die Wirkungskurve bei Marken mit zersplittertem Auftritt ist deutlich schlechter als bei dem Durchschnitt aller Marken: Der Tipping Point ist früher erreicht, der Wirkungsrückgang ist stärker. Umgekehrt fehlt bei Marken mit ganzheitlichem Markenauftritt der Tipping Point, es kommt zu keinem Rückgang der Wirkung. Vielmehr erzielen kohärente Markenauftritte einen weiteren, wenn auch degressiv

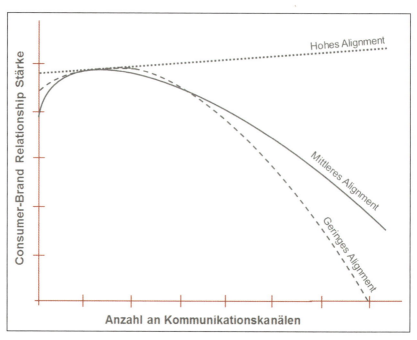

Abbildung 82: Wirkung der Kundenkontaktpunkte mit steigender Zahl unterschiedlicher Kontaktpunkte

wachsenden Wirkungszuwachs. Hier lohnt sich somit jeder investierte Euro in Kontaktpunkte, während dies in allen anderen Fällen nicht gewährleistet ist.

Meine Empfehlung: Orientieren Sie sich an den Auftritten von Luxusmarken wie Louis Vuitton, die die Klaviatur der Kundenreise und des ganzheitlichen Erlebens auf der Kundenreise hervorragend spielen.

Typisch für die heutige Kundenreise sind folgende Punkte, die für Manager die Maßgabe zur Optimierung des Markenerlebens und der Kundenansprüche darstellen:[159]

1. Es gibt nicht die Kundenreise. Kundenreisen variieren nach Anlass (Kauf, Beschwerde, Service) und nach Personas.[160] Ein Frequent Traveller hat andere Ansprüche an einen Flug als ein Single oder

---

[159] Esch, Kochann, 2019.
[160] Personas sind Archetypen von Kunden, die stellvertretend für eine gesamte Zielgruppe stehen (Revella, 2015). Bei den Personas-Typen unterscheidet man Primär- und Sekundär-Personas. Primär-Personas repräsentieren die Hauptzielgruppen und wichtigsten Kunden. Grundsätzlich sollten Sie nicht mehr als drei bis fünf Personas erstellen, um sich nicht zu verzetteln.

Abbildung 83: Ganzheitliches Erleben bei Louis Vuitton

eine Familie, die in Urlaub fliegen wollen. Sie sollten die wichtigsten Kundenreisen kennen.
2. Kunden sind Wanderer zwischen den Welten. Sie wechseln nach Bedarf zwischen realer und digitaler Welt. In vielen Branchen liegt das Verhältnis bei etwa 50 : 50.[161] Also gilt es für Marken, die Naht- und Übergabestellen zwischen der digitalen und der realen Welt nahtlos zu gestalten. Typische Bruchstellen treten meist zwischen digitaler und realer Welt auf: Sie stellen eine Anfrage auf der Website eines Herstellers zu Ihrem neu konfigurierten Wunschauto und kein Autohändler übernimmt die weitere Bearbeitung. Sie warten vergeblich. Schade, aber nicht untypisch.
3. Einzelne Kontaktpunkte können begeistern oder frustrieren. Kontaktpunkte haben eine unterschiedliche Wertigkeit für den Kunden und wirken unterschiedlich stark auf das Markenbild und die Markenpräferenzen. Gain Points und Pain Points müssen bekannt sein, um daran weiter optimieren zu können. Dies ist insofern wichtig, weil Pain Points lange nachwirken und davon gerne berichtet wird. Negative Multiplikator-Wirkung inklusive.
4. Am Ende entscheidet das gesamthafte Erleben der Kundenreise. Die Kundenreise wird meist schlechter bewertet als einzelne Kontaktpunkte.
5. Konzentrieren Sie sich auf die Kontaktpunkte, die Sie besitzen und für die Sie bezahlen. Überlegen Sie, wie Sie andere zu Fürsprechern Ihrer Marke machen können. Schaffen Sie dafür Anknüpfungspunkte und sorgen Sie für Gesprächsstoff (siehe auch Kapi-

---

[161] Esch, Kochann, 2019.

tel XIV). Überlegen Sie zudem, wie Sie Einfluss nehmen können auf Kontaktpunkte mit Ihrer Marke, die Ihnen nicht gehören (z. B. Handel, E-Commerce etc.).

Um sich in diesem Bereich fit zu machen, empfehle ich Ihnen das Buch „Kunden begeistern mit System" von meinem Kollegen Daniel Kochann und mir.

Eine Agenda für eine wirksame Gestaltung der Kundenreise

Voraussetzung zur Gestaltung einer ganzheitlichen Kundenreise ist die Professionalisierung der Kontaktpunkte und der Übergänge von einem Kontaktpunkt zum nächsten durch systematische interne und externe Analysen. Ich unterscheide vier Phasen:

1. Interne Bestandsaufnahme: Silodenken abbauen sowie Transparenz und Commitment schaffen
2. Externe Analyse: Die Customer Journey mit den relevanten Kontaktpunkten verstehen
3. Synthese der internen und externen Analyse sowie Ableitung eines Handlungsplans und Schaffung von Wow-Effekten
4. Erfolgsmessung mittels Customer-Touchpoint-Tracking

Bestandsaufnahme und Abbau von Silodenken

Manager sind sich oft nicht der Zahl und Relevanz der Kontaktpunkte bewusst. Die Zahl der Kontaktpunkte wird immer unterschätzt.[162] Kontaktpunktmanagement wird oft als reine Aufgabe des Marketings betrachtet. Viele andere wichtige Kontaktpunkte werden aus der Betrachtung ausgeschlossen: der Brief- und Mailverkehr bei Dienstleistungsunternehmen, die Empfehlung durch Dritte usw. Der Fokus liegt meist einseitig auf den Kontaktpunkten, für die die jeweiligen Manager selbst verantwortlich sind. Deren Bedeutung wird ergo überschätzt, die der anderen Kontaktpunkte unterschätzt.

Das Management einzelner Kontaktpunkte unterliegt zudem unterschiedlichen Bereichen. Silobildung ist vorprogrammiert. Unseren Studien zufolge hat sich über die Jahre das Silodenken verstärkt und nicht verringert.[163] Manager optimieren ihren eigenen Verantwortungsbereich und verteidigen im Zweifelsfall das Budget des Vorjahres für das nächste Jahr bis aufs Messer. Entsprechend schwierig wird die Koordination über die Kontaktpunkte hinweg. Gleiches gilt für die Umverteilung der Mittel auf wichtigere Kontaktpunkte. Schließlich

---

[162] ESCH. The Brand Consultants 2013, 2015 und 2017.
[163] ESCH. The Brand Consultants, 2013, 2017.

hängt die Erfolgsprämie an der Performance des Bereichs, den der jeweilige Manager verantwortet, und nicht an der Gesamtperformance.

Dies lässt sich nach meiner Erfahrung nur dadurch ändern, dass alle verantwortlichen Manager die interne Bestandsaufnahme gemeinsam durchführen und sich vorab auf Ziele und Kennzahlen zur Beurteilung der Kontaktpunkte einigen. Durch das Einschwören auf die gleichen Kennzahlen wird ein Dialog gestartet, der neben der Verantwortung für einen bestimmten Bereich auch die Verantwortung für das ganze Unternehmen stärker in den Vordergrund rückt.

In Bestandsaufnahmen zeigen sich schnell die Grenzen des Marketings. Auf viele wichtige Kontaktpunkte haben Marketing und Markenmanagement schlicht keinen direkten Einfluss. Typisches Beispiel: Bei Versicherungen erfolgt der größte Teil des Briefverkehrs außerhalb des Verantwortungsbereichs des Markenverantwortlichen. Ähnlich ist dies im Vertrieb. Auch hier wird losgelöst von der Markenführung agiert. Dabei hinterlässt gerade hier der persönliche Kontakt mit Kunden – beispielsweise im B2B-Bereich – die nachhaltigsten Eindrücke.

Die interne Bestandsaufnahme schafft ein gemeinsames Commitment auf relevante Kontaktpunkte und Messgrößen. Sie sollte im ersten Schritt möglichst nüchtern durchgeführt werden. Stellen Sie sich als Orientierung ein Lager vor, in dem sie Bleistifte nach Farben und Größen ordnen und zählen. Im Ergebnis sollte hier immer das Gleiche herauskommen, unabhängig davon, wer zählt. Es empfiehlt sich, von Beginn an abzuschätzen, für welche Phase im Buying Cycle des Kunden ein bestimmter Kontaktpunkt besonders wichtig ist und wie gut dieser aus Sicht des Managements bereits erfüllt wird.

Nach Sammlung der Kontaktpunkte ist die Liste zu verdichten. Kontaktpunkte können in paid, owned und earned kategorisiert werden: Paid Touchpoints umfassen alle bezahlten Maßnahmen für den Zugang und die Nutzung eines Kanals, zum Beispiel TV, Radio, Print, Internet, Außenwerbung oder Kino. Botschaften und Inhalte können hier von der Marke gestaltet und gesteuert werden. Je nach Reichweite und Kontakthäufigkeit geht die Belegung dieser Kontaktpunkte mit einem erheblichen finanziellen Aufwand einher.

> *Die interne Bestandsaufnahme schafft Klarheit und Commitment über Bereiche hinweg.*

Owned Touchpoints sind Kontaktpunkte, die eine Marke selbst besitzt und steuert. Dies können die unternehmenseigene Website, Kundenmagazine, Geschäftsberichte, eigene Gebäude, Filialen oder Verkaufspersonal sein. Botschaften und Inhalte werden von der Marke gestaltet und gesteuert.

Earned Touchpoints sind Maßnahmen, bei denen Botschaften und Inhalte von Dritten gestaltet und verbreitet werden. Die Marke hat darauf keinen direkten Einfluss. Dazu zählen persönliche Kontaktpunkte wie Empfehlungen von Freunden, Bekannten oder Familie (Word of Mouth) sowie digitale Kontaktpunkte. Letztere können zum Beispiel Social Media (organisch oder viral) oder Vergleichsportale umfassen. Dazu gehören ferner Bewertungen und Tweets in der digitalen Welt, die Einschätzungen von Analysten zur finanziellen Lage oder Zeitungsartikel, in denen Außenstehende über das Unternehmen berichten.

Zur Priorisierung der Kontaktpunkte dienen Kennzahlen als Basis zur Etablierung eines Koordinationsmechanismus über Abteilungsgrenzen hinweg. Diese dienen zur strukturierten organisatorischen Steuerung der Kontaktpunkte. Folgende Kennzahlen empfehlen sich:

- *Reach and Frequency:* Wie viele Kunden erreiche ich mit einem bestimmten Kontaktpunkt? Wie häufig kommen Kunden mit diesem Kontaktpunkt in Berührung?
- *Relevance:* Welche Bedeutung hat der Kontaktpunkt für meine Kunden?
- *Impact:* Welchen Einfluss hat ein Kontaktpunkt auf meine Ziele (Erhöhung der Bekanntheit, Verbesserung des Images, Anstoßen von Kaufimpulsen, Auslösen von Käufen, Bindung von Kunden, Mundpropaganda und Engagement der Kunden)?
- *Consistency:* Wie effizient ist der Kontaktpunkt mit Blick auf die Vermittlung der Markenwerte gestaltet?
- *Costs:* Welche Vollkosten sind für einen Kontaktpunkt erforderlich?

> *Die Priorisierung schafft Klarheit über die Bedeutung der Touchpoints.*

Sie werden feststellen, dass Ihnen für viele dieser Kennzahlen keine genauen Zahlen vorliegen. Das ist Chance und Gefahr zugleich. Chance, weil Sie gemeinsam ein Verständnis entwickeln und Annahmen im Zweifel bei der externen Analyse bei Kunden beseitigen können. Gefahr, weil Manager dazu neigen, sich auf harte Fakten zu stützen. Diese vermeintlich harten Fakten liegen vor allem im digitalen Bereich vor, wo Sie Klickverhalten, Anzahl Follower in Social Media, Weiterempfehlungen, Kommentare, Retweets usw. messen können. Hoch umstritten ist allerdings die daraus resultierende Wirkung für Marken, die in den meisten Bereichen nicht valide nachgewiesen werden kann.

Die Analyse nach den genannten Kriterien schärft die interne Wahrnehmung der Kontaktpunkte und legt Potenziale offen.

Verständnis der Kundenreise

Extern sind die Erlebnisketten der Anspruchsgruppen zu durchleuchten, um die für die Markenwahrnehmung entscheidenden Touchpoints auszumachen und bestmöglich auf die Markenpositionierung auszurichten.

Dazu sind die Kontaktpunkte der verschiedenen Anspruchsgruppen der Marke zu erfassen. Ziel ist es,

- tiefere Erkenntnisse über die wichtigsten Kontaktpunkte der Kunden zu gewinnen,
- die Anlässe der Interaktion mit Kontaktpunkten verstehen zu lernen sowie
- zu erfahren, wie Kunden die Kontaktpunkte wahrnehmen, erleben und bewerten.

Eine systematische Analyse der Touchpoints birgt große Einsparpotenziale und ermöglicht eine bessere Aussteuerung vorhandener Budgets auf erfolgskritische Kontaktpunkte.

Das Erleben einer Marke kann durch Betrachtung der Customer Journey erfasst werden. Die Customer Journey bildet die Interaktion des Kunden mit der Marke über verschiedene Touchpoints ab.

Zur Erfassung der Customer Journey existieren verschiedene Möglichkeiten. Es gibt dabei kein entweder/oder, vielmehr hängt der Einsatz der auszuwählenden Methodik stark von Ihrem Erkenntnisinteresse und der Branche ab.

> *Es zählt das, was Kunden auf ihrer Reise erleben.*

Qualitative Methoden zur Erfassung sind qualitative Einzelinterviews oder Fokusgruppen. Die Customer Experience Journey gibt dabei Aufschluss über die genutzten Kontaktpunkte pro Kaufphase und deren Zusammenspiel. Gleichzeitig ist eine Beurteilung des Status quo zur Ausgestaltung der Kontaktpunkte möglich. Alternativ können Fokusgruppen genutzt werden, um die Häufigkeit und Relevanz genutzter Kontaktpunkte zu erfassen und wichtige Erkenntnisse zur Optimierung der aktuellen Kontaktpunktperformance zu erhalten. Qualitative Methoden haben den Vorteil, dass Sie mehr in die Tiefe gehen können und Hintergründe für die Wichtigkeit und die Bewertung von Kontaktpunkten sowie den Schritten einer Journey erfahren können.

Bei den quantitativen Befragungen können viele Kontaktpunkte erfasst und bewertet werden. Zudem lassen sich auch unterschiedliche

Nutzungsmuster je nach Zielgruppe analysieren. Allerdings wird hier immer nur erinnertes Verhalten abgefragt, was zu einer systematischen Verzerrung führt und keinen Anspruch auf Vollständigkeit hat.

Beim Life Experience Tracking handelt es sich um eine Methode, bei der Mobiltelefone zum Einsatz kommen. Kommen die Probanden während der Erhebungsphase mit einem Kontaktpunkt in Berührung, können sie mit dem Handy per SMS oder interaktivem User-Interface wesentliche Fragen zur Bewertung eines Kontaktpunktes beantworten. Dadurch werden die Eindrücke zum Zeitpunkt des Erlebens ermittelt. Durch die Erhebung der Customer Journey existiert eine Vielzahl an Daten, die anschließend zu typischen Mustern der Kundenreise verdichtet werden.

Optimierung vorhandener sowie Schaffung neuer Kontaktpunkte

Auf Basis der ermittelten Pain und Gain Points bei Kunden an einzelnen Kontaktpunkten sowie auf der Kundenreise lassen sich nun gezielt Optimierungen vornehmen. Die Optimierungen hängen von zwei Faktoren ab:

- Was Sie konkret für Ihre Marke erreichen wollen und wo Sie entsprechend Potentiale bei den Kontaktpunkten und auf den Kundenreisen sehen.
- Was Kunden konkret von Ihrer Marke an einzelnen Kontaktpunkten und auf der Kundenreise erwarten.

Entsprechend können für die zentralen Berührungspunkte Handlungsfelder identifiziert und in einen Maßnahmenplan überführt werden. Estée Lauder schafft es beispielsweise durch eine detaillierte Analyse von Kontaktpunkten und Kundenreisen, das Shoppingerlebnis im traditionellen Handel und dem E-Commerce durch eine Omnichannel-Strategie sowie gezielte Markenarbeit erfolgreich zu harmonisieren: Alleine die Postings in sozialen Medien haben sich innerhalb eines Jahres verdoppelt, die Marktanteile steigen.

> *Gain Points und Pain Points leiten den Weg zur Optimierung.*

Strategien sind folglich kontaktpunktübergreifend zu entwickeln. Das erfordert das Aufbrechen der organisatorischen Silos innerhalb des Unternehmens und eine abteilungsübergreifende Optimierung, damit die Marke ganzheitlich vermittelt werden kann. Oft ergeben sich aus den vorangegangenen Analysen Einsparpotenziale.

Neue Kontaktpunkte durch digitale Technologien schaffen oder Kundenreisen vereinfachen

Wenn Sie sich nochmals die neue Bedürfnispyramide vor Augen rufen, die ich in Kapitel VIII. bei den Geschäftsmodellen vorgestellt habe, so eignet sich diese Bedürfnispyramide hervorragend, um Kontaktpunkte und die Kundenreise durch Technologien zu vereinfachen. Zielsetzung ist es, durch Kontaktpunktinnovationen Kunden ein begeisterndes und nachhaltiges Erlebnis zu verschaffen und die Kundeninteraktion zu erleichtern. Dazu ist natürlich auch ein ganzheitliches Erleben der Marke erforderlich.

Nicht alle Bedürfnisse werden dabei durch die Digitalisierung angestoßen oder verstärkt. Aus meiner Sicht lassen sich folgende Bereiche herausschälen, die Ihnen Gedankenanstöße für Innovationen bieten können:

Wie mache ich es meinen Kunden an Kontaktpunkten und auf der Kundenreise so einfach und bequem wie möglich (Motive: Vereinfachung, Zeit sparen, Aufwand senken)?

Die Entlastung von Kunden spielt eine wesentliche Rolle, um Kunden wirklich zufriedenzustellen. Zu diesem Schluss kamen die Kundenserviceforscher Dixan, Toman und Delesi basierend auf einer Studie mit 97.000 Kunden.[164] Gerade durch die Digitalisierung wird hier viel möglich. So dauerte die Kontoeröffnung bei der ING DiBa im Jahr 2000 noch zwei Wochen, während sie heute durch Video-Ident in zehn Minuten möglich ist – einfach und bequem. Bei der ING, die für einfaches Banking steht, ist eine solche Entwicklung nicht nur ein Bonuspunkt, sondern trägt auch zur weiteren Differenzierung vom Wettbewerb bei. Die Krankenhaus-App der R+V-Versicherung,

Abbildung 84: Kranken-App der R+V Versicherung

---

[164] Dixan, Toman, Delesi, 2013, S. 13 ff..

mit der Kunden Rechnungen einscannen und zur Erstattung an die Versicherung weiterleiten können, ist ebenfalls einfach und bequem. Dadurch schafft die R+V Bonuspunkte bei Kunden, aber keine Differenzierungspunkte, weil die Positionierung andere Inhalte fokussiert.

Wie kann ich für Kunden Risiken senken und Ärger vermeiden, indem ich Transparenz schaffe und dem Kunden dadurch Sorgen nehme?

Hier können reine Digitalunternehmen Vorbild sein, weil diese in besonderem Maße bei Kunden für Sicherheit sorgen müssen. So bietet die Uhrenplattform Chrono24 eine Einstufung der Anbieter als Trusted Seller, lässt diese durch Kunden transparent bewerten und bietet Möglichkeiten zur sicheren Bezahlung. Beim Trusted Checkout kann der Kunde die gesamte Abwicklung verfolgen, vom Bestelleingang, über die Bereitstellung und den Versand der Uhr bis zur Bestätigung, dass die Uhr den Erwartungen des Kunden entspricht und die Zahlung des Preises erfolgen kann. Der Vorgang schließt immer mit einer Bewertung des Verkäufers.

Wie kann ich Kunden inspirieren und für Spaß und Unterhaltung sorgen?

Das Spektrum digitaler Möglichkeiten ist gerade hier sehr groß. Allerdings sollten Inspiration sowie Spaß und Unterhaltung der Marke dienen und nicht als reine Gimmicks verwendet werden. Der Landgerätehersteller John Deere stieg im Jahr 2018 in die Gamingwelt ein. John Deere ist dort mit 15 originalgetreuen Modellen vertreten und baut das Engagement aufgrund der positiven Rückmeldung von Kunden weiter aus. John Deere schickt dazu ein eigenes E-Sports Landwirtschafts-Simulator Team ins Rennen. Das neu geformte John Deere E-Sports Team rekrutiert sich aus sieben Farming Simulator-Spielern aus ganz Deutschland. Als führender Landtechnik-Hersteller ist es klares Ziel von John Deere, auch in der Farming Simulation League eine klare Rolle zu spielen.[165] Inspiration bietet auch der Makeup Genius von L'Oréal oder die IKEA Place App.

Wie kann ich mich mit meinen Kunden stärker verbinden und diese miteinander vernetzen, um ein Gefühl der Zugehörigkeit und der Einbindung zu erzeugen?

Der Tod von Hipstamatic war nur auf die Zusatzfunktion „teilen" bei Instagram zurückzuführen. Wie sagt mein Kollege Jonah Berger so schön: „Who shares cares." Hier können Direct-to-Customer-Marken Vorbild sein, weil diese es beherrschen, ein Gefühl von Zugehörigkeit und Einbindung zu erzeugen.

---

[165] Quelle: John Deere-Website; https://www.deere.de/de/campaigns/ag-turf/john-deere-gaming/

Wie unterstütze ich Kunden, indem ich für sie Dinge besser organisiere oder ihnen Anleitung biete?

Hornbach hat gezeigt, wie Hobbyhandwerkern mit dem YouTube-Spot zu den einzelnen Schritten zum Malen einer Wand eine Anleitung mit echtem Mehrwert geboten wurde. Apps für Handwerker mit Installationsanleitungen sind ebenfalls digitale Werkzeuge zum Organisieren und Anleiten. Thermomix zeigt mit dem Cook-Key, YouTube-Videos und Kochbüchern, wie es geht.

Wie mache ich das Leben der Kunden effektiver und effizienter?

Der landwirtschaftliche Gerätehersteller John Deere verhilft seinen Kunden dadurch zu mehr Ertrag, indem Wetterprognosen für Landwirtschaftsbetriebe auf Traktoren und genaue Informationen zur Bodenbeschaffenheit zur Verfügung gestellt werden, um daraus Empfehlungen abgeben zu können, wie die Böden optimal bestellt und gepflegt werden können.

Abbildung 85: John Deere: Mehr Ertrag durch Software und Künstliche Intelligenz auf dem Traktor

Wie kann ich die einzelnen Kontaktpunkte besser miteinander verzahnen?

Dies setzt voraus, dass Sie an allen Kontaktpunkten, an denen die Kunden etwas von Ihnen wollen, detaillierte Kundendaten vorliegen haben. Das ist meiner Erfahrung nach für viele Unternehmen Zukunftsmusik. Der Grund: Kundendaten sind meist an unterschiedlichen Stellen über das ganze Unternehmen verteilt und wurden mit unterschiedlicher Software angelegt. Brüche sind somit vorprogrammiert. Hilti zeigt hier, wie es geht. Egal, wo der Kunde bei Hilti auftaucht und welchen Mitarbeiter er wegen eines Problems oder eines Bedarfs anspricht, wird das Problem immer umfassend gelöst und der Bedarf auf den Punkt befriedigt, weil den Mitarbeitern alle relevanten Kundendaten vorliegen.

Fazit: Bei allem was Sie tun, sollten Sie sich darüber im Klaren sein, dass die Erwartungen der Kunden auf der Kundenreise durch die Besten geprägt werden.

> *Erwartungen werden durch die Besten geprägt.*

Wenn Würth eine E-Commerce-Seite betreibt, so ist somit die Benchmark für die Optimierung nicht eine andere E-Commerce-Seite im B2B-Business, sondern Amazon, weil jeder B2B-Kunde auch privat unterwegs ist und hier Amazon das Maß aller Dinge ist. Dies heißt für Sie, dass Sie sich ein Set der besten Unternehmen anlegen sollten, mit denen Sie sich a) in regelmäßigen Abständen vergleichen und b) Anregungen für weitere Verbesserungen suchen.

Erfolgsmessung: Customer Touchpoint Tracking

Ziel ist die regelmäßige Erfolgsmessung von Key Performance Indicators (KPI) an zentralen Kontaktpunkten. Ein Customer Touchpoint Tracking bietet die Datenbasis für die kontinuierliche Erfolgsmessung sowie die Optimierung ausgewählter Kontaktpunkte. Einsatzbereiche reichen von der Optimierung des Kommunikationsmix bis zur Wirkungskontrolle einzelner Kontaktpunkte. Weiterhin können kontaktpunktübergreifende Strategien entwickelt und nachgehalten werden. Zudem ist ein Tracking spezifischer Kundeninteraktionen umsetzbar. Für dienstleistungsbezogene Kontaktpunkte lassen sich Servicelevels entwickeln und kontaktpunktübergreifende Kampagnen optimieren. Touchpoint Tracking schafft die Grundlage für Marketing-Spend-Effectiveness-Analysen.

Key Take-aways

Markenstärke und Kundenerleben gehen Hand in Hand. Damit Kunden in Ihre Markenwelt eintauchen können, sind zwei Dinge zu berücksichtigen: 1. Sie müssen die Kunden berühren und Ihre Marke sinnlich erlebbar machen. 2. Sie müssen das ganzheitliche Erleben Ihrer Marke an allen Kontaktpunkten der Kundenreise sicherstellen.

Kohärente mutisensuale Eindrücke sind Wirkungsverstärker. Was Kunden sehen, hören, riechen, berühren und schmecken können, hinterlässt tiefe Eindrücke. Nutzen Sie das Prinzip der multisensorischen Verstärkung, um das Markenbild zu stärken. Zwei Übersetzungsprogramme sind hier erforderlich: Zum einen die Übersetzung der Markenwert in sinnliche erlebbare Eindrücke – vom Produkt über Services bis hin zur Kommunikation. Zum anderen ein Übersetzungsprogramm in die digitale Welt, das entweder direkt oder indirekt möglich ist.

Nahtloses Kundenerleben auf der Kundenreise verstärkt die positiven Wirkungen für die Marke. Oft entstehen Brüche auf der Kundenreise, und dies gerade zwischen digitaler und realer Welt. Dies erschwert Ihren Kunden das Leben. Beheben können Sie dies, indem Sie mit einer internen Bestandsaufnahme aller Kontaktpunkte starten und Silos abbauen. Interne Silos sind der Tod für ganzheitliches Erleben. Diese interne Sicht ist mit den anlassbezogenen Kundenreisen und dem Erleben der unterschiedlichen Zielgruppen auf diesen Reisen zu spiegeln. Dadurch können Sie Gain Points und Pain Points zur Marke ermitteln. Diese sind durch entsprechende Maßnahmenpakete zu beheben. Neue, relevante digitale Kontaktpunkte helfen dabei, Ihren Kunden das Leben einfacher und besser zu machen.

Kapitel XIV. Mundpropaganda fördern: Markenbotschafter schaffen

Mundpropaganda ist in unserem Leben tief verankert: Wir klicken die Website an, von der Kollegen erzählen, lesen die Bücher, die Verwandte empfehlen, und kaufen das Fernsehgerät, zu dem uns unser bester Freund rät. Mundpropaganda ist für die Marke quasi „umsonst", wenn man das Thema richtig angeht. Richtig angehen heißt, dass Sie sich als Marke Mundpropaganda verdienen müssen. Deshalb wird neudeutsch bei Mundpropaganda auch von einem „earned touchpoint" gesprochen.

Unser Marketingexperte Hans Wilsdorf, vom dem ich schon bei den Mustern für Marken berichtet habe, erkannte früh die Rolle renommierter Markenbotschafter. Wilsdorf wusste um die Bedeutung sinnvollen Engagements in den Bereichen Sport, Abenteuer und Wissenschaft. Dabei vergaß er nie den Leitspruch „Tu Gutes und sprich darüber." Denn, dessen war sich Hans Wilsdorf schon im Zeitalter vor Internet und Social Media bewusst: Worüber nicht gesprochen und geschrieben wird, ist in unserer Welt eigentlich auch nicht geschehen.[166] Wilsdorf hat dies bereits in den frühen 20er Jahren des letzten Jahrhunderts geäußert. Die Geschichte könnte genauso heute erzählt werden. Wahrscheinlich hätte der schon lange verstorbene Wilsdorf für Rolex Kylie Jenner unter Vertrag genommen, weltweit die Nummer 1 unter Influencern. Und natürlich würde er mit guten Stories aufwarten, so wie er es in den frühen Jahren von Rolex gemacht hat. Alleine der Name Oyster für die erste wasserdichte Uhr erzählt schon selbstredend eine Geschichte, ebenso wie die vielen bekannten Persönlichkeiten aus Sport, Film und Wissenschaft, die sich mit Rolex schmückten. Wie heißt es so schön: Und ewig grüßt das Murmeltier.

> *Word of Mouth ist der elementare Faktor hinter 20 bis 50 Prozent unserer Kaufentscheidungen.[162]*

Mundpropaganda ist wesentlich effektiver als Massenkommunikation. Dafür gibt es zwei wesentliche Gründe:

1. Kunden hören viel stärker auf die Ratschläge von Freunden, Bekannten und Experten als auf Massenkommunikation. Sie gelten als glaubwürdiger und erzielen deshalb eine höhere Beeinflussungswirkung.

---

[166] Brunner, G. L. (2018, S. 15).
[167] Berger, 2013, S. 9.

Kapitel XIV. Mundpropaganda fördern

2. Mundpropaganda erliegt weniger Streuverlusten als Massenkommunikation. Sie erfolgt zielgerichteter. Menschen sprechen über Themen, die auch andere interessieren oder ihnen etwas bringen.

Trotz hoher Präsenz von Social Media, Blogs, E-Mails und Co. findet Mundpropaganda laut Keller und Fay Group nach wie vor zu 90 Prozent im persönlichen Austausch statt.[168] Das Gespräch mit Kollegen beim Essen oder mit Freunden beim Sport hat immer noch den höchsten Stellenwert.

Sie werden sich nun sicherlich fragen, warum Unternehmen dann überhaupt noch Massenkommunikation betreiben, wenn ein solch starker Hebel durch Mundpropaganda verfügbar ist. Der Grund ist einfach:

Dies müssen die Marken durch ihre Kommunikation liefern: Der Space Jump von Red Bull ist Futter. Die Brand Pop-Up-Stores von Porsche, die weltweit an den Hot Spots der Großstädte, von Sydney, London, New York, Moskau bis Shanghai für eine zeitlich begrenzte Zeit eingerichtet wurden, um die Marke Porsche erlebbar zu machen, sind Futter.[169] Die Geschichten von den Bentley Boys, die in den 30er Jahren Seriensieger in Le Mans waren, sind Futter, genauso wie die tollen Geschichten um den herausragenden Service von Ritz Carlton.

> *Mundpropaganda braucht Futter.*

Worüber Menschen sprechen, wird stark durch die Marketingmaßnahmen der Marken beeinflusst, die bestimmte Themen erst auf die Agenda der Konsumenten bringen.[170]

Marken produzieren spannende und relevante Themen, Kunden verteilen diese.

> *Marken bringen durch Kommunikation auf die Menükarte, worüber Kunden sprechen.*

Wie die Untersuchung von Graham und Havlena zeigt, hat Werbung einen signifikanten Einfluss auf die ausgelöste Offline- und Online-Mundpropaganda sowie auf Suchanfragen im Internet und Besuche von Webseiten.[171]

Massenkommunikation setzt Impulse zur Multiplikation durch Meinungsführer.

---

[168] Keller, Fay, 2012.
[169] Esch, Gruner, Ströhlein, 2019.
[170] Graham, Havlena, 2007.
[171] Graham, Havlena, 2007.

Warum teilen Menschen Botschaften?

In seinem lesenswerten Beitrag zum Stand der Forschung des Word-of-Mouth identifiziert Jonah Berger fünf Schlüsselfunktionen, warum Menschen Botschaften miteinander austauschen:[172]

1. Sie wollen andere beeindrucken. Der Tipp eines neuen Insider-Restaurants oder der dezente Hinweis auf den Kauf einer Kelly Bag von Hermès sind Beispiele.
2. Sie regeln positive wie negative Gefühle. Denken Sie an stolze Erzählungen von der Übergabe des neuen Porsche Cayenne oder die Weitergabe von frustrierenden Serviceerlebnissen bei einem Telekommunikationsanbieter.
3. Sie dienen der Gewinnung von Informationen. Sie suchen Rat, wenn Sie erstmals einen Oldtimer kaufen und erzählen davon, dass Sie mit Febreëze die Gerüche in Ihrer Wohnung beseitigen konnten.
4. Sie helfen beim Aufbau sozialer Bindungen. Deshalb nutzen Manager bevorzugt Themen rund um Fußball und Autos als Anknüpfungspunkte. Diese Funktion spielt bei Marken eine große Rolle, die öffentlich konsumiert werden und durch die Gruppenzugehörigkeit konnotiert werden kann. Wissen Sie beispielsweise, dass Sie einen Autofan als Ansprechpartner haben, kann der dezente Hinweis auf das Porsche Fahrertraining, dass Sie absolviert haben, zum Beginn einer langen Freundschaft beitragen.
5. Sie wollen andere beeinflussen. Beispielsweise indem sie über die Vorzüge Ihres Arbeitgebers schwärmen. Um diese Stufe für Marken zu erreichen, müssen Sie aus Kunden Botschafter und Fans machen, die sich dann aus Überzeugung für Ihre Marke einsetzen.

Der soziale Austausch ist wichtiger Bestandteil des menschlichen Alltags. Pierre Bourdieu identifizierte in seiner Social Capital Theory die Beziehungen und Interaktionen zwischen Menschen als Werthebel. Es geht somit um soziale Einflussnahme, die Wert für Sender und Empfänger einer Botschaft schafft.[173] Damit Marken zum Gesprächsgegenstand werden, müssen sie Wert für andere schaffen, also einen emotionalen oder sachlichen Nutzen bieten.

Ein Beispiel: In den USA stellt die Marke Blendtec Mahlwerke beziehungsweise Zerkleinerungsmaschinen für die Küche her. Trotz hervorragender Leistungsstärke verlief der Verkauf der Produkte schleppend, die Marke war kaum bekannt. Dies änderte sich mit der Einstellung eines neuen Marketingleiters. Dieser stellte fest, dass

---

[172] Berger, 2013.
[173] Bourdieu, 1998.

montags Sägespäne auf den Fluren lagen, weil der Inhaber am Wochenende Holz in den Maschinen zerkleinerte, um sich von deren Funktionsstärke zu überzeugen. Dies war die zündende Idee für die Erstellung von Videos mit der einfachen Botschaft: Blendtec hackt alles klein. Der Firmengründer zeigte auf diesen Videos, wie die unterschiedlichsten Dinge im Mixer kleingehackt werden: von Murmeln über kleine Baumstämme bis zu einem iPad. Die Videos starteten immer mit der Frage: „Will it blend?" und wurden auf YouTube gestellt.

Der Erfolg war herausragend: In der ersten Woche wurde das erste Video 6 Millionen Mal angeschaut. Die Videoserie erreichte mehr als 300 Millionen Zuschauer, der Abverkauf stieg innerhalb von zwei Jahren um 700 Prozent.[174] Botschaften werden durch Mundpropaganda auch in solchen Produktkategorien verbreitet, die weder im Fokus der Öffentlichkeit stehen noch hoch emotional involvieren.

Prinzipien zur Förderung von Mundpropaganda

Was können Sie nun tun, um Mundpropaganda zu fördern? Es lohnt sich, folgende sieben Prinzipien zu beachten:[175]

1. **Menschen erzählen weiter, was sie gut aussehen lässt.** Durch diesen Mechanismus wurden Marken wie vente privee oder Brands4Friends erfolgreich.
2. **Menschen geben weiter, was sie leicht in Erinnerung behalten.** Mein Forscherkollege Jonah Berger stellte fest, dass Musiktitel wie „I don't like Mondays" wesentlich häufiger an Montagen als an allen anderen Wochentagen gespielt wurden. Ein Auslöser könnte sein, dass man Giotto immer zum Kaffee oder Espresso genießt bzw. Knoppers als „kleines Frühstückchen" nutzt.
3. **Menschen teilen emotionale Inhalte, weil sie Anteil nehmen.** Das Zeug zur Verbreitung haben stark erregende Emotionen. In einem viralen Evian-Spot sahen sich Menschen in Schaufenstern oder Spiegeln immer als kleine Babys. Sobald sie sich bewegten, machte das Baby im Spiegel die identischen Körperbewegungen. Die Botschaft: Evian als ewiger Jungbrunnen. Der Spot wurde millionenfach geteilt, weil er hoch emotional und humorvoll war.
4. **Menschen geben wieder, was öffentlich erkennbar ist.** Wichtig sind sichtbare Signale für die Marke. Bei Burberry ist dies das unverkennbare Muster, bei Louboutin-Schuhen die rote Sohle. Nike Lifestrong-Bänder erkennen Sie unschwer an den Handgelenken der Träger.

---

[174] Berger, 2013, S. 17, 18.
[175] Berger, 2013; Esch, 2017.

5. **Menschen verbreiten Informationen, die anderen helfen.** Carglass zeigt seit Jahren in seinen Spots mit hoher Penetranz, dass beschädigte oder gerissene Autoscheiben in kürzester Zeit höchst professionell repariert werden.
6. **Menschen erzählen gerne Geschichten.** Viele nichtkommerzielle Unternehmen nutzen dies bei Spendenaktionen. Statt über die Zahl der toten Kinder in einem afrikanischen Land aufzuklären, wird das Schicksal eines verhungernden Kindes gezeigt. Dies erhöht die Spendenbereitschaft im Vergleich zu den nackten Fakten signifikant, weil es berührt und diese Geschichte weitererzählt werden kann.
7. **Markenpassung: Es hilft nur, was den Kern der Marke widerspiegelt und zu dieser passt.** Die Zalando-Spots „Schrei vor Glück" trafen markenkonform ins Herz der Zielgruppe. Die Spots zeigen Situationen, in denen der Empfänger eines Zalando-Paketes einen Freudenschrei ausstößt, wenn er das Produkt erhält. Über diese Spots wurde häufig gesprochen, mit durchschlagender Wirkung zur Profilierung der Marke und zur Förderung der Bestellungen im Online-Shop.

Die aufgeführten Punkte dienen als Checkliste zur Beurteilung der Erfolgswirksamkeit von Maßnahmen zur Aktivierung von Mundpropaganda. Nicht jeder Punkt muss erfüllt sein. Ist jedoch keiner der Aspekte erfüllt, so ist die Erfolgswahrscheinlichkeit gering.

Die richtigen Multiplikatoren für Mundpropaganda nutzen

Sie wissen nun, wie Mundpropaganda wirkt und wie Sie diese für Ihre Marke nutzen können. Gerade in sozialen Medien verbreiten sich Ihre Botschaften exponentiell und in großer Geschwindigkeit. Wie schnell und intensiv sich Botschaften im sozialen Netz verbreiten hängt von der Relevanz des Themas ab und vom Verbreiter der Botschaft.

> *Es macht für die Verbreitung von Mundpropaganda einen großen Unterschied, wer die Botschaft verbreitet.*

Mit dem Vermittler der Botschaft möchte ich mich abschließend beschäftigen. Wir alle kennen es aus dem normalen Leben: Was Experten uns antragen oder bekannte Persönlichkeiten machen, prägt unser Verhalten stärker, als das, was unbekannte Personen sagen oder tun.

Sie sollten sich somit damit auseinandersetzen, welche Personen Sie für Ihre Marke nutzen können, um für eine besonders starke Verbreitung Ihrer Markenbotschaften zu sorgen. Genau hier bietet die Digitalisierung einen immensen Vorteil.

Früher waren *Meinungsführer*, also Personen, die man zu bestimmten Themen als Experten gefragt hat, für die Diffusion von Botschaften wichtig. Manager wollten diese auch einsetzen, scheiterten aber meist daran, dass Meinungsführer nur schwer zu identifizieren waren. Somit blieben nur noch *bekannte Persönlichkeiten*, wie etwa Roger Federer als Botschafter für Rolex, als Vorbild oder Dr. Best als Experten, der in der Kommunikation erklärte, dass die klügere Zahnbürste nachgibt, weil sie flexibel ist und dadurch das Zahnfleisch schont.

Im Internet ist die Identifikation von Personen mit a) großem Netzwerk und b) großem Einfluss hingegen möglich. Das Stichwort heißt Influencer.

Anders als Meinungsführer lassen sich Influencer durch die Zahl der Follower im Netz leicht identifizieren. Ihre Bühne sind die sozialen Medien wie Instagram, Facebook oder YouTube. Mittlerweile ist in Deutschland rund 60 Prozent der Bevölkerung in sozialen Medien registriert. Durch die rasante Verbreitung von Botschaften in der digitalen Welt ist deren Reichweite dabei ungleich größer. Kein Wunder also, dass Unternehmen zunehmend Influencer zur Vermarktung ihrer Marken und Botschaften nutzen. Gerade bei Digital Natives spielen Influencer bei der Bildung von Einstellungen und Kaufabsichten für Marken eine sehr große Rolle.

> *Influencer sind die neuen Meinungsführer.*

Influencer Marketing beschreibt die Bewerbung einer Marke oder eines Produktes durch eine reichweitenstarke Person auf den sozialen Medien. Dies kann auf Initiative des Influencers oder in Zusammenarbeit mit dem Unternehmen erfolgen, also durch das Unternehmen gezahlt werden. Letzteres ist entsprechend kenntlich zu machen.[176] Bereits 2017 entfielen 30 Prozent der Nettowerbeeinnahmen auf diesen Kommunikationsweg – Tendenz steigend.

Folgt man einer Studie der Wirtschaftsprüfungsgesellschaft PwC, so hat jeder Dritte sich bereits ein- oder mehrmals ein Produkt gekauft, das von einem Influencer beworben wurde. Bei den 16- bis 19-Jährigen sind es mehr als die Hälfte. Zudem ist jeder Dritte schon einmal über Influencer Marketing auf ein Produkt aufmerksam geworden. Bei den unter 20-Jährigen sind es sogar 76 Prozent, bei den Älteren über 60 Jahren noch 14 Prozent.[177]

---

[176] Tabellion, 2018.
[177] Brecht, 2018.

Influencer können wie folgt für Ihre Marke punkten und positiv auf die Markeneinstellung sowie positive Mundpropaganda und Kaufverhalten wirken:

- durch ihre Glaubwürdigkeit, also der Kompetenz, die Kunden von einem Influencer erwarten, und dem Vertrauen, dass sie diesem entgegenbringen,
- durch ihre Attraktivität, die auf Ähnlichkeit, Sympathie und Vertrautheit mit dem Kunden beruht,
- durch eine wahrgenommene Passung zwischen Influencer und Marke,[178]
- durch eine wahrgenommene Passung zwischen dem Influencer und der Zielgruppe, die Sie ansprechen wollen sowie
- durch eine langfristige Partnerschaft zwischen Marke und Influencer.

Ergo sollten Sie genau diese Kriterien prüfen, bevor Sie Influencer für Ihre Marke auswählen. Derzeit ist das Hauptkriterium zur Auswahl eines Influencers dessen Reichweite und weniger die Passung zur Marke und anderer Kriterien.[179] Reichweite ohne Akzeptanz bringt allerdings nicht die gewünschte Wirkung.

Kylie Jenner kann als derzeit weltweit bestbezahlte Influencerin sicherlich glaubhaft für Parfum, Körperpflege und Mode werben, aber weniger für ein Küchengerät oder ein Notebook. Sie ist dann zwar nach wie vor attraktiv, hat mit 142 Millionen Abonnenten auf Instagram auch eine große Reichweite, allerdings mangelt es an Passung und an Glaubwürdigkeit. Hier würde der bezahlte Post, der bei Kylie Jenner derzeit bei 1,5 Millionen Dollar liegt, als Rohrkrepierer enden.

Was passiert nun aber mit dem Markenbild, wenn ein Influencer keine Story um das Produkt herum baut, sondern stattdessen einen offensichtlich vorgeschriebenen Text? Dies passierte Scott Disick (@letthelordbewithyou) mit seinen 22,4 Millionen Instagram-Abonnenten. Er kopierte seine Auftragsanweisung „Here you go, at 4pm est, write the below. Caption: Keeping up with the summer workout routine with my morning@booteauk protein shake!" 1:1 zu seinem Bild mit dem Produkt. Genauso passierte es auch der deutschen Angelina Heger – ebenfalls mit einem Fitnesstee. Die Posts sorgten in beiden Fällen für reichlich Spott, der auch an der Marke nicht unbeschadet vorbeigeht. Ob diese immer noch mit Werten wie Ehrlichkeit assoziiert wird und authentisch wirkt?

---

[178] Tabellion, 2018.
[179] Tabellion, 2018.

Fazit: Influencer Marketing muss authentisch sein (und darf nicht nur so wirken) und im Einklang mit Influencer und Marke stehen, sonst endet das Storytelling in vergeudeter Liebesmüh.[180]

Zudem lohnt es sich abschließend auch darüber nachzudenken, wer sich sehr intensiv im Internet bewegt und demzufolge auch zur Verbreitung Ihrer Geschichten besonders geeignet ist. Hier spielen aus meiner Sicht vor allem Jugendliche eine große Rolle, die schon immer wesentlichen Einfluss auf Kaufentscheidungen in der Familie hatten. Je früher Jugendliche durch eine Marke beeinflusst werden, umso mehr zahlt sich dies aus, weil Jugendliche zum einen bei neuen Produkten und Services oft im Diffusionsprozess zu den Frühadaptoren zählen, sie sind entsprechend auch Trendsetter und greifen neue Themen früher auf als Erwachsene. Zudem halten sich Jugendliche auch viel länger in der digitalen Welt auf als Erwachsene. Sie nutzen diese als aktive Austauschplattform. Vom iPod über Netflix, Facebook oder Spotify waren es meist Jugendliche, die als Game Changer diese Angebote in den Markt trieben und damit Beeinflussungshoheit hatten. Jugendliche haben den Vorteil, dass sie zu breiten Themenfeldern adressiert werden können. Mercedes-Benz hat dies mit seiner Kampagne #GrowUp wirksam genutzt und Themen adressiert, die von den Jugendlichen aufgegriffen wurden. Zwar kommunizieren auch Frauen überdurchschnittlich viel und gehen auch intensiver auf die Suche als Männer, allerdings lässt sich dieser Effekt nicht in allen Branchen wirksam nutzen.

Key Take-aways

Mundpropaganda beeinflusst 20 bis 50 Prozent aller Kaufentscheidungen. Sie ist glaubwürdiger und zielgerichteter als Massenkommunikation. Mundpropaganda muss man sich verdienen. Mundpropaganda braucht Futter. Sie müssen mit Ihrer Marke Themen auf die Menükarte der Kunden bringen, über die diese sprechen. Um Mundpropaganda zu fördern, brauchen Sie den richtigen Content. Nutzen Sie die gezeigten Regeln als Ihre persönliche Checkliste, um wirksam Mundpropaganda anzustoßen. Und nutzen Sie die richtigen Multiplikatoren für Ihre Botschaften. Denken Sie daran: Influencer sind die neuen Meinungsführer. Diese sind identifizierbar und können mit Blick auf die Passung zur Marke ausgewählt werden.

---

[180] Esch, 2016.

Kapitel XV. Zum Magnet für Kunden werden: dauerhaft Bindung schaffen

Welcher Manager hat ihn nicht, den Traum vom dauerhaft gebundenen Kunden, der seine Bahnen ausschließlich um die eigene Marke dreht, angezogen von deren Leistung und Strahlkraft? McKinsey hat diesen Traum mit einem überzeugenden Beispiel befeuert.

Die McKinsey-Berater Edelman und Singer beschreiben dies im Harvard Business Manager. Ausgangspunkt war ein Mailing des Solarunternehmens Sungevity mit der Botschaft: „Open this to find out how much the Edelman family can save on energy costs with solar panels.". Der Brief beinhaltete eine einzigartige URL, die zu einem Google Earth Bild des Hauses der Edelman Familie führte, das mit Solarpanelen auf dem Dach dargestellt wurde. Der nächste Klick führte zu einer Seite mit einer Kalkulation der Energiekosten. Diese waren konkret anhand von Fakten wie der Basis der umliegenden Bäume oder der geschätzten Anzahl an Solarpanelen berechnet, die auf das Dach des Hauses passen würden. Der nächste Klick ermöglichte einen Live-Chat mit einem Kundenberater, der alle Fragen prompt beantwortete. Zudem sendete er weitere Erklärvideos zum Installationsprozess sowie zu Vor- und Nachteilen von Leasing oder Kauf. Zwei Tage später erhielt die Familie eine E-Mail von Sungevity mit Referenzen anderer Hausbesitzer in der Nähe, die bereits das Solarsystem nutzten. Nach deren Prüfung kehrte Herr Edelman zur Website zurück, wo bereits ein perfekt auf ihn zugeschnittenes Leasing-Angebot wartete. Nach der Unterschrift per E-Signing-Verfahren änderte sich die Landing-Page der Website, so dass unser angehender Solaranlagenbesitzer fortan immer direkte Transparenz über den aktuellen Fortschritt des Installationsverfahrens hatte. Als Kunde erhält er heute regelmäßige Berichte über eingesparte Energiekosten und Tipps zu möglichen Optimierungen auf Basis seiner Haushaltscharakteristika.

Sungevity gestaltet jeden Schritt in der Customer Journey so individualisiert, einfach und ansprechend, dass Herr Edelman zu keinem Zeitpunkt auf die Idee gekommen ist, eine andere Marke in Betracht zu ziehen. Es ist gelungen, den Kunden direkt in die sogenannte Loyalitätsschleife (Loyalty Loop) zu führen (Abbildung 86). Die resultierenden Ergebnisse liegen auf der Hand. Innerhalb eines Jahres verdoppelte Sungevity die Verkaufszahlen.[181]

---

[181] Edelman, Singer, 2015.

Natürlich ist die Realisierung solcher Loyalty Loops alles andere als leicht. Es lohnt sich jedoch darüber nachzudenken, was das eigene Unternehmen dafür tun könnte. Sungevity ist kein Einzelfall. L'Oréal mit seiner Makeup Genius App ist eines von vielen weiteren Beispielen für Unternehmen, die Loyalitätsschleifen erfolgreich in der Praxis umsetzen. Bei dem Makeup Genius können Kunden die Wirkung dekorativer Kosmetik wie Lippenstifte, Make-up usw. virtuell testen und die Produkte anschließend direkt bestellen.

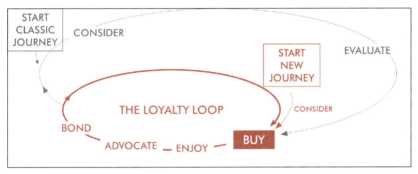

Abbildung 86: Der Traum vom Loyalty Loop

Das Beispiel Sungevity zeigt, dass Technologien neue Wege ermöglichen, Kunden dauerhaft zu binden. Durch Nutzung neuer Technologien werden reibungsarme, oft stattfindende und personalisierte Interaktionen mit Kunden möglich, die Bindung schaffen.

Kunden an ihre Marken zu binden, wird für Unternehmen immer wichtiger. Die Markenbindung kennzeichnet die Stärke der kognitiven und affektiven Bindung zu einer Marke.[182] Durch eine solche Markenbindung schaffen es Unternehmen, ihre Produkte und Dienstleistungen im immer stärker werdenden Wettbewerb zu immunisieren.

Loyalität mit Bindung gleichzusetzen wäre ein großer Fehler. Bei der Loyalität geht es um den wiederholten Kauf der gleichen Marke durch einen Kunden. Es handelt sich somit um eine Ver-

Bindung und Loyalität sind zwei Paar Schuhe.

haltensdimension. Die Gründe dafür können vielfältig sein: Typische Muster sind gewohnheitsmäßiges Verhalten und sogenannte eingefrorene Kaufentscheidungen, bei denen Kunden aufgrund vorangegangener Erfahrungen sowie aus Bequemlichkeit immer wieder die

---

[182] Pesch-Gawlowski, Esch, 2019.

gleiche Marke kaufen. Es kann auch an einem Mangel an Alternativen liegen oder daran, dass Kunden durch Verträge an eine Marke gebunden sind, wie etwa bei Telekommunikationsanbietern oder Versicherungsunternehmen.

Bindung geht über die reine Loyalität hinaus, es ist eine bewusste Entscheidung, bei einer Marke zu bleiben, weil diese ein emotionales Band zum Kunden entwickelt. Wenn Forscher über Bindung sprechen, geht es vor allem um die emotionale Bindung von Kunden an Marken. Sie alle können sicher spontan Marken nennen, an die Sie sich emotional gebunden fühlen, die Sie gerne immer wieder kaufen und weiterempfehlen würden.

Wenn Sie nun in sich gehen und überlegen, was der Auslöser für eine solche mehr oder weniger starke emotionale Bindung war, schälen sich aus meiner Sicht folgende Faktoren heraus:

1. Das Erfüllen des Markenversprechens.
2. Der Selbstbezug und die Passung der Marke zur eigenen Persönlichkeit.
3. Die sinnvolle Begleitung der Kunden auf deren Kundenreise und die Integration in die Lebenswelt der Kunden.
4. Die Nutzung von Kundenbindungsprogrammen.

Zu 1: Das Erfüllen des Markenversprechens: Die Leistung muss stimmen.

Die einfache Botschaft hier lautet: Es zählt der Kern, nicht die Peripherie. Mit Kern ist der Kern der Leistung gemeint, die Sie Ihren Kunden versprechen. In einer Studie von ESCH. The Brand Consultants schälte sich heraus, dass Kunden dann wirklich zufrieden und glücklich sind, wenn die Leistung, die eine Marke verspricht, auch tatsächlich geliefert wird.[183] Dies ist somit eine wichtige Prämisse, um Bindung zu schaffen.

> *You can't build a brand around an empty promise.*

Leistung ist dabei ein weiter Begriff, den Sie für Ihren Zweck genauer operationalisieren müssen. Folgende Fragen können Ihnen hierbei helfen:

Handelt es sich um eine faktische Leistung oder um eine emotionale Leistung?

Verspricht Persil „strahlendes Weiß" beim Wäschewaschen oder gibt 1&1 das Versprechen „Heute bestellt, morgen gebracht", so ist dies faktisch prüfbar. Komplexer wird es bei Louis Vuitton, die das Gefühl

---

[183] ESCH. The Brand Consultants, 2018.

von Exklusivität, etwas Besonderem und der Zugehörigkeit zu modebewussten Menschen vermitteln wollen. Hier muss

- die Qualität der Taschen stimmen,
- die Exklusivität in den Läden, auf der Website und in der Kommunikation vermittelt werden,
- die Beratung hochwertig und personalisiert sein,
- die Services höchsten Standards entsprechen,
- die Designs das Besondere betonen und
- die Tasche beim Tragen vermitteln, dass Sie etwas Besonderes sind.

Gerade bei der Erlebnisvermittlung einer Marke als Kernleistung ist es wichtig, in der Kommunikation als Marke dort stattzufinden, wo sich die jeweiligen Bezugsgruppen zu den Marken austauschen. Ob auf Instagram, YouTube oder anderen Kanälen bzw. in entsprechenden Communities, weil dies Kunden in ihrer Wahrnehmung bestätigt.

Ist die Leistung auf das Produkt beschränkt oder umfasst es auch ergänzende Services, die für die Leistung des Produktes erforderlich sind?

Das Beispiel Louis Vuitton hat bereits gezeigt, dass gerade bei Marken, die Erlebnisse vermitteln, die Leistung keinesfalls nur auf das Produkt beschränkt sein kann. Das Erleben muss durchgängig an allen Berührungspunkten stattfinden (siehe dazu auch das Kapitel XIII. zum ganzheitlichen Erleben von Marken).

Bei Thermomix geht die Leistung ebenfalls weit über das Produkt hinaus. Zwar ist das Produkt der eigentliche Kern der Leistung. Allerdings wird dieser durch Mehrwerte und Services ergänzt, die Thermomix seinen Kunden bietet. Dies reicht von Kochheften und Kochbüchern über YouTube-Videos zur Zubereitung von Gerichten bis zum Cook-Key, durch den der Thermomix mit Rezepten programmiert werden kann. All diese Services schaffen neben dem herausragenden Produkt substantiellen Mehrwert für den Kunden und eine hohe Eintrittsbarriere für Wettbewerber. Sie sind somit ein Bindungsfaktor. Dabei ist der in Abbildung 87 gezeigte Teil der Videos von Vorwerk selbst nur die Spitze des Eisbergs, weil die beliebtesten Videos von Thermomix-Nutzern stammen, die darin ihre Rezepte und den Umgang mit dem Thermomix verraten.[184]

Ebenso wichtig ist es für Automobilhersteller, neben dem Fahrzeug herausragenden Service bei der Wartung und neue Services durch digitale Kommunikations- und Interaktionsmöglichkeiten zu bieten, wie ich dies bei Mercedes-Benz in Kapitel III beschrieben habe.

---

[184] Esch, Kochann, 2019.

Abbildung 87: Die Thermomix-Welt

Zu 2: Selbstbezug und Passung der Marke zur eigenen Persönlichkeit

Kunden kaufen Marken, die zu ihrer eigenen Persönlichkeit passen oder eine Persönlichkeit widerspiegeln, die sie gerne hätten.[185] Entsprechend ist die Bindung an solche Marken generell stärker als an andere Marken.

Beim Markenselbstbezug wird die Marke mit der Persönlichkeit des Konsumenten zusammengebracht und somit Teil des Selbst.[186] Marken sind dann Bestandteil der Selbstdarstellung von Kunden. Sie reichern den Kunden mit dem Image der Marke an. Premium- und Luxusmarken wie Rolex, Porsche, Louis Vuitton oder Gucci verleihen Kunden Status und Prestige. Sie geben dadurch ihren Kunden ein positives Selbstwertgefühl, Sicherheit und Konsistenz. Dies führt zu einer höheren Markenbindung.

Selbstbezug und Passung führen somit zur bewussten Selektion sowie bei Bestätigung des erwünschten Effektes zur Bindung. Entsprechend sollten Sie für Ihre Marke prüfen, wie gut diese den Selbstbezug und die Passung hinsichtlich zentraler Bedürfnisse und Wünsche der Kunden erfüllen.

Damit Kunden einen Selbstbezug und Passung herstellen können, ist ein klarer Fokus der Marke notwendig: also die Konzentration auf we-

---

[185] Aaker, 2005; Esch, 2018.
[186] Ball, Tasaki, 1992, S. 156; Park et al., 2008, S. 200.

nige für Kunden relevante Positionierungseigenschaften, die den Unterschied machen. Ebenso notwendig ist deren einfache und glasklare Übersetzung in Kommunikation. Sie müssen es Ihren Kunden so einfach wie möglich machen, einen Selbstbezug herzustellen. Alles andere kostet Kunden zu viel Energie, um die Passung zu prüfen. Dazu sind diese aber nicht bereit.

Dove setzt mit der „Real Beauty"-Kampagne auf normale Frauen und keine perfekten Models. So kann sich eine Mehrheit der Frauen mit dem Produkt identifizieren. L'Oréal geht bewusst einen anderen Weg und möchte mit bekannten Persönlichkeiten ein wünschenswertes Ich kommunizieren und dadurch Passung erzielen. In beiden Fällen kann starke Markenbindung erreicht werden.

Zu 3: Sinnvolle Begleitung der Kunden auf deren Kundenreise und Integration in die Lebenswelt der Kunden

Um dies zu leisten, müssen Manager die Bedürfnisse ihrer Kunden kennen, den unmittelbaren Kontakt zu Kunden schaffen und über Daten verfügen, um die Kunden entsprechend bedienen zu können.

Disney bietet Kunden mit dem Magic Band einen wichtigen Mehrwert. Das Magic Band ist ein tragbarer Armbandcomputer, mit dem Disney Park-Besucher Käufe tätigen können, ohne eine Kreditkarte oder Geld zu nutzen. Sie können beliebig oft in den Disney Park rein- und rausgehen und haben bei den Hauptattraktionen einen fast track. Dadurch werden Wartezeiten optimiert. Besucher können mit dem Priority-Pass auch Attraktionen buchen. Das Armband dient als Schlüssel für das Hotelzimmer, es ermöglicht die Reservierung in Restaurants und empfiehlt personalisierte Angebote.

Disney kann Kunden mit dem Magic Band überall im Park orten und für diese zugeschnittene Erlebnisse kreieren. Disney-Figuren begrüßen sie dann persönlich mit Namen oder wünschen ihnen alles Gute zum Geburtstag. Sie erhalten Hinweise, welche Bahnen gerade geringe Wartezeiten haben. Auf den Bahnen werden personalisierte Erinnerungsfotos von ihnen gemacht und in einem Disney-Album als Erinnerung für Sie zusammengestellt.

Das Magic Band verlängert die Nutzungszeit, erhöht den Umsatz und steigert die Loyalität. Das Band liefert auch Erkenntnisse zum Kundenverhalten und zu Präferenzen, die personalisierte Angebote durch fortschrittliches Customer Relationship Management ermöglichen und die operative Exzellenz von Disney verbessern.[187] Nach Einfüh-

---

[187] Esch, Kochann, 2019.

rung des Magic Band berichtet Disney über einen Anstieg der Besucherzahl um 7 Prozent, eine Erhöhung der Belegungsquote der Hotels um 8 Prozent sowie von 20 Prozent höheren Einnahmen im Vergleich zur Vorperiode.[188]

Der Verlag McGraw-Hill Education verkauft nicht mehr nur Lehrbücher, sondern bietet maßgeschneiderte Lernerlebnisse an. Hier können Kunden die elektronischen Texte lesen und zur Verfügung gestellte Aufgaben lösen. Der Fortschritt wird durch digitale Technologien verfolgt. Fallen Ihnen bestimmte Themen schwer, wird weiteres Material zum Üben, z. B. Erklärvideos, zur Verfügung gestellt.

Nike schafft durch digitale Technologien nicht nur Mehrwert für Kunden, sondern stärkt dadurch auch die Bindung ans Unternehmen. Laufschuhe mit eingebautem Chip ermöglichen mit einer Software von Nike eine detaillierte Trainingsanalyse sowie den Zugang zu einem sozialen Netzwerk, wo Sie Beratung und Unterstützung erhalten. Nike entwickelt sich so von einem Sportartikelhersteller zu einem Anbieter von Gesundheits-, Fitness- und Coachingdienstleistungen.

Meine Kollegen Nicolaj Siggelkow und Christian Terwiesch haben in ihren Studien vier Strategien identifiziert, die eine neue Art der Kundenbindung ermöglichen:[189]

Kundenbindungs-strategie	Beschreibung	Schlüssel-kompetenz	Funktioniert besonders gut, wenn	Funktioniert besonders gut bei
Auf Wünsche reagieren	Der Kunde sagt, was er wann will	Bestellungen schnell und effizient ausführen	Kunden gut informiert sind	Kunden, die nicht gern Daten preisgeben und die Kontrolle behalten wollen
Angebote kuratieren	Das Unternehmen bietet dem Kunden eine maßgeschneiderte Auswahl an Angeboten	Gute, personalisierte Empfehlungen geben	das unkuratierte Angebot groß ist und Kunden überfordern könnte	Kunden, die bereitwillig eine begrenzte Datenmenge teilen, aber die Kaufentscheidung am Ende selbst treffen wollen
Coach sein	Das Unternehmen hilft dem Kunden, sein Ziel zu erreichen, indem es ihn daran erinnert, sich entsprechend zu verhalten	Kundenbedürfnisse verstehen sowie große Datenvolumina sammeln und auswerten	Trägheit und Vorurteile Kunden daran hindern, zu tun, was gut für sie ist	Kunden, die nichts dagegen haben, ihre persönlichen Daten weiterzugeben und Verhaltenstipps zu bekommen
Umsetzung automatisieren	Das Unternehmen erfüllt den Wunsch des Kunden, ohne dazu aufgefordert worden zu sein	Kunden beobachten und aus den gewonnenen Daten Handlungen ableiten	das Verhalten der Kunden gut vorhersagbar ist und Kosten durch Fehler gering sind	Kunden, denen es nichts ausmacht, wenn Unternehmen ihre persönlichen Daten bekommen und Entscheidungen für sie treffen

Abbildung 88: Digitale Kundenbindungsstrategien

---

[188] Bean, Tyne, 2012, S. 89.
[189] Siggelkow, Terwiesch, 2019, S. 23 f.

1. *Auf Wünsche reagieren:* Wenn Kunden genau wissen, was sie mögen, ist es für Unternehmen entscheidend, den Kunden genau zuzuhören, diese zu verstehen und den Kaufprozess so einfach wie möglich zu gestalten – von der Bestellung bis zur Bezahlung. Schnelligkeit und Vereinfachung ist der Schlüssel zur Bindung. Amazon macht es vor mit dem „Ein-Klick"-Prozess zur Bestellung und Bezahlung und dekliniert dies nun durch die Möglichkeit zur Sprachbestellung bei Alexa weiter. Sie äußern Ihren Wunsch, Alexa kümmert sich um den Rest.
2. *Angebote kuratieren:* Hier ist das Erfolgsgeheimnis, sich früh in den Entscheidungsprozess der Kunden einzuschalten und in einem personalisierten Empfehlungsprozess Produkte vorzuschlagen, die dem Kunden gefallen. Dies ist dann sinnvoll, wenn die Kunden von den vielfältigen Angeboten überfordert sind und sich nicht auf eine intensive Suche begeben wollen. Das E-Commerce-Unternehmen Outfittery gehört mit maßgeschneiderten Angeboten für Outfits ebenso zu dieser Kategorie wie Hello Fresh. Hello Fresh bietet je nach Bedarf (vegetarisch, asiatisch, indisch etc.) Frischeboxen mit Rezepten und dazu genau abgestimmten Produkten zum Kochen, die Ihnen bequem nach Hause geschickt werden.
3. *Coach sein:* Viele Kunden kennen zum einen ihre Bedürfnisse nicht und setzen diese zum anderen oft inkonsequent um. Typische Beispiele hierfür sind das latente Bedürfnis, mehr Sport zu machen oder abzunehmen. Hier übernimmt die Marke die Funktion des Motivators und überwacht ihre Aktivitäten. Die App von Nike, die Ihre Trainingsfortschritte misst und Sie dazu motiviert, Ihren Trainingsplan einzuhalten oder Weight Watchers, die Ihre Fortschritte beim Abnehmen begleiten, sind Beispiele. Voraussetzung für den Erfolg einer solchen Strategie ist der ständige Informationsfluss vom Kunden zur Marke. Bei dieser Strategie können Sie auch leicht soziale Komponenten hinzufügen wie virtuelle Laufclubs und ähnliches.
4. *Umsetzung automatisieren:* Hier ist keine Beteiligung von Kunden mehr erforderlich, weil vor allem gewohnheitsmäßig auftretender Bedarf des Kunden automatisch vom Unternehmen bedient wird, z. B. die automatische Wartung von Aufzügen, das automatische Bestücken mit Tonerkassetten für einen Drucker oder die automatische Lieferung von Rasierklingen und Rasierzubehör zum Rasieren. Der Aufzughersteller Schindler nutzt die Digitalisierung für „Predictive Maintenance", die vorausschauende Wartung: Sensoren an den Aufzügen übermitteln täglich Millionen von Daten an die Computerplattform des Unternehmens. Die Plattform erstellt daraus vorausschauende Einsatzpläne für die Servicetechniker, die

inklusive Routenvorschläge über eine App frühmorgens auf dem Smartphone des Technikers landen. Nicht nebensächlich, wenn man bedenkt, dass Aufzüge weltweit rund 190 Millionen Stunden pro Jahr defekt- oder wartungsbedingt stillstehen.[190]

Sicherlich sind diese Strategien nicht für alle Unternehmen geeignet, es lohnt sich allerdings deren Prüfung auf Übertragbarkeit für Ihre Marke.

Ein Punkt scheint mir dabei noch wichtig, den Siggelkow und Terwiesch zu Recht hervorheben. Die Forscher unterscheiden die Customer Journey in drei Phasen: Erkennen des Bedarfs, Anfragen und Reagieren. Sie ergänzen diese um die Phase des Wiederholens. Diese Phase ist wichtig, weil Sie als Manager aus den Interaktionen mit Kunden lernen und Ihre Angebote anpassen und erweitern können. Dadurch erhalten Unternehmen ein besseres Verständnis des jeweiligen Kundenbedarfs und der Entwicklung des Gesamtmarktes.

Nike erkennt über die gesammelten Laufdaten eines Kunden nicht nur dessen Lauffortschritte, sondern kann aus den gelaufenen Kilometern ableiten, ob dieser sich für einen Marathon vorbereiten möchte und entsprechende Tipps geben. Disney kann über das Magic Band erkennen, ob die Nachfrage nach Frozen Yoghurt gesamthaft steigt und entsprechend mit mehr Verkaufsständen reagieren. Das ist eine typische Win-Win-Situation: für Kunden wie für Unternehmen.

Zu 4: Die Nutzung von Kundenbindungsprogrammen

Die wichtigste Botschaft für Sie zuerst: Kundenbindungsprogramme sind keine Bonusprogramme. Es wäre zu einfach, würden Sie Kundenbindungsprogramme nur als Sparschwein für Kunden aufziehen, um diese mit Sammelmechaniken zu binden.[191] Solche Programme können Sie einführen, ohne über Ihre Marke nachzudenken.

Mir geht es hier vielmehr darum, wie durch Bindungsprogramme ein Mehrwert für Kunden und die Marke geschaffen werden kann. Starbucks zeigt, wie es geht. In dem Starbucks Reward Programm befinden sich derzeit rund 13,3 Millionen aktive Nutzer. Diese profitieren von einem ausgeklügelten System, dass ihnen einen echten Nutzen

---

[190] Sprenger, 2018, S. 48.
[191] Kundenbindungsprogramme für loyalitätsschwache Marken konzentrieren sich primär auf Preisnachlässe und Promotions. Loyalitätsstarke Marken setzen auf Markenwerte und erzielen höhere Preise am Markt (https://www.mediaplus.com/content/dam/shared-content/news/service-plan/20190319-markenroadshow-2019/Res%C3%BCmee%20MRS%202019.pdf).

bringt und zeigt, dass Starbucks für Kunden mehr ist als ein Ort, der Kaffee und andere Getränke anbietet.

Sie können dazu eine App auf Ihr Smartphone laden und erhalten immer aktuelle Informationen und Angebote. Starbucks ermöglicht Ihnen das mobile Bezahlen und – mindestens ebenso wichtig – Sie können schon im Voraus einen Coffee-to-go ordern und müssen dadurch bei Betrieb nicht anstehen. Sie erhalten Einladungen zu speziellen Mitglieder-Events, beispielsweise zu Lesungen in einem Starbucks in Ihrer Nähe, können aber auch selbst Freunde einladen. Dafür erhalten Sie Bonussterne und Ihr Freund einen Coffee for free.

Kundenbindungsprogramme sind keine (reinen) Bonusprogramme.

Abbildung 89: Starbucks Kundenbindungssystem

Ein Bonusprogramm, das viele von uns nutzen, ist das Miles & More-Programm der Lufthansa, das 1993 ins Leben gerufen wurde. Es ist mit mehr als 30 Millionen Teilnehmern das größte Vielflieger- und Prämienprogramm in Europa.

Die Teilnehmer können Prämienmeilen, Statusmeilen und HON-Circle-Meilen sammeln, die sich aus Buchungsklasse, Flugstrecke und Fluglinie ergeben. Oder schlicht und einfach beim Abschluss einer Versicherung oder eines Mobilfunkvertrages, beim Online-Shopping oder beim Bezahlen mit der Kreditkarte.

Die gesammelten Meilen lassen sich eintauschen gegen Flüge, Flug-Upgrades oder Hotelübernachtungen, gegen Greenfees, Kleidung oder Opernkarten. Über 330 Partner haben sich dem Programm mittlerweile angeschlossen und bilden ein riesiges System aus Stellen, an denen die Miles & More-Mitglieder Meilen sammeln oder einlösen können.

Alternativ können sich Mitglieder über die Statusmeilen besonderen Service erfliegen.

Je nach Höhe der gesammelten Meilen werden aus normalen Fluggästen Frequent Traveller, Senatoren oder HON-Circle-Members, die dank ihres Status bestimmte Leistungen in Anspruch nehmen können.

Ich weiß nicht, wie es Ihnen geht: Vielleicht empfinden Sie die Karte auch als wichtig und unverzichtbar, wenn Sie viel reisen. Sei es, dass Sie die schnelle Linie zum Einchecken oder die Lounges zum Relaxen nutzen können. Oder dass Sie sozusagen im „Vorbeifliegen" ein Bonuskonto füllen oder andere Vorzüge genießen. Oder als Honored Circle-Kunden den Limousinen-Service zum Flugzeug und bei Ankunft wieder zurück nutzen können. Der Verlust des Status kommt bei vielen Vielfliegern einem Gesichtsverlust gleich. Es ist dann auch nur logisch, dass Sie bei Flugbuchungen die Airline bevorzugen, bei der Sie Flugmeilen sammeln können. Wie hieß es bei der Lufthansa so schön: „There is no better way to fly."

Vor einiger Zeit wurde das Prämien- und Regelsystem der Lufthansa umgestellt, von manchen Standorten in Deutschland wie Köln oder Düsseldorf können Sie nur noch mit Töchtern der Lufthansa fliegen. Wenn Sie den einfachen Economy-Tarif als Frequent Flyer bei einer Lufthansa-Tochter buchen, weil dies die Unternehmensrichtlinien Ihres Unternehmens vorsehen, erleben Sie plötzlich, was es heißt, von der Nutzung der Lounges ausgeschlossen zu werden. Bei einem Flug mit der Lufthansa wäre dies möglich, bei dem Flug mit einer Lufthansa-Tochter nicht. Ohne Frage ein einfacher Weg für Lufthansa, Geld zu sparen, aber sicherlich auch ein einfacher Weg, treue Kunden zu verärgern. Die Kommentare von Vielfliegern im Netz zeugen davon. Heute heißt der Slogan „Say yes to the world". Das geht auch mit dem neuen Bonusprogramm.

Wie dieses Beispiel zeigt, sollten Sie sich aus Marken- und aus Kundensicht genau überlegen, wie Sie mit solchen Kundenbindungsprogrammen

- echte Mehrwerte bieten, sowohl bei den Produkten und Services als auch auf der gesamten Kundenreise.
- die Interaktion mit Kunden verstärken und Erlebnisse mit diesen teilen können. Das macht die Lufthansa sehr gut. Sie gibt ihren Kunden in der neuen Kampagne #LifeChangingPlaces die Möglichkeit, solche Plätze mit anderen zu teilen.
- Kunden zu Fans und zu positiven Multiplikatoren für die Marke machen.

Key Take-aways

Viele Unternehmen haben den Traum vom Loyalty Loop. Ewig treue Kunden, wer will das nicht? Loyalität und Bindung sind allerdings zwei paar Schuhe. Heute geht es um die emotionale Bindung der Kunden an Ihre Marke. Um dies zu erreichen, muss zuallererst die Leistung stimmen. Wichtig sind auch der Selbstbezug und die Passung zwischen Marke und Kunden. Bindung setzt auch voraus, dass Sie sich mit Ihrer Marke in die Lebenswelt der Kunden integrieren. Gerade hierzu gibt es viele neue, digitale Kundenbindungsstrategien. Und schließlich helfen intelligente Kundenbindungsprogramme. Kundenbindungsprogramme sind keine reinen Bonusprogramme, das wäre zu kurz gesprungen.

Kapitel XVI. Kundenengagement für Marken fördern und Kunden integrieren

Coca-Cola hat 99,3 Millionen Facebook-Fans. Mit 5,5 Millionen Abonnenten betreibt Red Bull den erfolgreichsten Markenkanal auf YouTube. Und 4,1 Millionen Follower folgen Nike via Twitter.[192] Doch sind diese Zahlen bereits ein Indiz für ein ausgeprägtes Markenengagement der jeweiligen Konsumenten? Können alle Marken gleichermaßen Engagement für ihre Marke erzeugen?

Machen Sie den Selbsttest und prüfen Sie Ihre Bereitschaft, sich entweder für die Toilettenpapiermarke Hakle, einen Kaffeevollautomaten von Jura, die Automarke Porsche oder die Luxusmarke Louis Vuitton zu engagieren. Sie werden eine erste Meinungstendenz haben.

Ich spreche nicht von allgemeinem Kundenengagement, sondern von dem Engagement der Kunden für Marken, die sie mögen, wählen und nutzen. Das ist ein himmelweiter Unterschied. Markenengagement umfasst alle markenbezogenen Verhaltensweisen von Konsumenten, die nicht unmittelbar mit dem Kauf von Produkten oder Dienstleistungen in Verbindung stehen.[193] Beispiele dieser aktiven Rolle von Konsumenten reichen vom Betrachten eines Werbespots bei YouTube, über das Liken und Teilen von Inhalten auf Facebook-Markenseiten, das Verfassen von Produktbeurteilungen bei Amazon bis hin zur Co-Creation von Kommunikation oder Produkten.

Einer Studie von McKinsey zufolge betrachten weltweit 69 Prozent der CEOs die Erzielung von Brand Engagement als ein wesentliches Unternehmensziel.[194] Der zentrale Grund ist, dass die einseitige Fokussierung auf den Kauf von Marken durch Kunden alleine nicht nachhaltig den Erfolg eines Unternehmens erklären kann. Vielmehr spielen die Beziehungen eines Unternehmens zu seinen Kunden eine wichtige Rolle für den Unternehmenserfolg. Nicht zuletzt deshalb messen Unternehmen neben der klassischen Markenloyalität auch zunehmend die emotionale Bindung der Kunden an ihre Marke.

Es gibt vielfältige Optionen, wie Kunden mit Unternehmen interagieren und somit Wert schaffen können. Der Wert einer Kundenbeziehung ergibt sich somit nicht nur aus den Transaktionen eines Kunden

---

[192] Statista, 2016.
[193] Esch, Manger, 2019.
[194] McKinsey, 2014.

mit einem Unternehmen (customer lifetime value), sondern ebenso durch

1. den Wert von Empfehlungen (*customer referral value*), etwa bei Versicherungen,
2. den Wert positiver Mundpropaganda (*customer influencer value*), etwa bei Restaurants sowie
3. den Wert, den Unternehmen dem direkten Feedback von Kunden zuschreiben (*customer knowledge value*), z. B. bei Computerprogrammen.[195]

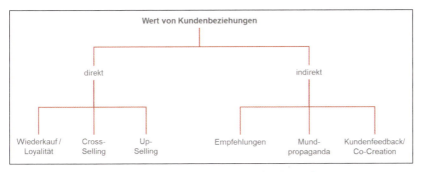

Abbildung 90: Der Wert von Kundenbeziehungen

Das Engagement der Kunden wirkt somit positiv auf die Performance eines Unternehmens.[196] Gallup zeigte in einer branchenübergreifenden Studie, dass besonders engagierte Kunden einen um 23 Prozent höheren Umsatz haben als der Durchschnitt aller Kunden. Kunden, die sich nicht engagierten, lagen hingegen deutlich unter dem Durchschnittswert.[197]

Hier geht es also um das bewusste Engagement für eine Marke. Möchte eine Marke beispielsweise mit einem Gewinnspiel neue Kunden gewinnen, könnte die Zahl der Teilnehmer an diesem Gewinnspiel fälschlicherweise so interpretiert werden, dass diese sich für die Marke engagieren.

Kundenengagement für Marken wirkt positiv auf die Performance von Unternehmen.

Ohne Frage ist die Teilnahme an einem Gewinnspiel eine Anstrengung, die potenzielle Kunden unternehmen. Aber die Kunden machen dies vor allem für sich und nicht für die Marke. Aus qualitativen Analysen meines Instituts für Marken- und Kommunikationsforschung

---
[195] Kumar et al., 2010.
[196] Kumar, Pansari, 2016
[197] Gallup, 2014.

der EBS Business School haben wir exploriert, warum sich Kunden im Internet engagieren. Wir wissen, dass ein nicht unbeträchtlicher Teil von „Jägern und Sammlern" ständig nach Gewinnspielen im Internet sucht, um Gewinnchancen zu realisieren. Die Marke ist diesen Jägern und Sammlern egal, Hauptsache die Gewinnchance ist da.

Typischerweise ist dies ein Kundenengagement, aber kein Markenengagement. Es geht nicht um die Marke, sondern um den Gewinn. Unternehmen müssen sehr wohl überlegen, ob und wie sie solche Incentivierungen einsetzen und gestalten, um die richtige Zielgruppe anzuziehen.

Es lassen sich drei verschiedene Ausprägungen des Brand Engagements unterscheiden.

Eine geringe Ausprägung des Markenengagements beschränkt sich auf den Konsum von Inhalten. Dazu würde das Lesen von Posts der Marke in sozialen Netzwerken, dem Folgen von Blogs und Fanpages der Marke sowie das Ansehen von Videos der Marke auf Facebook, YouTube und Co. zählen.

Bei einem moderaten Brand Engagement tragen Konsumenten selbst etwas zur Marke bei. Dies kann das Kommentieren, Liken oder Teilen von Bildern, Videos und Posts der Marke in sozialen Netzwerken sein.

Starkes Markenengagement liegt vor, wenn Konsumenten markenbezogene Inhalte kreieren, bzw. Zeit, Geld und Aufmerksamkeit in eine Marke investieren. Online kann die Schaffung von Inhalten sehr vielfältig sein. Sie umfasst ebenfalls die Initiierung von Mundpropaganda, zum Beispiel durch die Erstellung von eigenständigen Posts zu einer Marke und das Posten von Bildern und Videos mit Bezug zu einer Marke. Starkes Brand Engagement kann auch durch das Schreiben von Produktrezensionen und Testberichten auf Plattformen wie z. B. Amazon erfolgen. Auch die Gründung und Mitwirkung in einer virtuellen Brand Community ist Ausdruck starken Markenengagements, welches sich positiv auf die emotionale Markenbindung auswirkt.[198]

Erste Studienerkenntnisse meiner Mitarbeiterin Julia Pitz deuten darauf hin, dass die Frequenz des Engagements wichtiger zu sein scheint als dessen Stärke: Häufiges Liken als schwache Form des Markenengagements wirkt stärker auf Einstellung und Verhalten als starkes Markenengagement, etwa durch das einmalige Schreiben eines Blogbeitrags.[199]

---

[198] Brodie et al., 2013.
[199] Pitz, Esch, 2019.

Von Direct-to-Consumer Brands lernen

Ein Paradebeispiel ist Daniel Wellington. Die Uhren der Marke wurden ausschließlich über soziale Medien beworben – die Marke wurde dadurch fast selbst zum „Social Media Star". Mit über 4,7 Millionen Abonnenten lässt sie auf Instagram andere Uhrenhersteller der gleichen Zielgruppe wie Fossil (1,1 Millionen Abos) oder Swatch (1,1 Millionen Abos) weit hinter sich. Die Marke verfolgt ihre Social Media-Strategie dabei konsequent. Postet ein Konsument auf Instagram ein Bild mit einer Wellington-Uhr und verlinkt die Marke darauf, besteht die Möglichkeit, dass das Bild auch auf der Website des Unternehmens gezeigt wird. Die Marke nutzt den Content anderer damit aktiv, steuert aber selbst, welche Bilder zur Marke passen und veröffentlicht werden.[200]

Abbildung 91: Bilder von Daniel Wellington-Kunden auf Instagram

Crowdsourcing: die Intelligenz von involvierten Kunden nutzen

Schließlich kann Brand Engagement auch über *Crowdsourcing-Aktionen* einer Marke angestoßen werden. Crowdsourcing bezeichnet das Auslagern von Aufgaben, die üblicherweise von Unternehmen selbst

---

[200] Esch, 2016.

erbracht werden, mittels eines offenen Aufrufes an eine Masse unbekannter Akteure.[201] Hier kommt der Begriff der Co-Creation zum Tragen. Typische Beispiele sind Innovations- und Kreativwettbewerbe von Marken. Colgate-Palmolive rief sehr erfolgreich auf einer Innovationsplattform dazu auf, eine neue Technik zur Befüllung von Zahncremetuben zu entwickeln.[202] McDonalds suchte mit seiner Engagement-Kampagne „My Burger" nach fünf von Kunden kreierten Burgern, die nach Abstimmung und Jury-Votings in den Restaurants serviert wurden.[203] Die Biermarke Paulaner sourcte eine Kreativaufgabe aus und suchte unter dem Motto „G'schichten aus dem Paulanergarten" Ideen für einen Werbespot.[204] Fanta rief die Konsumenten hingegen zur kreativen Gestaltung des Flaschen-Etiketts auf und Haribo ließ Konsumenten über neue Sorten in einer Fan-Edition abstimmen. Die Einreichungen der Sieger waren jeweils als Limited Edition im Handel erhältlich.

Die Einbeziehung der Kunden kann Unternehmen deutlich nach vorne oder wieder zurück auf die Gewinnerstraße bringen, wenn das Ganze systematisch betrieben wird. Dies zeigt das Beispiel Lego.

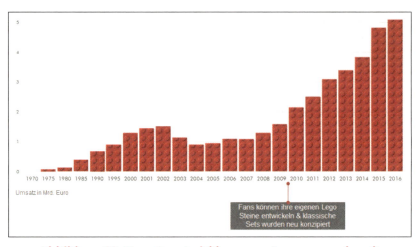

Abbildung 92: Umsatzentwicklung von Lego vor und nach Einbeziehung der Kunden in die Produktentwicklung

Bei Lego läuft das Ganze unter dem Begriff „Open Innovation". Lego nutzt damit alle externen Ideen von Kunden, Lieferanten und Part-

---

[201] Eichenauer, 2017.
[202] Howe, 2009.
[203] Esch, 2018.
[204] Rentz, 2014.

Kapitel XVI. Kundenengagement für Marken fördern

nern, um Innovationen zu kreieren und voranzutreiben. Ein solches Projekt ist Lego Ideas. Lego Ideas ist eine Plattform, auf der Fans ihre eigenen Spielideen und Figuren entwickeln und designen können. Sie können dabei Unterstützung von anderen Fans erhalten. Lego prüft die Ideen und gibt den besten Vorschlägen die Freigabe zur Aufnahme in das Standardsortiment. Das ist Crowdsourcing par excellence! Erfolgsprodukte daraus sind Lego Minecraft, Lego Zurück in die Zukunft sowie Lego Ghostbusters. Zudem bedient Lego mit der Lego Architektur-Linie wirksam einen Sekundärmarkt für Lego-Enthusiasten. Wie erfolgreich das Ganze ist, zeigt die Abbildung mit den Umsatzzahlen: Seit Einführung der Co-Creation-Möglichkeiten im Jahr 2009 ging es für Lego wieder richtig nach oben. Ohne Frage war dies nur eine von mehreren neuen Weichenstellungen, aber eine besonders wichtige.

Inzwischen ist auch Playmobil dabei, sich mit seiner System- und Spielwelt für Kunden zu öffnen – und dies ebenfalls mit beachtlichem Erfolg: Die meistverkaufte Playmobil-Figur ist Martin Luther mit über einer Million verkaufter Exemplare im Jubiläumsjahr von Luther zum 500-jährigen Reformationsjubiläum.

Abbildung 93: Martin Luther von Playmobil

Unternehmen sind gut beraten, ihr Ego zur Seite zu schieben und den Enthusiasmus echter Fans Ihrer Marken zu umarmen, um in gemeinsamer Anstrengung neue Produkte und Dienstleistungen zu produzieren.

Wenn Sie über den Einsatz von Crowdsourcing nachdenken, sollten Sie sich vorab folgende Fragen stellen und diese klären:[205]

- Welches Ergebnis möchte ich erreichen (z. B. innovative Idee, konkrete Problemlösung)? Es ist klar, dass je nach Ziel die Komplexität der Aufgabe und die Anforderungen an die Fähigkeiten und das Engagement der Kunden steigt.
- Wer ist meine Zielgruppe? Lego spricht zwar Kinder mit seinen Produkten an, allerdings kamen viele der neuen Ideen von Erwachsenen, die Spaß am Konstruieren neuer Welten hatten.
- Wie gestalte ich die Crowdsourcing-Aufgabe (z. B. über eine vordefinierte Plattform, in Form eines Ideenwettbewerbs oder durch Crowd Voting)? Je komplexer die Aufgabe, umso mehr empfiehlt sich die Bildung einer Plattform zum Austausch. Bei Ideenwettbewerben und Crowd Voting sind die Spielregeln vorab festzulegen, damit nicht automatisch der meistgewählte Vorschlag gewinnt. Henkel hat bei einem Ideenwettbewerb mit anschließendem Voting für ein neues Etikett bei der Spülmittelmarke Pril leidvolle Erfahrungen gemacht. Als Sieger wurde von Kunden das Etikett „Schmeckt lecker nach Hähnchen" mit einer Hähnchen-Abbildung gewählt. Die Abwahl dieses Siegers durch Henkel führte zu einem Shitstorm. Idealerweise sollte die finale Entscheidung für oder gegen einen Vorschlag bei einem Expertengremium liegen und dies auch so kommuniziert werden, damit so etwas nicht passieren kann.
- Wie motiviere ich die Zielgruppe (z. B. durch Incentivierung)?
- Welche Ressourcen sind für den gesamten Prozess notwendig (IT-Infrastruktur, Budget, Personal)?
- Welche Probleme können auftreten und wie gehe ich damit um?

! Key Take-aways

Das Engagement der Kunden für ihre Marke ist wichtig. Der Wert von Kundenbeziehungen wird über Empfehlungen, Mundpropaganda, Kundenfeedback sowie Co-Creation positiv beeinflusst. Kundenengagement wirkt positiv auf die Unternehmensperformance. Nehmen Sie sich Direct-to-Consumer-Brands als Vorbild für Kundenengagement. Diese Marken spielen die Klaviatur virtuos. Vor allem aber sollten Sie die Intelligenz Ihrer Kunden nutzen, um gemeinsam Ideen für Maßnahmen und neue Produkte zu entwickeln.

---

[205] Esch, 2018; Eichenauer, 2016.

Teil C

Die Zukunft: Digitalisierung ist wie Strom

Kapitel XVII. Digitalisierung als Mittel, nicht als Zweck

Die Digitalisierung ist keine Wunderwaffe, sie ist ein Mittel zum Zweck. Im Kern müssen Manager die Digitalisierung nutzen wie Strom. Die Digitalisierung wird zum ständigen Lebensbegleiter. Sie wird dort eingesetzt, wo es sinnvoll ist. Es geht darum, mit der Marke besser neue Kunden zu erreichen, diese zum Kauf zu bewegen, zu binden und zu engagierten Fans ihrer Marke zu machen.

So ist es auch beim Strom: Wir nutzen Strom zur Erleichterung unseres Lebens, der Strom ist aber nicht unser Leben. So wie wir Strom nutzen und das an die Steckdose anschließen, was wir gerade brauchen, so ist es auch mit der Digitalisierung: Sie bietet die perfekte Möglichkeit, interne Prozesse und Abläufe besser zu gestalten, sich mit Kunden zu vernetzen, diese besser zu verstehen und ihnen Mehrwerte sowie neue Leistungen zu bieten.

Weit verbreitete Vorurteile helfen dabei nicht, die Digitalisierung sinnvoll zu nutzen. Wir sollten damit aufräumen und dies endgültig ad acta legen. Sie versperren den Blick für das Wesentliche, den sinnvollen Einsatz der aus der Digitalisierung resultierenden Möglichkeiten für den künftigen Markenerfolg.

Auf ein paar wesentliche Vorurteile möchte ich abschließend eingehen und diese beiseite räumen:

Mythos Nr. 1: Die Digitalisierung fördert die Disruption und gefährdet vorhandene Märkte und Markenversprechen.

Richtig ist: Märkte verändern sich nie schlagartig, sondern schleichend.

Im Zuge der Digitalisierung wird dieses Bild oft als Drohkulisse aufgebaut. Ich selbst habe es in diesem Buch benutzt, um Veränderungen unter Zuhilfenahme der üblichen digitalen Vorzeigeunternehmen wie Airbnb oder Uber plastisch zu machen. Allerdings dürfen wir dabei nicht übersehen, dass nach wie vor Millionen von Menschen Taxi fahren oder den Limousinen-Service nutzen. Ebenso übernachten viele Menschen in Hotels und fühlen sich dort auch ausgesprochen wohl.

Wie meint mein Kollege und Managementvordenker Fredmund Malik zu Recht: Wandel vollzieht sich nie schlagartig, sondern erfolgt in langen Zyklen durch die Summe kleiner Veränderungen.

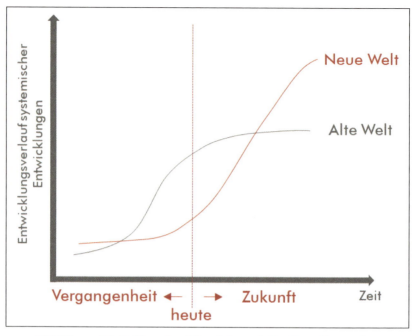

Abbildung 94: Zyklen des Wandels und der Transformation

Dem ist nichts hinzuzufügen. Zudem liegt es auf der Hand, dass Branchen von der Digitalisierung unterschiedlich betroffen sind. Entsprechend können die Auswirkungen der Digitalisierung zur Entwicklung neuer Geschäftsmodelle, Interaktions- und Kommunikationsformen für Unternehmen unterschiedlich ausgeprägt sein.

Und hier kommt die gute Botschaft für Sie: Der Handlungsspielraum zwischen alter und neuer Welt ist groß, der Bereich zwischen den Schnittmengen beider Kurven verdeutlicht dies. Und wie Sie gesehen haben, verschafft Ihnen eine starke Marke zusätzlichen Handlungsspielraum, den Sie – anders als Nokia – nutzen sollten.

Mythos Nr. 2: Bei der Digitalisierung dreht sich alles um Technik.

Richtig ist: Bei der Digitalisierung dreht sich alles um Kundenbedürfnisse.

Möglicherweise ist dieser Mythos ein Grund dafür, weshalb viele Unternehmen Chief Digital Officer in ihren Unternehmen geschaffen haben. CDOs sollten als Wegbereiter zur digitalen Transformation dienen. Nimmt man pars pro toto die deutsche Automobilbranche, so sind in der Zwischenzeit all diese CDOs wieder in den Unternehmen verschwunden. Ohne Frage ist Technologie wichtig, wenn man ein Unternehmen fit für die Digitalisierung machen möchte. Dies ist aber eine notwendige und keine hinreichende Bedingung für den Erfolg eines Unternehmens oder einer Marke. Digitalisierung ist notwendig, weil sie das Sprungbrett dafür ist, die Kundenbedürfnisse mit besseren Leistungen und einer überzeugenden sowie einfacheren Kundenreise besser befriedigen zu können als bisher.

Hinreichend für den Erfolg sind die genauen Kenntnisse der Kundenbedürfnisse, um diese markenspezifisch und mit Hilfe digitaler Technik besser bedienen zu können.

Allerdings besteht kein Zweifel daran, dass die Auswirkungen in den Unternehmen groß sind. Will man mittels Digitalisierung etwa Kundenreisen vereinfachen oder neue Services bieten, so setzt dies voraus, im Unternehmen Silos aufzubrechen und Reorganisationen bei Mitarbeitern und Technologien vorzunehmen. Das fängt bei den Daten an, die Einblicke in Kunden und deren Verhalten liefern können. Diese sind oft über unterschiedliche Bereiche im Unternehmen verteilt und keineswegs miteinander verknüpft. Es hört bei der Art der Zusammenarbeit und dem Ziel der besseren Befriedigung des Kundenbedarfs durch die Marke auf. Dass selbstredend auch Künstliche Intelligenz genutzt werden muss, um große Datenmengen zu analysieren und diese als Grundlage für bessere Entscheidungen zu nutzen, ist ebenso unbestritten.

Technik ist kein Selbstzweck.

Die Übersetzung der Kundenbedürfnisse in bessere Leistungen eines Unternehmens ist die konkrete Aufgabe eines CMOs oder eines CCOs. Sie sollten sich somit auf die Frage konzentrieren, wie Sie das Leben Ihrer Kunden besser und leichter machen können. Dazu empfehle ich eine breite Perspektive: Die klassische Produkt- und Servicedenke reicht nicht mehr aus. Vielmehr gilt es

Maßstab ist immer der Kunde und nicht die Technik.

1. von dem Kern des Leistungsangebotes zu denken, um hier Verbesserungen durch digitale Technologien mit echtem Nutzen für die Kunden zu entwickeln, sowie
2. bei der Kundenreise die Digitalisierung so zu nutzen, um den Weg des Kunden zu jedweder Leistung der Marke so einfach wie möglich zu gestalten, das ganzheitliche Erleben sicherzustellen und mithilfe digitaler Angebote die Marke noch stärker in die Erfahrungs- und Lebenswelt des Kunden nutzbringend einzufügen.

Die Schlüsselfrage ist und bleibt: Wie können wir das Leben unserer Kunden besser, einfacher und leichter machen?

Mythos Nr. 3: Die Digitalisierung ersetzt das Reale.

Richtig ist: Sowohl-als-Auch ist das Erfolgsrezept der Zukunft.

Wir haben gesehen, dass Kunden Wanderer zwischen den Welten sind. Je nach Bedarf nutzen sie entweder Berührungspunkte mit der Marke im realen Leben oder in der digitalen Welt. Sofern es nutzbringend ist, kombinieren Kunden auch beides zum gleichen Zeitpunkt. Gebrüder Heinemann bietet beispielsweise in seinem Duty-Free Store in Kopenhagen im Kosmetikbereich seinen Kunden die Möglichkeit, sich mittels Augmented Reality-Spiegeln die Wirkung verschiedener Kosmetikanwendungen auf das eigene Aussehen anzuschauen. Bei Gefallen können die Produkte direkt gekauft werden. Dieses Angebot wird vor allem von Digital Natives gerne genutzt, wie wir mit Managern von Gebrüder Heinemann beobachten konnten.

Welche Welt der Kunde nutzt, hängt stark von seinen (zeitlichen) Prioritäten ab. Unter Zeitdruck kaufen wir vielleicht einen Boss-Anzug auf der Website oder bei Online-Händlern. Wenn wir hingegen Zeit zum Shoppen haben, bevorzugen wir das reale Erleben und freuen uns auf den Boss-Store.

Besonders offensichtlich wird dieser Wandel zwischen den Welten auf der Kundenreise. Hier erfolgen laufend Wechsel zwischen Online-Medien und Realität. Wir suchen online, kaufen stationär und geben unsere Kommentare wieder online ab.

> *Kunden sind Wanderer zwischen den Welten.*

Umso wichtiger wird es für Marken, wirksame Omnichannel-Strategien zu entwickeln und das ganzheitliche und friktionslose Erleben der Marken auf der Kundenreise sicherzustellen. Ebenso deutlich wird aber auch, dass dazu die alleinige Auswertung digitaler Daten zum besseren Verständnis von Kunden sowie deren Kundenreise nicht ausreicht. Sie beantworten nur selten die Frage, warum sich ein Kunde so und nicht anders verhält. Zudem kann nur das widergespiegelt werden, was sich auf der digitalen Reise abspielt. Kunden sind aber Wanderer zwischen den Welten. Sie wechseln auf ihrer Reise zwischen digitaler und realer Welt. Somit sollten digitale Daten um weitere verhaltenswissenschaftliche Größen mit Hilfe von explorativen und quantitativen Studien ergänzt werden. Hierzu zählen Einstellungen und Gefühle der Kunden ebenso wie deren Informationsbedarf, die Beurteilungen einzelner Kontaktpunkte sowie die Entscheidungsprozesse der Kunden. Dadurch können die digitalen Daten besser mit Blick auf deren Wirkung eingeschätzt werden. Zudem erhalten Unternehmen nur dadurch einen ganzheitlichen Überblick zur Kundenreise.

Mythos Nr. 4: Big Data schafft Transparenz und macht den Kunden gläsern.

Richtig ist: Big Data schafft Klarheit beim Vorhersehbaren, aber nicht bei emotionalen Entscheidungen.

Es ist richtig, dass Unternehmen mit mehr Kundendaten Wettbewerbsvorteile erzielen können. Allen voran sind hier Amazon, Google oder Facebook zu nennen. Das ist für viele Unternehmen nicht revolutionär neu. Konsumgüterhersteller sind bei Kundendaten auf den Handel angewiesen. Sie nutzen Austauschformate, die für Handel wie Hersteller nutzbringend sind. Ebenso notwendig werden Kooperationen mit Unternehmen, die die Datenmacht haben, um von deren Erkenntnissen zu profitieren.

Schon heute rüsten sich Wettbewerber auf Augenhöhe methodisch auf und verschaffen sich Zugang zu digital verfügbaren Daten. Sie entwickeln die gleichen Dashboards und analysieren mit deren Hilfe verfügbare KPI's. Und ewig grüßt das Murmeltier: So wie die meisten Top-Manager anhand der immer gleichen Zahlenfriedhöfe ihre Entscheidungen fällen, so beschäftigen sich jetzt im Maschinenraum der Unternehmen Datenanalysten damit, mit KI-Unterstützung Muster aus der Datenflut herauszulesen. Doch das machen alle professionellen Unternehmen gleich. Um einen erkennbaren Unterschied zu machen und Wettbewerbsvorteile zu erzielen, reicht dies alleine nicht.

Martin Lindstrom hat zu Recht gesagt, dass Big Data alleine nicht ausreicht, um Kunden zu verstehen. Er hat den Big Data seine Small Data entgegengestellt.[206]

Dahinter steht eine Erkenntnis, die ich teile und die ich in Kundenprojekten immer wieder beobachte: Die Zahlengläubigkeit der Manager ist groß. Relevant ist nur, was repräsentativ ist. Dabei werden allerdings oft Korrelationen und Kausalitäten miteinander verwechselt.

Der Fokus bei Big Data, der Analyse großer Datenmengen, liegt auf der Präzision der Aussagen und deren Generalisierbarkeit. Der Fokus von Small Data liegt mehr auf der Exploration, um ein tieferes Verständnis von Kunden und deren Interaktion mit Marken zu erlangen. Im Ergebnis entstehen daraus Ideen und Anregungen zur besseren Befriedigung von Kundenbedürfnissen bei Produkten und Dienstleistungen sowie auf der Kundenreise.

> *Big Data sind um Small Data zu ergänzen.*

---

[206] Lindstrom, 2016.

Big Data können ein wichtiger Schlüssel für das Kundenverständnis sein, sie sind allerdings nicht der Schlüssel per se. Vieles davon ist Datenmüll und noch lange kein Wissen. Dies liegt zum einen darin begründet, dass ermittelte Korrelationen keine Kausalitäten sind, wenngleich der ein oder andere Manager die Daten wie Kausalitäten nutzt. Eine Korrelation zeigt einen Zusammenhang, der zufällig sein kann oder nicht, eine Kausalität beschreibt hingegen Ursache-Wirkungsbeziehungen.

Wenn Sie bei einem Besuch in London ein angesagtes israelisches Restaurant wie das Barbary und anschließend das Saatchi-Museum besuchen, heißt das weder, dass Sie dies beim nächsten Besuch wieder tun, noch dass Sie generell in Großstädten in israelischen Restaurants vor einem Museumsbesuch essen. Es ist eine Korrelation, keine Kausalität. Kausalitäten können Sachverhalte zwar sehr gut erklären, allerdings sind diese ebenfalls rückwärtsgerichtet. So ist der Kauf von Pampers und Hipp-Babynahrung kausal mit der Geburt ihres Kindes verknüpft, ebenso wie die Tatsache, dass Sie nach der Geburt vermehrt Elternzeitschriften oder entsprechende Blogs oder Communities zu dem Thema besuchen. Die Zeit für ein solches Verhalten ist allerdings endlich, sie bestimmt sich durch das Alter des Kindes.

Diese einfachen Beispiele zeigen das Problem auf. Zudem sind die gemessene Kausalität und eine daraus resultierende korrekte Prognose umso wahrscheinlicher, je rationaler das Verhalten ist. Nur verhalten sich die meisten Menschen nicht wirklich rational. Und schließlich sind die Daten meist selbst in ihrer Reichweite beschränkt. Digital liegen unendlich viele (mehr oder weniger) sinnvolle Kennzahlen vor, aus dem realen Leben hingegen wenige (Kassendaten in Supermärkten sind eine solche Ausnahme).

Umso wichtiger ist es für Manager, sich tiefer mit den Bedürfnissen und Wünschen der Kunden und deren Kundenreise zu beschäftigen. Dies setzt eine tiefe Exploration durch (teilnehmende) Beobachtung oder Tiefeninterviews, Fokusgruppen, Projektionen und ähnliche Methoden voraus. Dadurch können (latente) Bedürfnisse der Kunden und immer wieder auftauchende Kundenprobleme, für die Marken neue Lösungen entwickeln können, ermittelt werden. Das Spektrum ist hier groß. Das Internet bietet zudem ein großes Tor zu Communities und Interessengruppen, die ihre Erfahrungen miteinander teilen und von denen Marken lernen können.

Mythos Nr. 5: Die Digitalisierung macht Menschen überflüssig.

Richtig ist: Menschen sind soziale Wesen. Und: Künstliche Intelligenz braucht Kontrolle.

Es steht außer Frage, dass Künstliche Intelligenz in vielen Bereichen Menschen ersetzen wird. Dies reicht bis zu intelligenten Servicerobotern oder Chatbots, die Servicemitarbeiter obsolet machen. Allerdings steht ebenso außer Frage, dass für das Kundenerleben soziale Kontakte wichtig sind und wichtig bleiben. 70 Prozent der frustrierenden Erlebnisse auf einer Kundenreise und 60 Prozent der begeisternden Kundenerlebnisse gehen auf Kontakte und den Austausch mit Mitarbeitern zurück.[207]

Der soziale Austausch erfolgt zwar immer stärker durch soziale Medien. Die Intensität des Erlebens ist allerdings im realen Leben stärker: Dann, wenn man sich beim Gespräch in die Augen schaut.

Menschen lieben den sozialen Austausch.

Vielleicht ist dies auch ein Grund dafür, weshalb gerade Digitalkonferenzen die letzten Jahre förmlich von Teilnehmern geflutet wurden. Die Informationen hätte jeder sicherlich auch digital abrufen können, aber der Austausch mit Gleichgesinnten macht von Angesicht zu Angesicht mehr Spaß.

Die Kundenperspektive ist allerdings nur eine. Die andere Perspektive bezieht sich auf die Mitarbeiter in Unternehmen. Bei vielen Mitarbeitern werden sich Berufsbilder grundlegend verändern. Sie müssen Mitarbeiter auf dem Weg in die Digitalisierung mitnehmen und Ihnen ein Umfeld schaffen, um den Wandel treiben zu können. Wie meinte der Management-Guru Peter Drucker so schön:

Im Zeitalter der Digitalisierung und der Künstlichen Intelligenz wird sich die Art und Weise, wie wir arbeiten, grundlegend ändern. Wir müssen uns über die Beziehung zwischen Menschen und Maschinen Klarheit verschaffen.

„The abilty to create the new also has to be built into the organization."

Und hier bin ich nochmals bei der grundlegenden Einteilung von Abbildung 11 in Kapitel A. Danach lassen sich drei Bereiche voneinander differenzieren:

1. *Bereiche, in denen die Aktivitäten primär durch Menschen erfolgen.* Dies betrifft vor allem die Art und Weise, wie Marken geführt werden, wie im Sinne der Marke neue Geschäftsmodelle, Interaktions- und Kommunikationsformen für und mit Kunden entwi-

---

[207] Esch, Kochann, 2019.

ckelt werden sowie die Beurteilung vorhandener Maßnahmen und künftiger Strategien.
2. *Bereiche, in denen es hybride Aktivitäten von Menschen und Maschinen gibt.* Dies hat wiederum zwei Richtungen: Menschen können Maschinen ergänzen, in dem sie diese trainieren, etwa bei der Entwicklung von E-Learning-Programmen zum Internal Branding, oder pflegen und warten. Maschinen können Menschen unterstützen, indem diese beispielsweise Kundenberatern Hintergrundinformationen liefern, die zu einer besseren Kundenakquise und Kundenbindung führen.
3. *Bereiche, in denen die Maschinen dominieren.* Dies wird überall dort der Fall sein, wo es um Transaktionen und die Auswertung großer Datenmengen geht sowie die Vorhersage und die Adaption von Sachverhalten, beispielsweise von Marktentwicklungen.

Es empfiehlt sich für Manager, sich hier über die Rolle der KI und der Mitarbeiter Klarheit zu verschaffen, um daraus den größtmöglichen Nutzen für Unternehmen und Marken zu ziehen.

Wenn Sie also künftig in Teilbereichen Auskünfte von Chatbots erhalten, ist deren Qualität so gut, wie es die Programmierung, Pflege und Wartung von Menschen erlaubt. Wenn Sie künftig bessere Auskünfte von Servicepersonal in Hotlines erhalten, liegt dies möglicherweise daran, dass diese mit wichtigen Hintergrundinformationen von Maschinen gefüttert werden. Diese Unterstützung durch Maschinen ermöglicht eine bessere Beratung und das intensivere Eingehen auf Kundenbefindlichkeiten. Dadurch wird die Servicequalität merklich steigen. Damit diese allerdings markenspezifisch wird und somit das Image der Marke stützt, sind entsprechende Eingriffe durch geschulte Mitarbeiter notwendig.

Wollen Sie gar neue Produkte, Services oder Interaktions- und Kommunikationsformen mit Kunden entwickeln, sind wiederum für die jeweilige Fragestellung passende explorative Forschung ebenso notwendig wie deren Bewertung anhand nachvollziehbarer Kriterien durch Manager. Marktsimulationen auf Basis von Erfahrungswerten wären dann der Beritt der Maschinen.

Es ist ein Miteinander, kein Gegeneinander.

Mythos Nr. 6: Digitalisierung macht Marken überflüssig.

Richtig ist: Starke Marken dienen im digitalen Zeitalter mehr denn je zur Orientierung und schaffen dauerhaft Präferenzen.

Ich erlebe es oft, dass hochrangige Marketing-Manager, die für ihre Digitalerfolge ausgezeichnet werden, auf die Frage nach dem Erfolgsrezept mit ähnlichen Mustern antworten. Sinnbildlich dafür steht eine Antwort von Steven Althaus, einem besonnenen und erfahrenen Manager, in seiner damaligen Funktion als Chief Marketing Officer bei BMW. Er begründete den digitalen Erfolg mit der starken Marke und den hervorragenden Produkten. Dies wird auch durch unsere Studie zur Kundenbegeisterung gestützt, wonach die Kernleistung meist den Unterschied macht.[208] Und diese wird durch die Marke sichtbar transportiert.

Deshalb zeigte auch die McKinsey-Langzeitstudie mit der Universität Köln, dass Marken gerade im digitalen Bereich immer wichtiger werden, weil diese der Orientierung und als Vertrauensanker dienen. Während Kunden in der Realität Produkte und Services dem Augenschein nach prüfen können, ist dies online eben nicht möglich.

Dem mag nun vielleicht entgegenstehen, dass laut Havas 74 Prozent aller Marken überflüssig sind. Aber auch diese Zahl überrascht nicht.[209] Schon Kanter hatte in den 80er Jahren ermittelt, dass 65 Prozent aller Marken austauschbar sind.[210] Allerdings gab es damals noch deutlich weniger Marken als heute. Die Zahl der Marken ist explodiert, weil es viel mehr neue Produkte und Dienstleistungen sowie eine differenziertere Zielgruppenansprache in Märkten mit unterschiedlichen Marken gibt.

> *Marken gewinnen durch die Digitalisierung an Bedeutung. Sie leiten Menschen und schaffen Sicherheit.*

Dass diese hohe Zahl somit mehr oder weniger konstant bleibt, liegt vor allem an einer Fehleinschätzung der Manager: Die Beherrschung der digitalen Klaviatur macht alleine noch keine starke Marke. Opel ist hier sicherlich ähnlich gut aufgestellt wie BMW, hat aber nur einen Bruchteil der Fans und Follower. Hier zeigt sich, dass zwar beide die digitale Klaviatur zu spielen beherrschen, BMW aber zusätzlich den Aufbau einer starken Marke verwirklicht. Das zahlt sich aus.

Sicherlich erinnern Sie auch noch an das Mercedes-Beispiel aus Kapitel VII, wo ich die neuen digitalen Services und Interaktionsmöglichkeiten für und mit Kunden dargestellt hatte. Vergleichen Sie nun die Angebote von Mercedes-Benz mit den zentralen Wettbewerbern BMW und Audi, können Sie unschwer feststellen, dass alle das Gleiche tun (Abbildung 95). Prägen nun diese gleichen Angebote Ihre Präferenz oder sind es die Marken selbst?

---

[208] Esch, Kochann, 2019.
[209] Havas, 2019.
[210] Kanter, 1981.

Teil C: Die Zukunft: Digitalisierung ist wie Strom

	Mercedes	BMW	Audi
Digital Customer Platform	✓	✓	✓
Electric Mobility Sub-Brand	✓	✓	✓
Urban Mobility Services	✓	✓	✓
Car Subscriptions	✓	✓	✓ ✗

Abbildung 95: Die Ökosysteme der Automobilhersteller
Anmerkung: Audi hatte das Angebot der Car Subscriptions bereits sehr früh, dieses dann aber eingestellt.

Markenarbeit wird somit wichtiger denn je. Erfolgreiche Manager stellen somit ihre Marke und deren Ausrichtung regelmäßig hart auf den Prüfstand und setzen diese dann auch konsequent in allen sichtbaren Maßnahmen den Kunden gegenüber um.

Kapitel XVIII. Die wichtigen Fragen bleiben die gleichen

Ich lese nun seit Aufkommen der Künstlichen Intelligenz und der Digitalisierung Bücher zu diesen Themen. Ich beobachte schon seit Jahren Trends, die daraus entstehen und die das Denken der Manager beeinflussen. Vor allem merke ich aber eines, nicht zuletzt in vielen Gespräche mit Managern: Die erste Euphorie hat sich in den Chefetagen gelegt. Es macht sich eine gewisse Ernüchterung breit. Die Digitalisierung und die Künstliche Intelligenz sind zwar wertvolle Instrumente, sie alleine bilden aber nicht den Schlüssel zum heiligen Gral des Kundenverständnisses. Ebenso wenig wird dadurch alleine eine optimale Integration der Marke in die Lebenswelt des Kunden erreicht.

Ich selbst habe Gespräche mit Vorständen geführt, die von digitalen Protagonisten suggeriert bekamen, durch die Digitalisierung würden alle Probleme auf der Kundenreise geheilt, am einfachsten natürlich mit einer „Wunder"-App. Diese Zeiten sind vorbei.

Zudem überrascht es mich, mit welcher Unverfrorenheit bei digitalen Fragestellungen und Herausforderungen auf klassische strategische Ansätze und Methoden zurückgegriffen wird, um Marken wirksam bei Kunden zu platzieren. Das ist neuer Wein in alten Schläuchen.

Ähnlich wie im Hype des Neuromarketing alles mit dem Zusatz „Neuro" versehen wurde, weil es sich besser verkaufte, wird heute das Wort „Digital" gerne als Verkaufsargument genutzt. Manchmal hilft es schon von agilem Branding zu sprechen und mittels Design Thinking markenstrategische Fragestellungen anzugehen. Aus verkäuferischer Sicht ist dies nachvollziehbar, aus Erkenntnissicht allerdings fragwürdig.

Um Missverständnisse auszuräumen: Natürlich brauchen wir technologisch erfahrene Scouts, ebenso benötigen wir Kenntnisse zur Klaviatur digitaler Möglichkeiten, Technologien, Methoden und KPIs, um in der Sache voranzukommen.

Aber diese sind Mittel zum Zweck. Sie ersetzen keinesfalls die Fragen, die unser Denken und Handeln lenken sollten. Und genau hier bin ich der Überzeugung, dass die wichtigsten Fragen die Gleichen bleiben. Oftmals fehlt es allerdings an deren Kenntnis, weil der Blick auf das Neue gerichtet ist, nicht aber auf das Grundsätzliche, das dem Neuen einen Handlungsrahmen gibt.

Nun steht es außer Frage, dass wir neu denken müssen, um das Neue zu denken. Dies vor allem dann, wenn Sie Ihr eigenes Unternehmen mit Innovationen und neuen, fruchtbaren Ansätzen zur besseren Befriedigung des Kundenbedarfs voranbringen wollen.

Maßstab für die Umsetzung bilden dabei allerdings die grundlegenden strategischen Fragestellungen, auf die ich hier abschließend eingehen möchte.

Die richtigen strategischen Schlüsselfragen stellen:

- *Warum gibt es uns? Was treibt uns an?* Ohne Mission oder Purpose sind Sie wie ein Fähnchen im Wind. Mit Purpose haben Sie einen klaren Existenzgrund. Sie sind verankert wie eine Windmühle, die den Wind wirksam nutzen kann. Stellt sich nur die Frage, ob der von Ihnen definierte Unternehmenszweck den Anforderungen der Digitalisierung gerecht wird oder verändert werden muss.
- *Wofür stehen wir ein?* In einer Welt des Wandels werden Grundsätze, für die Unternehmen einstehen, immer wichtiger. Viele Unternehmen betreiben aber Haltungskampagnen ohne echte Haltung. Die Digitalisierung und die daraus entstehende Transparenz für Kunden und andere Anspruchsgruppen deckt solchen Fake auf. Stehen Werte und Verhalten im Widerspruch zueinander, hat man künftig als Unternehmen einen schweren Stand. Oft kündigen die besten Mitarbeiter ihre Gefolgschaft, wenn sie nicht wissen, wofür ihr Unternehmen steht. Optionen gibt es mehr als genug, weil der Kampf um die Besten voll entbrannt ist. So oft der „War for Talents" aber propagiert wird, so wenig wird er im täglichen Leben und Handeln ernst genommen. Sonst wäre das Commitment zu den Unternehmen bei 100 Prozent und nicht bei 14 Prozent.
- *Warum sollen die Kunden unsere Marke kaufen?* Auch wenn es funktionale Gründe für die Bevorzugung einer Marke geben mag, so spielen doch die Emotionen das Zünglein an der Waage. Es geht darum, Marken emotional bei den Kunden zu verankern. Verankerung hat im Zeitalter der Digitalisierung zwei Stoßrichtungen: 1. Die Verankerung in Herz und Hirn der Kunden sowie 2. die Verankerung im Leben der Kunden. Letzteres bedingt, dass die Marke dort stattfindet, wo der Kunde sich aufhält und die Marke braucht.
- *Wie können wir unsere Kunden durch neue Technologien noch besser bedienen? Welche neuen Geschäftsmodelle sowie Interaktions- und Kommunikationsformen mit Kunden können wir daraus entwickeln?* Im Marketing geht es immer um die Wünsche und Bedürfnisse der Kunden. Wer diese am besten befriedigt, ist der Gewinner im Markt. Neue Technologien sind hier das Sprungbrett dafür, bessere oder innovative Leistungen zu entwickeln. Dazu benötigen Sie ein

Kapitel XVIII. Die wichtigen Fragen bleiben die gleichen

Umfeld, das dies ermöglicht. Sie sollten also prüfen, wie Sie ein solches Umfeld schaffen können. Ebenso wichtig ist, dass Sie sich einen Überblick über Technologien verschaffen, die Sie nutzbringend für Ihre Kunden einsetzen können. Sie sollten entsprechend Mitarbeiter mit solchen Kenntnissen haben oder einstellen. Zudem können Sie Kooperationen schaffen, um den Zugang zu Technologien sicherzustellen, die Sie weiterbringen. Vor allem müssen Sie aber Barrieren abbauen, die es erschweren, neue Wege zu gehen: Barrieren in den Köpfen Ihrer Mitarbeiter, aber auch Barrieren in Ihrem System. Neues Denken bedarf zudem des Freiraums, dem Mut zur Kreativität und der Lust am Scheitern. Es ist bekannt und belegt, dass viele große Ideen begleitet waren von einer Vielzahl gescheiterter Versuche. Während neue Geschäftsmodelle oft ein zweites Betriebssystem und die Bereitschaft zur Einführung einer neuen Marke erfordern, sind neue Kommunikations- und Interaktionsformen der Weg der kontinuierlichen Verbesserung, um die Marke tiefer in der Erfahrungs- und Erlebniswelt der Kunden zu verankern und Kunden zu Protagonisten für die Marke zu machen. Hier sind vor allem jüngere Konsumenten und Frauen wesentlich stärker als Meinungsführer und Beeinflusser tätig und sollten entsprechend auch in Ihre Überlegungen eingebunden werden, wo auch immer dies möglich ist.

- *Wie nehmen wir unsere Mitarbeiter mit auf den Weg?* Mitarbeiter sind und bleiben der Schlüssel für den Erfolg. Markenkonformes Verhalten ist notwendig, Sinnstiftung ist der Schlüssel zum Erfolg. Ein Bewusstsein für die Notwendigkeit zum Wandel und das Ermöglichen des Wandels bei Mitarbeitern sind der Weg zum Ziel. Das Commitment der Mitarbeiter führt zu mehr Engagement. Mehr Engagement führt zu höherer Kundenzufriedenheit. Mehr Kundenzufriedenheit führt zu mehr Mundpropaganda und zu höherer Profitabilität des Unternehmens. Wie groß der Wandel und entsprechend die Maßnahmen nach innen sein müssen, um die Mitarbeiter ins Boot zu holen, hängt wesentlich von dem aktuellen Stand im Unternehmen ab und von der Notwendigkeit, wie stark der Wandel sein soll. Entsprechend ist zunächst in einer Bestandsaufnahme zu klären, wie gut die (neue) Haltung im Unternehmen durchgesetzt ist, wie offen Mitarbeiter für den notwendigen Wandel sind und wie gut sie sich bei diesem Prozess unterstützt fühlen.
- *Wie machen wir unsere Marke im Ozean der Angebote für Kunden sichtbar?* Welche Muster hat unsere Marke? Muster können entweder inhaltlicher oder formaler Art sein. Der Schutzengel der Provinzial ist ein inhaltliches Muster, die roten Sohlen von Louboutin sind ein formales Muster. Bei den inhaltlichen Mustern ist zu klären, welche Nutzen und Emotionen diese im besonderen Maße

stützen sollen. Hier ist es sinnvoll, sich auf die Markenwerte und die Markenpositionierung zu konzentrieren und diese bei der Entwicklung solcher Muster heranzuziehen. Sie benötigen ein Übersetzungsprogramm in konkrete sichtbare Maßnahmen.

- *Wie schaffen wir ein ganzheitliches Erleben der Marke auf der Kundenreise und an allen relevanten Kontaktpunkten?* Erstellen Sie hierzu eine Blaupause. Eine Blaupause der Inhalte und der Muster der Marke, die sich an allen Kontaktpunkten in mehr oder weniger starker Ausprägung wiederfinden sollten. Eine Blaupause der Bedürfnisse der Kunden an spezifischen Kontaktpunkten. Eine Blaupause der Kundenreisen unterschiedlicher Kundengruppen (Personas). Eine Blaupause wichtiger Schnittstellen zwischen digitaler und realer Welt, um Brüche zu vermeiden. Eine Blaupause zentraler Gain Points und Pain Points während der Kundenreise. Eine Blaupause zur internen Verankerung des Themas inklusive der Ziele, Verantwortlichkeiten, der Aufgaben und der Maßnahmen zur Kontrolle.
- *Wie können wir Kunden dauerhaft binden?* Bindung und Loyalität sind zwei Paar Schuhe. Das wiederholte Kaufen von Produkten und Dienstleistungen ist noch kein Indikator dafür, dass Kunden sich auch wirklich emotional an eine Marke gebunden fühlen. Um Kunden emotional zu binden, sind zwei Stufen zu durchlaufen: 1. Die Leistung selbst muss stimmen. Viele Kunden sind einfach dann schon von einer Marke „begeistert", wenn diese durchgängig eine gute Leistung erbringt, wie unsere Studie zur Kundenbegeisterung gezeigt hat. 2. Schaffen Sie ein Ökosystem zur Bindung von Kunden und denken Sie nicht in einzelnen Bindungsmaßnahmen. Je ausgeklügelter das System ist und je mehr Sie sich dadurch in die Lebenswelt des Kunden einbinden, umso stärker wird die emotionale Bindung an Ihre Marke. Der Loyalty-Loop ist dann Realität und nicht nur Wunsch.
- *Wie erhöhen wir das Kundenengagement und wie machen wir Kunden zu Markenbotschaftern?* Marken, über die man nicht spricht, sind überflüssig. Mundpropaganda hilft Ihrer Marke, weil deren Reichweite durch die Digitalisierung und die sozialen Medien so groß ist wie nie zuvor. Die Welt ist ein Dorf, wenn es um bestimmte Interessen geht. Dies zu befeuern wird ein vorrangiges Thema für Marken, die entsprechenden Content brauchen. Content kommt idealerweise aus der Marke, er sollte relevant für Kunden sein und mit diesen resonieren. Engagement zeigt sich aber auch darin, dass Kunden und deren Know-how für Co-Creation genutzt werden können. Insofern wird der *Net Promoter Score* als Differenz zwischen Ihren Kunden und denen, die positiv über Ihre Marke sprechen, zum wichtigen Gradmesser Ihres Erfolges.

Kapitel XIX. Bleibt alles anders?

Es wird sich somit nicht alles ändern. Sie müssen somit auch nicht jeder Sau folgen, die durchs Dorf getrieben wird. Dennoch ändert sich Einiges, zwar weniger bei den grundlegenden Fragen, sondern vielmehr bei den Maßnahmen, die es zu ergreifen gilt.

Das Spektrum wird größer: Und genau dies ist eine große Management-Herausforderung. Klar ist, Sie müssen nach wie vor die Klaviatur klassischer Marketinginstrumente beherrschen, es kommen allerdings viele neue digitale Optionen hinzu, die ergänzend oder ersetzend zum Einsatz kommen. Klar ist, dass Sie nach wie vor mit den klassischen Marktforschungsdaten arbeiten, es kommen aber viele neue digitale Kennzahlen hinzu, bei denen zu prüfen ist, wie diese mit den vorhandenen Daten sinnvoll verknüpft werden können. Klar ist, dass sich durch die vielfältigen Optionen im Markt die Kundenprofile und das Kundenverhalten noch weiter differenzieren werden und Sie gefordert sind, maßgeschneiderte Lösungen zu finden, ohne Größeneffekte zu verlieren.

Die Vielfalt steigt: Die Zahl der Kanäle und der Kommunikationsmittel steigen. Die Optionen für den Kunden zum Austausch mit Marken und mit anderen Menschen steigen. Die Zahl der (digitalen) Wettbewerber steigt. Es ist zu beobachten, dass immer mehr kleine, spezialisierte Marken den Markt machen. Oft sind hier ganz konkrete Ideen und Nutzenversprechen der Auslöser für die Marken, die ihre Fangemeinde nutzen, um Ideen zu kapitalisieren. Klar ist auch, dass Kundenreisen immer vielfältiger werden, Sie aber dennoch für ein nahtloses Kundenerleben sorgen müssen. Bei all dieser Vielfalt müssen Sie als Manager sicherstellen, dass Sie mit der Marke genau dort stattfinden, wo Ihre Kunden es wünschen und es für die Marke wichtig ist. Sie müssen somit lernen, die Vielfalt als Chance zu umarmen und sich gleichzeitig im Sinne der Marke auf das Notwendige für den Erfolg zu beschränken. Dazu sind Sie mehr denn je auf Daten zum Nutzerverhalten und zu den möglichen Kanälen angewiesen.

Die Kontinuität nimmt ab: Dies zieht sich weniger auf das grundlegende Kundenverhalten, wohl aber auf die Kommunikationskanäle, die neue Erwartungen prägen. Einmal gelernte Muster und Verhaltensweisen lassen sich ebenso wenig leicht ändern, wie sich beschränkte Informations- und Aufnahmekapazitäten der Kunden ohne Probleme erweitern lassen. Dies sind gesetzte Themen. Allerdings sind gerade im digitalen Bereich viele Angebote im fortlaufenden Umbruch: War vor Jahren noch Facebook für Manager eine sichere Bank, die bei der Kommunikation für Marken berücksichtigt werden musste, so spielt für die jüngere Generation Facebook keine Rolle mehr: Instagram, Snapchat und Pinterest sind derzeit die Stars. Sie müssen sich darauf einrichten, dass die Stars der Zukunft nicht die Stars von heute in der Publikumsgunst Ihrer jungen Kundschaft sein werden. Veränderung wird fortlaufend stattfinden. Die gute Botschaft ist allerdings, dass sich die Verhaltensmuster der Kunden nicht so stark ändern und somit Erkenntnisse zum Kundenverhalten eine verlässliche Größe bei der Navigation Ihrer Marke bleiben.

Die Liste ließe sich endlos fortsetzen.

Die gute Botschaft für Sie: Es bleibt spannend. Wer sich entwickeln möchte, kann sich fortlaufend entwickeln. Sinnvolles Experimentieren ist gefordert, weil in vielen neuen Bereichen noch kein gesichertes Wissen vorliegt, allerdings auf Basis verhaltenswissenschaftlicher Erkenntnisse zum Verhalten von Kunden sinnvolle Annahmen getroffen werden können. Nicht alles wird dabei auf Anhieb gelingen. Allerdings hilft Ihnen auch in Zukunft eine starke Marke, Ihr Unternehmen besser durch turbulente Märkte zu navigieren, wenn Sie zwei Dinge im Auge behalten:

Die Marke und wofür diese steht.

Die Kunden und was diese sich wünschen.

Die Entscheidung liegt bei Ihnen. Jeder von uns hat die Möglichkeit, Zukunft zu gestalten. Sie haben gesehen, wohin eine Laissez-faire-Haltung, der chamäleon-artige Wandel oder Selbstüberschätzung führen kann. Nehmen Sie sich Greta Thunberg zum Vorbild, die Wandel aus einer klaren Haltung heraus aktiv gestaltet.

Sie wissen ja: *Persönlichkeit fängt dort an, wo der Vergleich aufhört.*

Viel Erfolg dabei!

Dank

Dieses Buch wäre nicht ohne vielfältige Impulse und Unterstützung von Menschen und Unternehmen entstanden, die mich schon länger begleiten.

Mein Dank gilt meinen Kollegen von ESCH. The Brand Consultants sowie den Managern der Unternehmen, für die wir arbeiten. Die Problemstellungen und Herausforderungen, für die wir Lösungen entwickeln, zeigen klar, was geht und was nicht geht. Dieses Wissen ist in dieses Buch eingeflossen. Im Speziellen danke ich Daniel Kochann und Mirjam Stahl für wertvolles Feedback zum Buch.

Mein Dank gilt meinen Mitarbeitern vom Institut für Marken- und Kommunikationsforschung der EBS Business School, die Impulse durch ihre Forschung gegeben haben und mich in vielerlei Hinsicht bei Recherchen, Abbildungen sowie dem Korrekturlesen unterstützt haben. Eine Rundum-Unterstützung habe ich dabei besonders durch Julia Pitz, Sabrina Ströhlein und Thomas Alt erfahren.

Mein Dank gilt dem Vahlen Verlag, allen voran Hermann Schenk, der mich nun schon seit 20 Jahren bei meinen Büchern begleitet und für eine reibungslose Drucklegung sowie Anregungen sorgt. Dank gilt auch Ulrike Damm, einer kreativen Persönlichkeit, mit der ich schon seit vielen Jahren in Projekten zusammenarbeite, für die Gestaltung des Covers.

Last but not least danke ich meinem Sohn Dennis für die Vielzahl der Hinweise und Denkanstöße, die mir sehr geholfen haben, das Buch besser zu machen. Seine berechtigten Kritikpunkte und die aufmunternden Worte „Du kannst es besser." haben mich angespornt.

Saarlouis, im November 2019　　　　　　　　　　*Franz-Rudolf Esch*

Abbildungsquellenverzeichnis

Abbildung 1:	Die Zeit, Der Große Jahresrückblick 2017, 4. Dezember 2017, S. 17.
Abbildung 2:	https://i.imgur.com/XJWQJOd.jpg; http://img.timeinc.net/time/photoessays/2010/100_gadgets/communication/motorola_dynatac.jpg
Abbildung 3:	Eigene Darstellung nach Boston Consulting Group, Qualcomm, 2015.
Abbildung 4:	Interbrand 2000-2017.
Abbildung 5:	Konklave 2005 und 2013; Bildquelle: https://www.spiegel.de/panorama/papst-momente-bilder-zeigen-vergleich-zwischen-2005-und-2013-a-889031.html
Abbildung 6:	Yahoo Finance und Nokia Annual Accounts 2000–2014; Interbrand 2000–2014.
Abbildung 7:	https://de.finance.yahoo.com; Interbrand, 2017, 2018.
Abbildung 8:	https://www.standard.co.uk/news/london/piccadilly-circus-billboard-lights-switched-back-on-after-nine-months-of-darkness-a3668206.html
Abbildung 9:	https://www.youtube.com/watch?v=sHYakhyvJps
Abbildung 10:	Youyou, Kosinski, Stillwell, 2015.
Abbildung 11:	Daugherty, Wilson, 2018, S. 8.
Abbildung 12:	Hingst, 2017.
Abbildung 13:	focus.de/reisen/in-online-bewertungsportal-ohne-je-ein-essen-serviert-zu-haben-gartenlaube-wird-zum-besten-restaurant-londons_id_7953477.html
Abbildung 14:	Facebook, YouTube, Twitter.
Abbildung 17:	Yuzawa, 2018.
Abbildung 18:	Hipstamatic, Instagram.
Abbildung 19:	ESCH. The Brand Consultants, 2019.
Abbildung 20:	ESCH. The Brand Consultants, 2019.
Abbildung 21:	ESCH. The Brand Consultants, 2019.
Abbildung 22:	ESCH. The Brand Consultants, 2019.
Abbildung 23:	Mammut, 2019.
Abbildung 24:	ESCH. The Brand Consultants, 2019.
Abbildung 25:	ESCH. The Brand Consultants, 2019.
Abbildung 26:	Rituals, 2019.
Abbildung 28:	ESCH. The Brand Consultants, 2019.
Abbildung 29:	ESCH. The Brand Consultants, 2018.
Abbildung 30:	Faber-Castell, 2019.
Abbildung 31:	Esch, 2016.

Abbildungsquellenverzeichnis

Abbildung 32: Lindt.
Abbildung 33: VW.
Abbildung 34: ESCH. The Brand Consultants, 2019.
Abbildung 35: Barmenia.
Abbildung 36: mymuesli, 2019.
Abbildung 37: Airbnb.
Abbildung 38: Ergobag.
Abbildung 39: Westwing.
Abbildung 40: Zeppelin, KlickRent
Abbildung 41: Swarovski, 2018.
Abbildung 42: Dollar Shave Club.
Abbildung 43: Almquist, Senior, Bloch, 2016.
Abbildung 44: Esch, 2018 S. 381.
Abbildung 45: Gassmann, Frankenberger, Csik, 2019.
Abbildung 46: Osterwalder, Pigneur, 2010.
Abbildung 47: in Anlehnung an Osterwalder, Pigneur, 2010; strategyzer.com
Abbildung 48: Esch, Kochann, 2019 S. 139 nach Daten von Michelli, 2008, S. 131.
Abbildung 49: ESCH. The Brand Consultants.
Abbildung 50: Würth, 2007.
Abbildung 51: ESCH. The Brand Consultants, 2014; Esch, Knörle, Strödter, 2014.
Abbildung 52: ESCH. The Brand Consultants, 2017; Esch, Knörle, Strödter, 2014.
Abbildung 53: nach Ebbinghaus.
Abbildung 54: in Anlehnung an Lufthansa.
Abbildung 55: in Anlehnung an Jack Welch, Buchko, Buchko, 2012 sowie Hilti, 2013.
Abbildung 57: Google.
Abbildung 58: Hornbach, 2019, https://www.youtube.com/watch?v=ucmElNC6oh8.
Abbildung 60: Kotler et al., 2017, S. 94.
Abbildung 61: http://www.go-globe.com/blog/60-seconds/
Abbildung 62: EU-Wettbewerbskommission, 2017.
Abbildung 63: Old Spice, Chiquita, Coca-Cola.
Abbildung 64: Red Bull.
Abbildung 65: Ritter Sport, Adidas, Mini, McDonald's.
Abbildung 69: Dove.
Abbildung 71: Dennis Esch, 2017.
Abbildung 72: Reuters Institute for the Study of Journalism; Statista, 2017.
Abbildung 73: Mercedes-Benz.

Abbildung 74: Procter & Gamble, YouTube.
Abbildung 75: Lidl, Edeka.
Abbildung 76: ESCH. The Brand Consultants, 2017, S. 16.
Abbildung 78: SWISS Airlines.
Abbildung 79: Alt, Esch, 2018.
Abbildung 80: Lego; Alt, Esch, 2018.
Abbildung 81: IKEA.
Abbildung 82: Klein, 2015, S. 60.
Abbildung 83: Louis Vuitton.
Abbildung 84: R+V, 2018.
Abbildung 85: John Deere.
Abbildung 86: Edelman, Singer, 2015.
Abbildung 87: Vorwerk, Stand Februar 2018.
Abbildung 88: Siggelkow, Terwiesch, 2019, S. 27.
Abbildung 89: Starbucks.
Abbildung 90: in Anlehnung an Kumar, 2013.
Abbildung 91: Daniel Wellington, Instagram.
Abbildung 92: Die Zeit, 01.02.2018.
Abbildung 93: Playmobil.
Abbildung 94: Malik, 2015, S. 40.

Literaturverzeichnis

3M (2013): Die 15-Prozent-Regel von 3M – Mythos und Wirklichkeit, http://die-erfinder.3mdeutschland.de/innovationskultur/die-15-prozent-regel-von-3m-%E2%80%93-mythos-und-wirklichkeit.

Aaker, D. A., Joachimsthaler, E. (2009): Brand Leadership, The Free Press, New York.

Aaker, J. L. (2005): Dimensionen der Markenpersönlichkeit, in: Esch, F.-R. (Hrsg.) (2005): Moderne Markenführung, 4. Aufl., Wiesbaden: Gabler, S. 165–176.

Agrawal, A., Gans, J., Goldfarb, A. (2018): Prediction Machines. The Simple Economics of Artificial Intelligence, Harvard Business Review Press, Boston, Massachusetts.

Allport, G., Postman, J. (1947): The Psychology of Rumor, Holt & Company, New York.

Almquist, E., Cleghorn, J., Sherer, L. (2018): Was B2B-Produkte wertvoll macht, in: Harvard Business Manager, Juli, S. 46–55.

Almquist, E., Senior, J., Bloch, N. (2016 The Elements of Value, in: Harvard Business Review, September.

Ariely, D. (2010): Denken hilft zwar, nützt aber nichts. Warum wir immer wieder unvernünftige Entscheidungen treffen, Knaur Taschenbuch Verlag, München.

Ariely, D. (2010): Fühlen nützt nichts, hilft aber. Warum wir uns immer wieder unvernünftig verhalten, Droemer Verlag, München.

Ariely, D. (2015): Wer denken will, muss fühlen, Droemer Verlag, München.

Armbruster, A., Lindner, R. (2019): Transformation der Tech-Riesen, in: Frankfurter Allgemeine Zeitung, Samstag, 04. Mai, Nr. 103, S. 24.

Backhaus, K., Voeth, M. (2014): Industriegütermarketing: Grundlagen des Business-to-Business-Marketings, 10. Aufl., Vahlen Verlag, München.

Barta, T. B., Barwise, P. (2016): The 12 Powers of a Marketing Leader, McGraw-Hill, New York et al.

Bean, J., Tyne, S. V. (2012): The Customer Experience Revolution, Brigantine Media, St. Johnsbury, Vermont.

Berger, J. (2013): Contagious – Why Things catch on, Simon & Schuster, New York u. a.

Bonchek, M, Bapat, V. (2018): The Most Successful Brands Focus on Users – not Buyers, Harvard Business Review, February.

Bourdieu, P., (1998): Praktische Vernunft. Zur Theorie des Handelns, Edition Suhrkamp, Berlin.

Bossidy, L., Charan, R. (2002): Execution. The Discipline of Getting Things Done, Crown Publishing Group, New York.

Braem, H. (2009): Die Macht der Farben, 9. Aufl., Langen Müller/Herbig, München.

Brecht, K. (2018). Jeder Dritte kauft ein Produkt wegen Influencer-Empfehlung. In Horizont (13.12.2018), abrufbar unter: https://www.horizont.net/marketing/nachrichten/pwc-studie-jeder-dritte-kauft-ein-produkt-wegen-influencer-empfehlung-171759

Brunner, G. L. (2018): The Watchbook of Rolex, 5. teNeues Publishing Group, Kempen, Berlin, London, Munich, New York, Paris.

Buchko, A. A., Buchko, K. J. (2012): Values-Based Management or The Performance-Values Matrix: Was Jack Welch Right, in: Journal of Business & Leadership, Vol. 8, No. 1. S. 69–83.

Christensen, C. M., Hall, T., Dillon, K., Duncan, D. S. (2016): Know your Customers' „Jobs to be Done", in: Harvard Business Review, September, S. 54–62.

Collins, J. (2001): Good To Great. Why some Companies make the Leap ... and others don't, Harper Business, New York.

Collins, J. C., Porras, J. I. (1991): „Organizational Vision and Visionary Organizations", in: California Management Review, Vol. 34, No. 1, S. 30–52.

Collins, J. C., Porras, J. I. (1996): „Building Your Company's Vision", in: Harvard Business Review, Vol. 74, No. 5, S. 65–77.

Damasio, A. R. (2011): Ich fühle, also bin ich, 9. Aufl., List Verlag, München.

Damasio, A. R. (2010): Descartes' Irrtum: Fühlen, Denken und das menschliche Hirn, 6. Aufl., List Verlag, München.

Dixon, M., Toman, N., Delisi, R. (2013): The Effortless Experience, Portfolio Penguin, London.

Dobbs, R., Manyika, J., Woetzel, J. (2015): No Ordinary Disruption. The Four Global Forces Breaking All The Trends, Public Affairs, New York.

Drucker, P. (1954): The Practice of Management, Harper Collins, New York.

Edelmann, D.C., Singer, M. (2015): Competing on Customer Journeys, in: Harvard Business Review, November, S. 88–100.

Ekman, P., Friesen W. V. (1993): Facial Action Coding System, Palo Alto, CA.

Engelkamp, J. (1997): Das Erinnern eigener Handlungen, Göttingen: Hogrefe-Verlag.

Esch, F.-R. (2016): IDENTITÄT. Das Rückgrat starker Marken, Campus Verlag, Frankfurt am Main.

Esch, F.-R. (2018): Strategie und Technik der Markenführung, 9. Auflage, Vahlen Verlag, München.

Esch, F.-R., Kochann, D. (2019): Kunden begeistern mit System. In fünf Schritten zur Customer Experience Execution, Campus Verlag, Frankfurt am Main.

Esch, F.-R. (2002): Die Macht der Bilder: Markenwerbung zwischen Hirn und Herz, in: Frankfurter Allgemeine Zeitung, Nr. 280, 02.12.2002, S. 24.

Esch, F.-R. (2003): Marken – Auf der Suche nach Identität, in: Frankfurter Allgemeine Zeitung, Nr. 88, 14.04.2003, S. 24.

Esch, F.-R. (2003): Einfachheit als Erfolgsrezept im Marketing, in: Frankfurter Allgemeine Zeitung, Nr. 255, 03.11.2003, S. 24.

Esch, F.-R. (2004): Die Positionierung der Marken, in: Frankfurter Allgemeine Zeitung, Nr. 279, 29.11.2004, S. 22.

Esch, F.-R. (2005): Das Ende marktorientierter Unternehmensführung?, in Frankfurter Allgemeine Zeitung, Nr. 61, 14.03.2005, S. 27.

Esch, F.-R. (2006): Leben die Mitarbeiter ihre Marke?, in: Frankfurter Allgemeine Zeitung, Nr. 7, 09.01.2006, S. 19.

Esch, F.-R. (2007): Die Qualität des Erlebens, in: Frankfurter Allgemeine Zeitung, 21.05.2007, S. 22.

Esch, F.-R. (2008): Kommunikation auf den Punkt gebracht, in: Frankfurter Allgemeine Zeitung, 05.05.2008, S. 22.

Esch, F.-R. (2011): Wirkung integrierter Kommunikation, 5. Aufl., Gabler Verlag, Wiesbaden.

Esch, F.-R. (2012): Die Marke muss Geschichten erzählen, in: Frankfurter Allgemeine Zeitung, Nr. 55, 03.03.2012, S. 14.

Esch, F.-R. (2013): Am Kontaktpunkt kommt es zum Schwur, in: Frankfurter Allgemeine Zeitung, 18.02.2013, S. 18.

Esch, F.-R. (2014): Verzahnung von Marke und Geschäftsmodell, in: Markenartikel, August, Sonderheft 111 Jahre Markenverband, S. 92–95.

Esch, F.-R. (2015): Die Gene des Siegers, in: Absatzwirtschaft, 58. Jg., Heft 5, S. 30–31.

Esch, F.-R. (2016): IDENTITÄT. Das Rückgrat starker Marken, Campus Verlag, Frankfurt am Main.

Esch, F.-R. (2017): Influencer Marketing ist das Thema der Stunde. Doch was ist eigentlich aus der Hype-Disziplin geworden?, in Horizont Online vom 15.03.2017.

Esch, F.-R. (2018): Strategie und Technik der Markenführung, 9. Aufl., Vahlen Verlag, München.

Esch, F.-R., Baum, M., Frisch, J. C. (2013): Aufbau von Markencommitment bei Mitarbeitern, in: Die Unternehmung, Heft 3, 67. Jg., S. 246–270.

Esch, F.-R., Beyer, S. (2011): Auch Marketing sollte Werte schaffen, in: Frankfurter Allgemeine Zeitung, 14.06.2011, S. 14.

Esch, F.-R., Elste, R. (2013): Weniger ist mehr, in: Harvard Business Manager, Februar, S. 7–9.

Esch, F.-R., Klein, J. (2014): Wann passt Social Media zur Marke?, in: Absatzwirtschaft, Heft 5, S. 38–39.

Esch, F.-R., Knörle, C., Strödter, K. (2014): Internal Branding. Wie Sie mit Mitarbeitern die Marke stark machen, Vahlen Verlag, München.

Esch, F.-R., Kochann, D. (2019): Kunden begeistern mit System. In fünf Schritten zur Customer Experience Execution, Campus Verlag, Frankfurt am Main.

Esch, F.-R., Langner, T., Schmitt, B., Geus, P. (2006): Are brands forever? How brand knowledge and relationships affect current and future purchases, in: Journal of Product and Brand Management, Jg. 15, Nr. 2, S. 98–105.

Esch, F.-R., Maier, F., Knörle, C. (2007): SWISS – Phoenix aus der Asche, in: Absatzwirtschaft, Sonderheft Marken, S. 42–49.

Esch, F.-R., Möll, T., Schmitt, B., Elger, C., Neuhaus, C., Weber, B. (2012): Brands on the brain: Do consumers use declarative information or experienced emotions to evaluate brands?, in: Journal of Consumer Psychology, Jg. 22, S. 75–85.

Esch, F.-R., Puhlmann, A., Knörle, C., Klaus, A. (2014): Marken müssen auf die Kunden zugehen, in: Absatzwirtschaft, 57. Jg., Sonderausgabe zum Deutschen Marketing-Tag, Heft 12, S. 48–50.

Esch, F.-R., Rempel, J.-E. (2007): Integration von Duftstoffen in die Kommunikation zur Stärkung von Effektivität und Effizienz des Markenaufbaus, in: Marketing ZFP, 29. Jg., Heft 3, S. 145–162.

Esch, F.-R., Roth, S. (2005): Der Beitrag akustische Reize zur integrierten Markenkommunikation: Zur Integrationswirkung akustischer Reize in Abhängigkeit von der Interaktion mit visuellen Reizen und dem Involvement, in: Marketing ZFP, 27. Jg., Heft 4. S. 215–235.

Esch, F.-R., Seibel, F. (2014): Alle Macht der Markenführung!, in: New Business, Nr. 37, S. 22–25.

Esch, F.-R., Tomczak, T., Kernstock, J., Langner, T., Redler, J. (2019): Corporate Brand Management, 4. Aufl., Gabler Verlag, Wiesbaden.

Esch, F.-R., Vallaster, C. (2004): Mitarbeiter zu Markenbotschaftern machen: Erfolg durch konsequente Führung, in Markenartikel, 66. Jg., Heft 2, S. 8–12, 44, 47.

ESCH. The Brand Consultants (2013): Customer Touchpoint Management – Studienergebnisse, Saarlouis.

ESCH. The Brand Consultants (2014): Employer Branding Studie 2014.

ESCH. The Brand Consultants (2015): White Paper Customer Touchpoint Management, Saarlouis.

ESCH. The Brand Consultants (2015): B2B-Brand Excellence Studie, Saarlouis.

Fischer, M., Lehmann, S., Liedtke, N. (2019): Online sind starke Marken noch wichtiger als im Laden, in: Frankfurter Allgemeine Zeitung Nr. 149, S. 16.

Frawley, A. (2015): Igniting Customer Connections, John Wiley & Sons, Hoboken, New Jersey.

Friedman, T. L. (2017): Thank You for Being Late, Lübbe Verlag, Köln.

Furr, N., Shipilov, A. (2019): Digital doesn't mean to be disruptive, in: Harvard Business Review, July-August, S. 95–103.

Gallo, C. (2012): The Apple Experience, McGraw Hill, New York et al.

Galloway, S. (2018): The Four. Die geheime DNA von Amazon, Apple, Facebook und Google, Plassen Verlag, Kulmbach.

Gallup (2014): Why customers engagement matters so much now. http://www.gallup.com/businessjournal/172637/why-customer-engagement-matters.aspx. Zugegriffen am 24.10.2016.

Gassmann, O., Frankenberger, K., Csik, M. (2019): The business model navigator: 55 models that will revolutionise your business. Pearson Publishing, London UK.

Gaugherty, P. R., Wilson. H. J. (2018): Human + Machine. Reimaging Work in the Age of AI, Harvard Business Review Press, Boston, Massachusetts.

Godin, S. (2019): This is Marketing. You Can't be Seen Until You Learn to See, Penguin Business, UK.

Goodman, J. A. (2014): Customer Experience 3.0, American Marketing Association, New York et al.

Graham, J., Havlena, W. (2007): Finding the ‚Missing Link': Advertising's Impact on Word of Mouth, Web Searches, and Site Visits, Journal of Advertising Research, Vol. 47, S. 427–435.

Harari, Y. N. (2015): Eine kurze Geschichte der Menschheit, Pantheon Verlag, München.

Harari, Y. N. (2017): Homo Deus. Eine Geschichte von Morgen, C. H. Beck Verlag, München.

Harari, Y. N. (2018): 21 Lektionen für das 21. Jahrhundert, C. H. Beck Verlag, München.

Harvard Business Review Staff (2014): „Cooks make tastier foods when they can see their Customers, Harvard Business Review, November 2014.

Heise, S.; Freitag, L.; Hansen, N; Henrich, A; Klesse, H-J.; Kiani-Kreß, R.; Wildhagen, A. (2013): Langjährige Marktführer. Das Erfolgsgeheimnis der besten Mittelständler, in: Wirtschaftswoche,

24. Mai 2013, www.wiwo.de/unternehmen/mittelstand/langjaehrige-marktfuehrer-das-erfolgsgeheimnis-der-besten-mittelstaendler/8213932.html

Henry, A. (2007): „Verschwundene Romantik", in: Wirtschaftswoche, Nr. 10. S. 68.

Himmelreich, A (2018): Anfangen zu experimentieren, in: Der Handel, Special „Die Zukunft auf einen Klick", S. 50.

Hingst, A. (2017): Bibi nun auch in analog, in: Absatzwirtschaft, Heft 3, S. 67, 68.

IBM Institute for Business Value (2017): The Experience Revolution, IBM, Somers, NY.

Johnson, M. W. (2018): Reinvent Your Business Model. How to Seize the White Space for Transformative Growth, Harvard Business Review Press, Boston, Massachusetts.

Kahnemann, D. (2012): Schnelles Denken, langsames Denken, Siedler Verlag, München.

Kanter, D. L. (1981): It Could Be: Ad Trends Flowing From Europe to U. S., Advertising Age, 9. Februar, S. 49–52.

Kaplan, R. S., Norton, D. P. (2018): Balanced Scorecard: Strategien erfolgreich umsetzen, Schaeffer Poeschel Verlag, Stuttgart.

Keller, S., Aiken, C. (2000): The Inconvenient Truth About Change Management, McKinsey & Company.

Keller, E., Fay, B. (2012): Word of Mouth Advocacy: A New Key to Advertising Effectiveness, in: Journal of Advertising Research, Vol. 52, No. 4, December, S. 459–464.

Kemp-Robertson, P., Barth, C. (2018): The Contagious Commandments. Ten Steps to Brand Bravery, Penguin Random House, Milton Keynes, UK.

Kenny, G. (2019): Customer Surveys Are No Substitute for Actually Talking to Customers, in: Harvard Business Review, January 17, 2019.

Kotler, P., Kartajaya, H., Setiawan, I. (2017): Marketing 4.0 – Moving from Traditional to Digital, John Wiley & Sons, Hobolen, New Jersey.

Kotter, J.P. (1995): Leading Change: Why Transformation Efforts Fail, Harvard Business School Press.

Kotter, J., P. (2015): Accelerate. Strategische Herausforderungen schnell, agil und kreativ begegnen, Vahlen Verlag, München.

Kozinets, Robert V. (2002): The Field Behind the Screen: Using Netnography for Marketing Research in Online Communities. In: Journal of Marketing Research, Vol. XXXIV, 61–72.

Kroeber-Riel, W., Esch, F.-R. (2015): Strategie und Technik der Werbung, 8. Aufl., Kohlhammer Verlag, Stuttgart.

Kumar, V., & Pansari, A. (2016): Competitive advantage through engagement, in: Journal of Marketing Research, Vol. 53, No. 4, S. 497–514.

Kumar, V., Aksoy, L., Donkers, B., Venkatesan, R., Wiesel, T., & Tillmanns, S. (2010): Undervalued or overvalued customers: Capturing total customer engagement value, in: Journal of Service Research, Vol. 13, No. 3, S. 297–310.

Lafley, A. G., Martin, R. L. (2013): Playing to Win: How Strategy Really Works, Harvard Business School Publishing, Boston, Massachusetts.

Leibold, M., Voelpel, S. C. (2018): Digital Rebirth. Wie sich intelligente Unternehmen neu erfinden, Publicis Pixelpark, Wileys, Erlangen.

Leonard, D., Rayport, J.F. (1997): Spark Innovation Through Empathic Design, Harvard Business Review, November/December, S. 102–113.

Levitt, T. (9060): Marketing Myopia, Harvard Business Review, July-August, S. 173–181.

Levin, M. R., Consumer Intelligence Research Partners (2016): „Amazon Prime Members Stay Members", june,1, www.huffingtonpost.com

Lindstrom, M. (2011): Brand Sense. Warum wir starke Marken fühlen, riechen, schmecken, hören und sehen können, Campus Verlag, Frankfurt/Main.

Lindstrom, M. (2016): Small Data: Was Kunden wirklich wollen – wie man aus Hinweisen geniale Schlüsse zieht, Plassen Verlag, Kulmbach.

Lyke-Ho-Gland, H. (2018). Practical Points on DESIGN THINKING. It's Not Just Empathic Design. AMA Quarterly. 4(2), 9-12.

Magretta, J. (2002): Why Business Models Matter, in: Harvard Business Review, May 2002, S. 3–8.

Malik, F. (2015): Navigieren in Zeiten des Umbruchs. Die Welt neu Denken und Gestalten, Campus Verlag, Frankfurt am Main.

Manning, H., Bodine, K. (2012): Outside In. The Power of putting the Cutomer at the Center of your Business, Amazon Publishing, Las Vegas.

Mayer-Schönberger, V., Ramge, T. (2017): Das Digital, Markt, Wertschöpfung und Gerechtigkeit im Datenkapitalismus, Econ Verlag, Berlin.

McChesney, C., Covey, S. Huling, J. (2012): The 4 Disciplines of Execution, Free Press, New York.

McKinsey (2014): The Digital Tipping Point: McKinsey Global Survey results. http://www.mckinsey.com/insights/business_technology/the_digital_tipping_point_mckinsey_global_survey_results. Zugegriffen am 24.10.2016.

Meffert, J., Meffert, H. (2017): Eins oder Null. Wie Sie Ihr Unternehmen mit DIGITAL@SCALE in die digitale Zukunft führen, Econ Verlag, München.

Michelli, J. A. (2008): The New Gold Standard, 5 Leadership Principles for Creating a Legendary Customer Experience Courtesy of The Ritz-Carlton Hotel Company, McGraw Hill, New York et al.

Michelli, J. A. (2016): Driven to Delight, McGraw Hill, New York et al.

Miller, G. A. (1956): The magical number seven, plus or minus two: Some limits on our capacity for processing information, in: Psychological Review, Jg. 63, Nr. 1, S. 81–97.

Miller, D. (2017): Building a Story Brand. Use the 7 Elements of Great Storytelling to Grow Your Business, Harper Collins Leadership, Nashville, TN.

Nadella, S., Nichols, J. C., Shaw, G. (2017): Hit Refresh. Wie Microsoft sich neu erfunden hat und die Zukunft verändert, Plassen Verlag, Kulmbach.

Nelson, S. D. (2001): The 2001 CRM Hype Cycle, Gartner Group Report T-13-0753, DF-13-0733.

Nohn, C. (2019): Konsumgüter: Gewaltiger Umbau, in: Handelsblatt, Nr. 127, 5./6./7. Juli, S. 18, 19.

o.V. (2019): Jetzt werden auch die Touren-Rucksäcke smart, in: Frankfurter Allgemeine Zeitung, Nr. 24, 29. Januar 2019, S. 18.

o.V. (2019): Beiersdorf will YouTubern die Stirn bieten, in: Frankfurter Allgemeine Zeitung, Nr. 169, 24. Juli 2019, S. 21.

Paivio, A. (1990): Mental Representations: A Dual Coding Approach, Oxford University Press, New York u. a.

Pflüger, Friedbert (2018): „And the Winner is: Google!", in: Handelsblatt, 21. Juni 2018, S. 48.

Prinz, W. (2013): Selbst im Spiegel. Die soziale Konstruktion von Subjektivität, Suhrkamp Taschenbuch, Berlin.

Pulizzi, J. (2014): Epic Content Marketing, McGraw Hill, New York et al.

Reichheld, F., Markey, B. (2011): The Ultimate Question 2.0: How Net Promoter Companies Thrive in a Customer-Driven World, Harvard Business School Publishing, Boston, MA.

Revella, A. (2015): Buyer Personas. How to Gain Insight into your Customer's Expectations, Align your Marketing Strategies, and Win More Business, John Wiley & Sons, Hoboken, New Jersey.

Ries, A., Trout, J. (2012): Positionierung. Wie Marken und Unternehmen in übersättigten Märkten überleben, Vahlen Verlag, München.

Robinson, K., Aronica, L. (2016): Creative Schools: The Grassroots Revolution That's Transforming Education, Penguin Random House, London.

Robinson, K., Aronica, L. (2016): Creative Schools: Revolutionizing Education from the Ground Up, Penguin Random House, London.

Santarius, T. (2018): Der Stromhunger wächst, in: Die Zeit, Nr. 6, 01. Februar, S. 35.

Schönen, T. (2019): Die erstaunliche Wandlung einer Traditionsmarke zur digitalen Gesundheitsmarke, Vortrag auf dem Deutschen Markenkongress am 21. Februar 2019 in der Villa Kennedy, Frankfurt am Main.

Schweidel, D. A., & Moe, W. W. (2014): Listening In on Social Media: A Joint Model of Sentiment and Venue Format Choice, in: Journal of Marketing Research (JMR), 51(4), 387–402.

Shah, D. Rust, R. T., Parasuraman, A, Staelin, R., Day, G. R. (2006): The Path to Customer Centricity, in: Journal of Service Research 2006, No. 9, S. 113–124.

Shostack, G. L. (1984): Designing Services That Delivers", Harvard Business Review, January.

Siggelkow, N., Terwiesch, C. (2019): Die neue Art der Kundenbindung, in: Harvard Business Manager, Juli, S. 21–29.

Smith, S., Milligan, A. (2015): On Purpose. Delivering a branded customer experience people love, Kogan Page, London, Philadelphia, New Delhi.

Sprenger. R. K. (2018): Radikal Digital. Weil der Mensch den Unterschied macht, DVA Deutsche Verlags-Anstalt, München.

Stewart, M. C. & Arnold, C. L. (2018): Defining social listening: Recognizing an emerging dimension of listening, in: International Journal of Listening, Volume 32, No. 2, S. 85–100.

Thompson, R. G. (2014): Hooked on Customers. The Five Habits of Legendary Customer-Centric Companies, CustomerThink Corp.

Turner, Y, Hadas-Halpern, I (2008): The Effects of Including a Patient's Photograph to the Radiographic Examination, Radiological Society of North America 2008 Scientific Assembly and Annual Meeting, February 18 – February 20, 2008 ,Chicago IL. http://archive.rsna.org/2008/6008880.html Accessed July 23, 2018

Tzuo, T. (201): Das Abo-Zeitalter, Plassen Verlag, Kulmbach.

Uchatius, W. (2016): Warum glaubt Google, mein Kaninchen frisst Hundefutter?, in: Die Zeit, Nr. 47, 10. November 2016, S. 17–19.

Volkens, B. Anderson, K. (2018): Digital + Human. Der Mensch im Mittelpunkt der Digitalisierung, Campus Verlag, Frankfurt am Main.

Webb, N. J. (2017): What Customers Crave, American Marketing Association, New York et al.

Weinreich, H., Obendorf, H., Herder, F., Mayer, M. (2018): Not Quite the Average: An Empirical Study of Web Use, in: ACM Transactions on the Web, Vol. 2, No. 1 (February 2008), article #5.

Whitler, K. A. (2019): So geht Werbung in China, in: Harvard Business Manager, August, S. 50–58.

Youyou, W., Kosinski, M., Stillwell, D. (2015): Computer-based personality judgments are more accurate than those made by humans, in: PNAS, January 27, Vol. Vol. 112, No. 4., S. 1036–1040.

Yuzawa, T. (2018). The digital revolution and business behaviour: the case of Kodak versus Fujifilm. Entreprises et histoire, 90(1), 37–50.

Stichwortverzeichnis

A
Abverkauf 22
Action Unit 14
Aggregator 32
Agile Development 35
agiler Prozess 33
Ähnlichkeit 198
aktivierungsstarker Reiz 139
akustisch 168, 170
akzeptierte Marke 125
Analytics 45
Anker der Marke 73
anlassbezogene Kundenreise 191
Anpassung 10
Anpassungsfähigkeit 31
Anpassungsprozess 32
Anreiz- und Zielsystem 122
Anstoß für Mundpropaganda 144
App 173
AR-Funktion 177
AR-Produktpräsentation 177
Asset 10
Attraktivität 198
Aufmerksamkeit 48, 126, 138
Aufmerksamkeitsgunst 139
Aufmerksamkeitsspanne 48, 126, 137
Aufnahmefähigkeit 109
Augmented Reality-App 107
Augmented Reality (AR) 173
Augmented Reality-Spiegel 224
Auslöser 195
Authentizität 158
Autopilot 66
Avatar 40

B
B2B-Bereich 98
B2B-Nutzenpyramide 98
B2B-Unternehmen 132
B2C-Bereich 98
Balanced Scorecard 55
Banner Blindness 140
Bauplan 104
Bedürfnispyramide 73, 97
Bedürfnisse und Wünsche 21
Beeinflusser 154
Beeinflussungshoheit 199
Beeinflussungswirkung 192
begeisterndes Erlebnis 187
Begleitung und Beobachtung 102
begrenzte Informationsaufnahmekapazität 24
begrenzte Verarbeitungskapazität 24
Beharrungsvermögen 35
bekannte Persönlichkeiten 196
Bekanntheit 46
Benchmark 190
Beobachtung 85
Berührung 168
Berührungspunkt 49
Beteiligung 118
Bewertungsportal 23
Bezahldienst 82
Big Data 19, 225
Bindung 131, 201
– affektive 201
– emotionale 202
– kognitive 201
– soziale 194
Blaupause 234
Blog 157
Blogger 127
Bonusprogramme 208
Bonuspunkt 99
Brand Engagement 212
– moderates 214
Browser 127
Business Model Canvas 103
Business Model Navigator 103

C
Change 54
Change-Management-Prozess 35
Chat-Bot 17
Chat-Protokoll 160
Chief Digital Officer 222
Coach 207
Co-Creation 216
Commitment 46, 110
Community 26
Consistency 184
Content 49, 149

Content bedienen 128
Content entwickeln 129
Content Management 45
Content Marketing 156
Conversational Commerce 130
Costs 184
Cross-Selling 22
Crowdsourcing 215
Crowd Voting 218
Customer Experience Journey 185
Customer Influencer Value 213
Customer Journey 176, 182
Customer Knowledge Value 213
Customer Referral Value 213
Customer Relationship Management 20
Customer Touchpoint Tracking 182

D
Dash Button 131
Dataismus 19
Daten 19
Datenmacht 19
dauerhafte Verankerung 112
Dauerpräsenz 137
Define 161
Denksystem 1 67
Design Thinking 161
Design-Thinking-Prozess 100
Dienstleistungsgüter 132
Digital-Diät 167
digitale Anthropologie 159
digitale Gemeinschaft 137
digitale Lösung 93
digitale Pinnwand 114
digitaler Kommunikationskanal 45
digitaler Kontaktpunkt 184
digitaler Wandel 10
digitales Werkzeug 189
digitale Technik 159
digitale Transparenz 23
digitale Workcloud 122
Digital Immigrants 134
Digitalisierung 3
Digital Natives 134
Digital Sale 45
Direct-to-Consumer Brands 215
Direct-to-Customer-Marken 188
Disruption 221
Disziplin 34
Diversity 60
DNA 65

Double-Loop-Lernprozess 120
Durchsetzungsgrad 121

E
Earned Touchpoint 184
E-Commerce-Website 131
Eigenschaft 68
eingefrorene Kaufentscheidung 201
Einheitsbrei 141
Einkaufserlebnis 19
Einkaufsgewohnheit 21
Einkaufsliste 131
Einkaufsverhalten 19
„Ein-Klick"-Prozess 207
Einstellung 88
E-Learning-Programm 114
elektronischer Newsletter 157
Emotion 14, 25
emotionaler Reiz 139
emotionales Involvement 133
Empathic Design 86
Empathic Research 159
Empathie-Wert 167
Empathize 161
Empowerment 119
Enabler 113, 119
Engagement 46, 110, 131
– der Kunden 110
– der Mitarbeiter 110
Entlastung 27
Entscheidung 25
Erfahrungsbericht 127
Erlebbarmachen 168
Erlösstruktur 105
Erwartung 134
E-Sport 188
evolutionstheoretisch 166
Evolutionstheorie 31
experimentelles Testen 91
Experten 196
Expertise 84
Exploration 102
extensive Kaufentscheidung 128

F
Facial Affect Coding System 14
Fallstudie 157
Fans 211
Fanseite 160
Fast Moving Consumer Goods 132
Feedbackgespräch 121
finanzielles Risiko 133

Find a new bus-Prinzip 122
Fit for Future 35
Flow 177
FMCG-Bereich 132
Fokus 34
Fokusgruppe 102
Fokussierung 74
Follower 184
formale Muster 144, 145
Fremdbild 66
Frühadaptoren 199
Führungskraft 48, 114
Führungskräftetagung 111
Führungsnachwuchs 111
funktionales Bedürfnis 98
funktionales Risiko 133
Funnel 48

G
Gain Point 186
Game Changer 199
Gamification-Ansatz 115
Gamingwelt 188
Gattungsmarke 130
gedanklich überraschender Reiz 139
Gefühl 25, 68, 194
– negatives 194
– positives 194
gelernte Muster 134
Geruch 168
Gerücht 148
Geschäftsidee 79
Geschäftsmodell 32
Geschichte 138
Geschmack 168
geschmacklich 170
gesellschaftliche Entwicklung 149
gesellschaftsrelevantes Thema 150
Gesichtserkennung 14
Gesprächsrunde 121
Gewinnspiel 213
Gießkannentechnik 113
Gimmick 188
gläserner Konsument 20
Glaubwürdigkeit 198
großer Einfluss 197
großes Netzwerk 197
Gruppe 26
Gruppenzugehörigkeit 26

H
Haltung 34, 36
Haltungshaus 54
Haltungskampagne 157
Handlungsalternative 25
Handlungsimpuls 61
Handshaker 113
haptisch 170
Hard Fact 67
hierarchische Kultur 54

I
Ideate 161
Ideenwettbewerb 218
Image 46
Imagery-Theorie 166
Immersion 161
Impact 184
Implementierungsplan 121
Implementierungsprogramm 116
Incentivierung 218
Influencer 26
Influencer Marketing 197
Informationsanfrage 138
Informationsflut 24, 112, 136
Informationsmüll 136
Informationsüberlastung 136
Informationsüberschuss 136
inhaltliche Muster 144, 145
Innovationsplattform 216
Innovationsprozess 88
In-Person-Event 157
Insellösung 177
Integration 112
intelligente Datenanalysemöglichkeit 20
Interaktion 112, 160
Interaktionsweg 32
Interesse 21, 88
interne Bestandsaufnahme 183
interne Kommunikation 110
Internet 107
Intranet 114
Involvement 109, 127, 133

J
Jobs to be done 88

K
Kaleidoskop 100
Kampagne 45
Kampagnenmanagement 45

Kanal 104
Kannibalisierung 140
Kaufentscheidung 28
Kausalitäten 225
Kern der Leistung 202
Kern der Story 148
Key Performance-Indikator 55
klares Signal 49
klassischer Kommunikationskanal 45, 109
Klick 19, 30
Klickverhalten 184
kohärenter Reiz 167
kohortenabhängig 134
Kommentar 184
Kommunikationsbudget 142
Kommunikationsimpuls 126
Kommunikationsumfeld 142
Kommunikationsweg 32
Kommunikationswettbewerb 139
komparativer Wettbewerbsvorteil 21
Kontaktpunkt 66
Kontaktpunktinnovation 187
Kontaktpunktperformance 185
Konvention 89
Konzentrationsfähigkeit 137
konzeptuelles System 169
Korrelationen 225
Kostenstruktur 105
KPI 64
Kreativ-Hub 93
Kreativität 14, 47, 90, 141
Kreativitäts-Session 91
Krise 9
kulturelles Umfeld 101
Kundenbedarf 19
Kundenbewertung 23
Kundenbeziehung 105, 212
Kundenbindung 22, 49
Kundenbindungsprogramme 208
Kundendaten 20, 189
Kundenengagement 50, 212
Kundenerlebnis 19
Kundenexploration 85
Kundenfunnel 125
Kundenintegration 50
Kundeninteraktion 187
Kundennutzen 34
Kundenpräferenz 17, 22
Kundenreise 49, 182
Kundensegment 21, 104
Kundenverständnis 20

Kundenversteher 85
Kundenzentrierung 19
Kundenzufriedenheit 110
künstliche Intelligenz 3, 13
kuratieren 207

L
Laddering-Methodik 89
Laissez-Faire-Haltung 37
latenter Kundenbedarf 85
latenter Kundenwunsch 158
latentes Kundenbedürfnis 158
Leadership 112
Leadership-Skill 37
Leading Change 110
Leads 22
Lebensphase 101
Lebensstiltyp 88
Leistung
– emotionale 202
– faktische 202
lernende Organisation 36
Lernprozess 120
Life Experience Tracking 186
Lifestyleunternehmen 132
Logik der Optimierung 142
Loyalität 131, 201
Loyalitätsschleife 200
Loyalty Loop 108, 200
Luxusunternehmen 132

M
Magical Number Seven Plus/Minus Two 27
Maluspunkt 99
Marke 65, 73
– austauschbare 30
– präferierte 125
– verzichtbare 30
Markenbild 57
Markenbildung 125
Markenbindung 201
Markenbotschaft 49
Markenbotschafter 117
Markencommunity 114, 160
Markencontent 129
Markenengagement 212, 214
– geringes 214
– starkes 214
Markenfunnel 125
Markengeschichte 115
Markenidentität 65

Markenimage 66
Markenkonto 57
Markenloyalität 212
Markenperformance 134
Markenpositionierung 65
Markenselbstbezug 204
Markenstärke 65
Markenstärkung 125
Markensteuerrad 70
Markenwert 65
Markenwertranking 6
Marketingökosystem 177
Marktentwicklung 85
Marktkapitalisierung 9
Marktkenntnis 84
Marktversteher 85
massenkommunikative Maßnahme 109, 114
Maßnahmenpaket 114
Medienmarke 151
Medienpräferenz 21
Mehrwert 208
Meinungsführer 154
Meinungsführerschaft 24
Mere Exposure-Effekt 67
Mission 37
Mitarbeiter 48
Mobile First-Ansatz 162
Mobilgerät 161
Moment of Truth 126
Monitoring 85
Mooresches Gesetz 13
Motivator 119
Multiadditivität der Wirkung 170
multisensorische Verstärkung 167
Multisensualität 112
Multitasking 137
Mundpropaganda 49
– positive 127
Muster 138
Muster des Funnels 132
Muster in Unternehmen 89

N
Nachhaltigkeit 60, 112
Netnographie 85, 159
Netzwerkkultur 54
Neuromarketing 231
Neuronale Studie 26
Neuronen 167
Neurowissenschaftler 25
NFC-Chip 40

nonverbale Eindrücke 68
nonverbaler Reiz 169
nonverbales Signal 166
Nutzen 68
Nutzer 86

O
Offline-Mundpropaganda 193
Ökosystem 94
olfaktorisch 170
Omnichannel-Strategie 186
One Size Fits All-Ansatz 113
Onlinemarke 30
Online-Mundpropaganda 193
Onlinesortiment 19
organisatorisches Silo 186
Orientierung 27
Orientierungsreaktion 139
Originalität 141
Owned Touchpoint 183

P
Paid Touchpoint 183
Pain Point 186
Peak Performance 35
Performance 37, 122
personalisierter Empfehlungsprozess 207
persönliche Maßnahme 114
persönlicher Kontaktpunkt 184
Persönlichkeit 14, 204
Persönlichkeitseigenschaft 69
Perspektivwechsel 100
physisch intensiver Reiz 139
Pilot 66
Plattform 32
Plattform für ganzheitliches Erleben 158
plattformübergreifend 163
Playing to Win 55
Point of Sale 126
Points-of-Difference 99
Points-of-Parity 99
Positioning 73
Posting 186
Präferenzbildung 66
präfrontaler Cortex 25
Prägung 66
Präventivmaßnahme 114
Predictive Maintenance 207
Preisbereitschaft 170
Preis-Premium 86

Priorisierung 184
Privacy Paradox 99
Product Genius 131
Produkt 57
Produktinvolvement 132
Produktlinie 57
projektive Technik 102
Prototype 161
psychographisches Kriterium 88
Purpose 54

Q
qualitative Technik 85

R
Reach and Frequency 184
reales Erleben 166
Recruiting 115
Reflektion 36
Regulativ 119
Reichweite 198
Relevant Set 126
Relevanz 112
Resistenz gegen Wandel 35
Return on Education 121
Retweet 184
Risikoreduktionsfunktion 29

S
Scanning 85
Schlüsselaktivität 105
Schlüsselpartner 105
Schlüsselressource 105
Schulungsprogramm 116
Schutzschirm 9
schwaches KI-System 16
Seamless Experience 49
Search 45
Searcher 127
Second Moment of Truth 126
Selbstbild 66
Selbstdarstellung 204
selbstlernendes System 13
Sharing Economy 82
Shitstorm 23, 218
Shoppingerlebnis 186
sichtbare Signale 195
Silodenken 182
Sinne 169
situatives Involvement 176
Small Data 225
SMART 64

Smartphone 5, 130
Smart Speaker 130
Social Capital Theory 194
Social Listening 85, 159
Social Media 23
Social Media Monitoring-Software 159
Soft Fact 67
Software-Tool 20
somatische Marker 26
soziale Integration 26
soziale Medien 23
sozialer Austausch 194
sozialer Einfluss 179
sozialer Vergleich 26
soziales Risiko 133
soziales Umfeld 100
starkes KI-System 16
Stärkung der Marke 22
Startup-Mentalität 92
Stereotypen 141
Strategiehaus 54
Streuverluste 193
Suchalgorithmus 138
Survival of the Fittest 31
Sweetspot 150
Symbolik 112
symbolische Handlung 117
Sympathie 198
Synästhesie 170
System 1 67
System 2 67
Systemgeschäft 132
Systemtechnologie 132

T
Tablet 130
Tagebuch 102
Talk of the Town 129
Technologiefortschritt 36
technologische Singularität 16
Test 161
Testbericht 127
Themenführerschaft 24
Tiefeninterview 102
Tipping Point 179
To go-Produkt 100
Touchscreen 5
Transaktion 21
Transaktionen 212
Transformation 12
Transformationsprozess 54

Trendsetter 199
Turing-Test 16

U
Überzeugungswirkung 114
umgekehrt U-förmige Kurve 179
Unternehmensstrategie 56
Unternehmenswert 37
Unternehmenszweck 37
Unternehmerpersönlichkeit 111
Unterscheidungsmerkmal 73
unverkennbare Muster 195
unzufriedener Kunde 110

V
Veränderungsbereitschaft 36
Veränderungsprozess 9
Veränderungswille 36
verdichtete Information 28
vereinfachte Kaufentscheidung 128
Vereinfachung 112
Vergessenskurve 120
Vergleichsportal 23
Verhaltensprogramm 27
Vernetzung und Integration mit Kunden 46
Vertrautheit 198
viral 163
virale Verbreitung 163
virtuelle Konsum-Community 160
virtueller Assistent 173
virtueller Dash Button 131
Vision 36
visuell 170
visueller Reiz 168
Vorbild 46, 117
Vorkaufphase 156

W
Wachstumsdiamant 100
Wachstumsinkubator 100
wahrgenommene Passung 198
Wandel 32
Wandlungsfähigkeit 36
Website 19, 81
– responsive 161
Wechselwahrscheinlichkeit 86
weiches Signal 85
Weiterempfehlung 86
Wertbeitrag 104
Werte 61
Werte-Alignment 122
Wertegemeinschaft 53
Wertschöpfungskette 40
wertvollste Marken 10
Wettbewerbsvorteil 19
Wiedererkennbarkeit 144
Wiedererkennen 126
Wiederkauf 126
Wirkungsverstärkung 49
W-LAN 40
World Café 111
Wow-Effekt 182

Z
Zero Moment of Truth 48, 126
Zielgruppe 88
Zielgruppenpyramide 113
ZMOT 126
Zukunftstreiber 73
Zukunftswerkstatt 91
zweites Betriebssystem 92